AF360443

THÉATRE FRANÇAIS.

DIDEROT,

FENOUILLOT DE FALBAIRE,

DESFAUCHERETS

ET CARBON-FLINS.

XXXIII.

DIDEROT

THÉATRE FRANÇAIS.

RÉPERTOIRE COMPLET.

DIDEROT,

ENOUILLOT DE FALBAIRE,

DESFAUCHERETS

ET CARBON-FLINS.

Edition-Touquet.

PARIS.

IMPRIMERIE DE A. BELIN.

1821.

THÉATRE

DE

DIDEROT.

Edition - Touquet.

PARIS.

Chez l'Éditeur, rue de la Huchette, n°. 18.

1821.

ACTEURS.

M. D'ORBESSON, Père de famille.

M. LE COMMANDEUR D'AUVILLÉ, beau-frère
du Père de famille.

SAINT-ALBIN, fils du Père de famille.

CÉCILE, fille du Père de famille.

GERMEUIL, fils de feu M. de***, ami du Père
de famille.

SOPHIE, jeune inconnue.

MADEMOISELLE CLAIRET, femme-de-chambre
de Cécile.

MADAME HÉBERT, hôtesse de Sophie.

M. LE BON, intendant de la maison.

LA BRIE,
PHILIPPE, } Domestiques du Père de famille.

DESCHAMPS, domestique de Germeuil.

M.***, pauvre honteux,
UN PAYSAN,
UN EXEMPT,   } personnages muets.
GARDES,
DOMESTIQUES DE LA MAISON,

*La scène est à Paris, dans la maison du Père de
famille.*

LE PÈRE DE FAMILLE,
DRAME.

~~~~~~

Le théâtre représente une salle de compagnie ; c'est celle du Père de famille : la nuit est fort avancée ; il est entre cinq et six heures du matin.

~~~~~~

ACTE PREMIER.

SCÈNE PREMIÈRE.

LE PÈRE DE FAMILLE, LE COMMANDEUR, CÉCILE, GERMEUIL, LA BRIE, *qui va et vient.*

Sur le devant de la salle on voit le Père de famille qui se promène à pas lents : il a la tête baissée, les bras croisés, et l'air tout-à-fait pensif. Un peu sur le fond, vers la cheminée qui est à l'un des côtés de la salle, le Commandeur et sa nièce font une partie de trictrac. Derrière le Commandeur, un peu plus près du feu, Germeuil est assis négligemment dans un fauteuil, un livre à la main : il en interrompt de temps en temps la lecture pour regarder tendrement Cécile dans les momens où elle est occupée de son jeu, et où il ne peut en être aperçu. Le Commandeur se doute de tout ce qui se passe derrière lui ; ce soupçon le tient dans une inquiétude qu'on remarque à ses mouvemens.

CÉCILE.

Mon oncle, qu'avez-vous ? Vous me paraissez in-quiet.

LE COMMANDEUR.

Ce n'est rien, ma nièce, ce n'est rien.
(Les bougies sont sur le point de finir ; il dit à
Germeuil :)

LE COMMANDEUR.

Qu'il en vienne encore un, et j'ai perdu : le voilà.
(*à Germeuil qui rit.*) Riez, monsieur, ne vous con-
traignez pas. (*La Brie sort.*)
(*La partie de trictrac finit; le Commandeur, Cécile et
Germeuil s'approchent du Père de famille.*)

LE PÈRE DE FAMILLE.

Dans quelle inquiétude il me tient! Où est-il?
Qu'est-il devenu?

LE COMMANDEUR.

Et qui sait cela?... Mais vous vous êtes assez tour-
menté pour ce soir; si vous m'en croyez, vous irez
prendre du repos.

LE PÈRE DE FAMILLE.

Il n'en est plus pour moi.

LE COMMANDEUR.

Si vous l'avez perdu, c'est un peu votre faute, et
beaucoup celle de ma sœur: c'était, Dieu lui pardonne, une femme unique pour gâter ses enfans.

CÉCILE, *peinée.*

Mon oncle.

LE COMMANDEUR.

J'avais beau dire à tous les deux : Prenez-y garde,
vous les perdrez.

CÉCILE.

Mon oncle.

LE COMMANDEUR.

Si vous en êtes fou à présent qu'ils sont jeunes, vous
en serez martyrs quand ils seront grands.

CÉCILE.

Monsieur le Commandeur...

LE COMMANDEUR.

Bon! est-ce qu'on m'écoute ici?

LE PÈRE DE FAMILLE, *à part.*

Il ne vient point.

LE COMMANDEUR.

Il ne s'agit pas de soupirer, de gémir, mais de
montrer ce que vous êtes. Le temps de la peine est
arrivé : si vous n'avez pu la prévenir, voyons du

moins si vous saurez la supporter... Entre nous, j'en
doute... (*la pendule sonne six heures.*) Mais voilà six
heures qui sonnent... Je me sens las.,... J'ai des douleurs dans les jambes, comme si ma goutte voulait me
reprendre. Je ne suis bon à rien. Je vais m'envelopper
de ma robe-de-chambre et me jeter dans un fauteuil.
Adieu, mon frère... Entendez-vous?

LE PÈRE DE FAMILLE.

Adieu, monsieur le Commandeur.

LE COMMANDEUR, *en s'en allant.*

La Brie?

LA BRIE, *arrivant.*

Monsieur.

LE COMMANDEUR.

Eclairez-moi, et quand mon neveu sera rentré vous
viendrez m'avertir.

SCÈNE II.

LE PÈRE DE FAMILLE, CÉCILE, GERMEUIL.

LE PÈRE DE FAMILLE, *après s'être encore promené tristement.*

Ma fille, c'est malgré moi que vous avez passé la
nuit.

CÉCILE.

Mon père, j'ai fait ce que j'ai dû.

LE PÈRE DE FAMILLE.

Je vous sais gré de cette attention ; mais je crains que
vous n'en soyez indisposée : allez vous reposer.

CÉCILE.

Mon père, il est tard ; si vous me permettiez de
prendre à votre santé l'intérêt que vous avez la bonté
de prendre à la mienne....

LE PÈRE DE FAMILLE.

Je veux rester : il faut que je lui parle.

CÉCILE.

Mon frère n'est plus un enfant,

LE PÈRE DE FAMILLE.

Et qui sait tout le mal qu'a pu apporter une nuit?

CÉCILE.

Mon père....

LE PÈRE DE FAMILLE.

Je l'attendrai : il me verra.

*(en appuyant tendrement ses mains sur les bras de sa
fille.)*

Allez, ma fille, allez ; je sais que vous m'aimez.

(Cécile sort ; Germeuil se dispose à la suivre.)

SCÈNE III.

LE PÈRE DE FAMILLE, GERMEUIL.

(La marche de cette scène est lente.)

LE PÈRE DE FAMILLE, *retenant Germeuil.*

Germeuil, demeurez.

(comme s'il était seul, et regardant aller Cécile.)

Son caractère a tout-à-fait changé ; elle n'a plus sa
gaieté, sa vivacité.... Ses charmes s'effacent.... Elle
souffre... Hélas ! depuis que j'ai perdu ma femme, et
que le Commandeur s'est établi chez moi, le bonheur
s'en est éloigné !... Quel prix il met à la fortune qu'il
fait attendre à mes enfans !... Ses vues ambitieuses,
et l'autorité qu'il a prise dans ma maison, me deviennent de jour en jour plus importunes... Nous vivions
dans la paix et dans l'union ; l'humeur inquiète et
tyrannique de cet homme nous a tous séparés : on se
craint, on s'évite, on me laisse : je suis solitaire au
milieu de ma famille, et je péris... Mais le jour est
prêt à paraître, et mon fils ne vient point !... Germeuil, l'amertume a rempli mon ame ; je ne puis plus
supporter mon état....

GERMEUIL.

Vous, monsieur ?

LE PÈRE DE FAMILLE.

Oui, Germeuil.

GERMEUIL.

Si vous n'êtes pas heureux, quel père l'a jamais été ?

LE PÈRE DE FAMILLE.

Aucun... Mon ami, les larmes d'un père coulent

souvent en secret : tu vois les miennes... Je te montre
ma peine.

GERMEUIL.

Monsieur, que faut-il que je fasse ?

LE PÈRE DE FAMILLE.

Tu peux, je crois, la soulager.

GERMEUIL.

Ordonnez.

LE PÈRE DE FAMILLE.

Je n'ordonnerai point ; je prierai ; je dirai : Germeuil, si j'ai pris de toi quelque soin ; si, depuis tes
plus jeunes ans, je t'ai marqué de la tendresse, et si
tu t'en souviens ; si je ne t'ai point distingué de mon
fils ; si j'ai honoré en toi la mémoire d'un ami qui m'est
et me sera toujours présente... Je t'afflige, pardonne :
c'est la première fois de ma vie, ce sera la dernière ...
Si je n'ai rien épargné pour te sauver de l'infortune,
et remplacer un père à ton égard ; si je t'ai chéri ; si je
t'ai gardé chez moi malgré le Commandeur à qui tu
déplais ; si je t'ouvre aujourd'hui mon cœur, reconnais mes bienfaits , et réponds à ma confiance.

GERMEUIL.

Ordonnez, monsieur, ordonnez.

LE PÈRE DE FAMILLE.

Ne sais-tu rien de mon fils ?.... Tu es son ami ; mais
tu dois être aussi le mien... Parle... Rends-moi le repos, ou achève de me l'ôter.. Ne sais-tu rien de mon
fils ?

GERMEUIL.

Non , monsieur.

LE PÈRE DE FAMILLE.

Tu es un homme vrai, et je te crois. Mais vois combien ton ignorance doit ajouter à mon inquiétude :
quelle est la conduite de mon fils, puisqu'il la dérobe
à un père dont il a tant de fois éprouvé l'indulgence,
et qu'il en fait mystère au seul homme qu'il aime ?....
Germeuil, je tremble que cet enfant....

GERMEUIL.

Vous êtes père ; un père est toujours prompt à s'a-
larmer.

LE PÈRE DE FAMILLE.

Tu ne sais pas, mais tu vas savoir et juger si ma crainte est précipitée... Dis-moi : depuis un temps n'as-tu pas remarqué combien il est changé?

GERMEUIL.

Oui, mais c'est en bien : il est moins curieux dans ses chevaux, ses gens, son équipage ; moins recherché dans sa parure ; il n'a plus aucune de ces fantaisies que vous lui reprochiez : il a pris en dégoût les dissipations de son âge ; il fuit ses complaisans, ses frivoles amis ; il aime à passer les journées retiré dans son cabinet : il lit, il écrit, il pense. Tant mieux : il a fait de lui-même ce que vous en auriez tôt ou tard exigé.

LE PÈRE DE FAMILLE.

Je me disais cela comme toi ; mais j'ignorais ce que je vais t'apprendre... Écoute.... Cette réforme dont, à ton avis, il faut que je me félicite, et ces absences de nuit qui m'effraient...

GERMEUIL.

Ces absences et cette réforme?

LE PÈRE DE FAMILLE.

Ont commencé en même temps. (*Germeuil marque sa surprise.*) Oui, mon ami, en même temps.

GERMEUIL.

Cela est singulier.

LE PÈRE DE FAMILLE.

Cela est. Hélas! le désordre ne m'est connu que depuis peu ; mais il a duré... Arranger et suivre à la fois deux plans opposés : l'un de régularité qui nous en impose de jour, un autre de déréglement qu'il remplit la nuit ; voilà ce qui m'accable... Que, malgré sa fierté naturelle, il se soit abaissé jusqu'à corrompre des valets ; qu'il se soit rendu maître des portes de ma maison ; qu'il attende que je repose, qu'il s'en informe secrètement ; qu'il s'échappe seul, à pied, toutes les nuits, par toute sorte de temps, à toute heure : c'est peut-être plus qu'aucun père ne puisse souffrir, et qu'aucun enfant de son âge n'eût osé... Mais avec une pareille conduite, affecter l'attention aux moindres devoirs, l'austérité dans les principes, la réserve dans les discours, le goût de la retraite, le mépris des distractions... Ah! mon ami!.... qu'attendre d'un jeune homme qui peut tout-à-coup se masquer et se contraindre à ce point?... Je regarde dans l'avenir, et ce qu'il me laisse entrevoir me glace... S'il n'était que vicieux je n'en désespérerais pas; mais s'il joue les mœurs et la vertu...

GERMEUIL.

En effet, je n'entends pas cette conduite; mais je connais votre fils: la fausseté est de tous les défauts le plus contraire à son caractère.

LE PÈRE DE FAMILLE.

Il n'en est point qu'on ne prenne bientôt avec les méchans; et maintenant avec qui penses-tu qu'il vive?.. Tous les gens de bien dorment quand il veille... Ah! Germeuil!... Mais il me semble que j'entends quelqu'un... C'est lui peut-être... Éloigne-toi.

SCÈNE IV.

LE PÈRE DE FAMILLE.

(Il s'avance vers l'endroit où il a entendu marcher ; il écoute, et dit tristement :)

Je n'entends plus rien... Asseyons-nous...

Je ne saurais... Quels pressentimens s'élèvent au fond de mon ame, s'y succèdent et l'agitent!... O cœur trop sensible d'un père, ne peux-tu te calmer un moment?... A l'heure qu'il est, peut-être il perd sa santé... sa fortune... ses mœurs... Que sais-je? sa vie... son honneur... le mien... (*il se lève brusquement.*) Quelles idées me poursuivent!

SCÈNE V.

LE PÈRE DE FAMILLE, SAINT-ALBIN.

(Tandis que le Père de famille erre accablé de tristesse, entre Saint-Albin, vêtu comme un homme du peuple, en redingote et en veste, les bras ca-

chés sous sa redingote, et le chapeau rabattu et en-
foncé sur les yeux. Il s'avance à pas lents : il paraît
plongé dans la peine et la réverie ; il traverse sans
apercevoir personne.)

LE PÈRE DE FAMILLE, *qui le voit, l'arrête par le bras,*
et lui dit :

Qui êtes-vous? Où allez-vous? (*Saint-Albin ne ré-*
pond point.) Qui êtes-vous? Où allez-vous ? (*Saint-*
Albin ne répond point encore. Le Père de famille re-
lève lentement le chapeau de Saint-Albin, reconnaît
son fils, et s'écrie :) Ciel!... c'est lui!... c'est lui!.....
mes funestes pressentimens, les voilà donc accomplis!...
ah !.... (*il pousse des accens douloureux, il s'éloigne,*
il revient, et dit :) Je veux lui parler... Je tremble de
l'entendre... Que vais-je savoir ?... J'ai trop vécu, j'ai
trop vécu.

SAINT-ALBIN, *en s'éloignant de son père.*

Ah !

LE PÈRE DE FAMILLE, *le suivant.*

Qui es-tu? D'où viens-tu?... Aurais-je eu le malheur ?....

SAINT-ALBIN, *en s'éloignant encore.*

Je suis désespéré.

LE PÈRE DE FAMILLE.

Grand Dieu ! que faut-il que j'apprenne ?

SAINT-ALBIN.

Elle pleure, elle soupire, elle songe à s'éloigner ;
et si elle s'éloigne , je suis perdu.

LE PÈRE DE FAMILLE.

Qui elle ?

SAINT-ALBIN.

Sophie... Non, Sophie, non.... Je périrai plutôt.

LE PÈRE DE FAMILLE.

Qui est cette Sophie?... Qu'a-t-elle de commun avec
l'état où je te vois et l'effroi qu'il me cause?

SAINT-ALBIN, *se jetant aux pieds de son père.*

Mon père, vous me voyez à vos pieds. Votre fils
n'est pas indigne de vous ; mais il va périr, il va
perdre celle qu'il chérit au-delà de la vie. Vous seul

...ouvez la lui conserver. Écoutez-moi, pardonnez-
moi, secourez-moi.

Si j'ai jamais éprouvé votre bonté; si, dès mon en-
ance, j'ai pu vous regarder comme l'ami le plus ten-
lre; si vous fûtes le confident de toutes mes joies et
le toutes mes peines, ne m'abandonnez pas. Conser-
vez-moi Sophie; que je vous doive ce que j'ai de plus
cher au monde; protégez-la... Elle va nous quitter,
rien n'est plus certain.... Voyez-la, détournez-la de
son projet... La vie de votre fils en dépend... Si vous
la voyez, je serai le plus heureux de tous les enfans,
et vous serez le plus heureux de tous les pères.

LE PÈRE DE FAMILLE, à part.

Dans quel égarement il est tombé! (à son fils.)
Qui est-elle cette Sophie? qui est-elle?

SAINT-ALBIN, relevé, allant et venant [avec enthousiasme.

Elle est pauvre; elle est ignorée; elle habite un réduit obscur : mais je ne vois rien dans ma vie dissipée
et tumultueuse à comparer aux heures innocentes que
j'ai passées près d'elle : j'y voudrais vivre et mourir,
dussé-je être méconnu, méprisé du reste de la terre...
Je croyais avoir aimé; je me trompais.... c'est à
présent que j'aime... (saisissant la main de son père.)
Oui... j'aime pour la première fois.

LE PÈRE DE FAMILLE.

Vous vous jouez de mon indulgence et de ma peine.
Malheureux, laissez là vos extravagances : regardez-
vous, et répondez-moi. Qu'est-ce que cet indigne tra-
vestissement? Que m'annonce-t-il?

SAINT-ALBIN.

Ah ! mon père ! c'est à cet habit que je dois mon
bonheur, ma Sophie, ma vie.

LE PÈRE DE FAMILLE.

Comment ? Parlez.

SAINT-ALBIN.

Il a fallu me rapprocher de son état, il a fallu lui
dérober mon rang, devenir son égal. Écoutez, écoutez.

LE PÈRE DE FAMILLE.

J'écoute, et j'attends.

SAINT-ALBIN.

Près de cet asile écarté qui la cache aux yeux des hommes.... Ce fut ma dernière ressource.

LE PÈRE DE FAMILLE.

Eh bien !...

SAINT-ALBIN.

A côté de ce réduit... il y en avait un autre.

LE PÈRE DE FAMILLE.

Achevez.

SAINT-ALBIN.

Je le loue ; j'y fais porter les meubles qui conviennent à un indigent ; je m'y loge, et je deviens son voisin sous le nom de Sergi et sous cet habit.

LE PÈRE DE FAMILLE.

Ah ! je respire !... Grâces à Dieu, du moins, je ne vois plus en lui qu'un insensé.

SAINT-ALBIN.

Jugez si jamais... Qu'il va m'en coûter cher !... Ah !

LE PÈRE DE FAMILLE.

Revenez à vous, et songez à mériter par une entière confiance le pardon de votre conduite.

SAINT-ALBIN.

Mon père, vous saurez tout. Hélas! je n'ai que ce moyen pour vous fléchir... La première fois que je la vis, ce fut à l'église ; elle était à genoux auprès d'une femme âgée que je pris d'abord pour sa mère ; elle attachait tous les regards... Ah, mon père ! quelle modestie ! quels charmes !... Non, je ne puis vous rendre l'impression qu'elle fit sur moi. Quel trouble j'éprouvai ! avec quelle violence mon cœur palpita ! ce que je ressentis ! ce que je devins !... Depuis cet instant je ne pensai, je ne rêvai qu'elle ; son image me suivit le jour, m'obséda la nuit, m'agita partout. J'en perdis la gaieté, la santé, le repos : je ne pus vivre sans chercher à la retrouver ; j'allais partout où j'espérais de la revoir. Je languissais, je périssais, vous le savez, lorsque je découvris que cette femme

âgée qui l'accompagnait, se nommait madame Hébert,
que Sophie l'appelait sa Bonne, et que, reléguées
toutes deux à un quatrième étage, elles y vivaient
d'une vie misérable... Vous avouerai-je les espérances
que je conçus alors, tous les projets que je formai ?
Que j'eus lieu d'en rougir lorsque le ciel m'eût inspiré
de m'établir à côté d'elle ! Ah ! mon père, il faut que
tout ce qui l'approche devienne honnête, ou s'en
éloigne... Vous ignorez ce que je dois à Sophie, vous
l'ignorez... Elle m'a changé : je ne suis plus ce que
j'étais... Dès les premiers instans je sentis les désirs
honteux s'éteindre dans mon ame, le respect et l'ad-
miration leur succéder. Sans qu'elle m'eût arrêté,
contenu, peut-être même avant qu'elle eût levé les
yeux sur moi, je devins timide ; de jour en jour je le
devins davantage, et bientôt il ne me fut pas plus
libre d'attenter à sa vertu qu'à sa vie.

LE PÈRE DE FAMILLE.

Et que font ces femmes ? Quelles sont leurs ressources ?

SAINT-ALBIN.

Ah ! si vous connaissiez la vie de ces infortunées !
Imaginez que leur travail commence avant le jour,
et que souvent elles y passent les nuits. La Bonne file
au rouet : une toile dure et grossière est entre les
doigts tendres et délicats de Sophie, et les blesse ; ses
yeux, les plus beaux yeux du monde, s'usent à la lumière d'une lampe ; elle vit sous un toit, entre quatre
murs tout dépouillés... une table, deux chaises, un
grabat, voilà ses meubles. O Ciel ! quand tu la formas
était-ce là le sort que tu lui destinais ?

LE PÈRE DE FAMILLE.

Et comment eûtes-vous accès ? Soyez vrai.

SAINT-ALBIN.

Il est inouï tout ce qui s'y opposait, tout ce que
je fis. Établi auprès d'elles, je ne cherchais point à les
voir ; mais quand je les rencontrais en descendant,
en montant, je les saluais avec respect ; le soir, quand
je rentrais (car le jour on me croyait à mon travail)

j'allais doucement frapper à leur porte, et je leur demandais les petits services qu'on se rend entre voisins, comme de l'eau, du feu, de la lumière. Peu à peu elles se firent à moi ; elles prirent de la confiance. Je m'offris à les servir dans des bagatelles : par exemple, elles n'aimaient pas à sortir la nuit, j'allais et je venais pour elles.

LE PÈRE DE FAMILLE.

Que de mouvemens et de soins ! et à quelle fin ? Ah ! si les gens de bien... Continuez.

SAINT-ALBIN.

Un jour j'entends frapper à ma porte ; c'était la Bonne : j'ouvre ; elle entre sans parler, s'assied, et se met à pleurer : je lui demande ce qu'elle a. Sergi , me dit-elle, ce n'est pas sur moi que je pleure ; née dans la misère, j'y suis faite : mais cette enfant me désole... Qu'a-t-elle ? Que vous est-il arrivé ?... Hélas ! répond la Bonne, depuis huit jours nous n'avons plus d'ouvrage ; et nous sommes sur le point de manquer de pain. Ciel ! m'écriai-je ; tenez, allez, courez... Après cela je me renfermai, et l'on ne me vit plus.

LE PÈRE DE FAMILLE.

J'entends. Voilà le fruit des sentimens qu'on leur inspire ; ils ne servent qu'à les rendre plus dangereux.

SAINT-ALBIN.

On s'aperçut de ma retraite , et je m'y attendais ; la bonne madame Hébert m'en fit des reproches. Je m'enhardis : je l'interrogeai sur leur situation ; je peignis la mienne comme il me plut ; je proposai d'associer notre indigence, et de l'alléger en vivant en commun : on fit des difficultés ; j'insistai , et l'on consentit à la fin. Jugez de ma joie ! Hélas , elle a bien peu duré ! Et qui sait combien ma peine durera ? Hier j'arrivai à mon ordinaire : Sophie était seule ; elle avait les coudes appuyés sur sa table , et la tête penchée sur sa main ; son ouvrage était tombé à ses pieds : j'entrai sans qu'elle m'entendît : elle soupirait; des larmes s'échappaient d'entre ses doigts et coulaient

le long de son bras. Il y avait déjà quelque temps que
je la trouvais triste... Pourquoi pleurait-elle? Qu'est-
ce qui l'affligeait? Ce n'était plus le besoin, son travail et mes attentions pourvoyaient à tout... Menacé
du seul malheur que je redoutais, je ne balançai
point; je me jetai à ses genoux : quelle fut sa surprise!
Sophie, lui dis-je, vous pleurez! Qu'avez-vous? Ne
me célez pas votre peine : parlez-moi, de grâce, parlez-moi. Elle se taisait; ses larmes continuaient de
couler; ses yeux, noyés dans les pleurs, se tournaient
sur moi, s'en éloignaient, y revenaient : elle disait seulement : Pauvre Sergi! malheureuse Sophie! Cependant j'avais baissé mon visage sur ses genoux, et je
mouillais son tablier de mes larmes. Alors la Bonne
rentra : je me lève; je cours à elle; je l'interroge : je
reviens à Sophie; je la conjure; elle s'obstine au silence. Le désespoir s'empare de moi ; je marche dans
la chambre sans savoir ce que je fais ; je m'écrie douloureusement : c'est fait de moi! Sophie, vous voulez
nous quitter, c'est fait de moi! A ces mots ses pleurs
redoublent, et elle retombe sur sa table comme je
l'avais trouvée : la lueur pâle et sombre d'une petite
lampe éclairait cette scène de douleur qui a duré toute
la nuit. A l'heure que le travail est censé m'appeler,
je suis sorti ; et je me retirais ici accablé de peine...

LE PÈRE DE FAMILLE.

Tu ne pensais pas à la mienne.

SAINT-ALBIN.

Mon père !

LE PÈRE DE FAMILLE.

Que voulez-vous? Qu'espérez-vous?

SAINT-ALBIN.

Que vous mettrez le comble à tout ce que vous avez
fait pour moi depuis que je suis ; que vous verrez Sophie, que vous lui parlerez ; que...

LE PÈRE DE FAMILLE.

Jeune insensé !... Et savez-vous qui elle est?

SAINT-ALBIN.

C'est là son secret; mais ses mœurs, ses sentimens,

ses discours, n'ont rien de conforme à sa condition présente ; un autre état perce à travers la pauvreté de son vêtement. tout la trahit, jusqu'à je ne sais quelle fierté qu'on lui a inspirée, et qui la rend impénétrable sur son état... Si vous voyiez son ingénuité, sa douceur, sa modestie... Vous vous souvenez bien de ma mère... Vous soupirez ; eh bien ! c'est elle. Mon père, voyez-la ; et si votre fils vous a dit un mot...

LE PÈRE DE FAMILLE.

Et cette femme chez qui elle est ne vous en a rien appris ?

SAINT-ALBIN.

Hélas ! elle est aussi réservée que Sophie. Ce que j'en ai pu tirer, c'est que cette jeune personne est venue de province implorer l'assistance d'un parent qui n'a voulu ni la voir ni la secourir : j'ai profité de cette confidence pour adoucir sa misère sans offenser sa délicatesse ; je fais du bien à ce que j'aime, et il n'y a que moi qui le sache.

LE PÈRE DE FAMILLE.

Avez-vous dit que vous aimiez ?

SAINT-ALBIN, *avec vivacité.*

Moi ! mon père ?... je n'ai pas même entrevu dans l'avenir le moment où je l'oserais.

LE PÈRE DE FAMILLE.

Vous ne vous croyez donc pas aimé ?

SAINT-ALBIN.

Pardonnez-moi... Hélas ! quelquefois je l'ai cru...

LE PÈRE DE FAMILLE.

Et sur quoi ?

SAINT-ALBIN.

Sur des choses légères qui se sentent mieux qu'on ne les dit : par exemple, elle prend intérêt à tout ce qui me touche ; auparavant son visage s'éclaircissait à mon arrivée, son regard s'animait, elle avait plus de gaieté : j'ai cru deviner qu'elle m'attendait : souvent elle m'a plaint d'un travail qui prenait toute ma journée ; et je ne doute pas qu'elle n'ait prolongé le sien dans la nuit pour m'arrêter plus long-temps...

LE PÈRE DE FAMILLE.

Vous m'avez tout dit?

SAINT-ALBIN.

Tout.

LE PÈRE DE FAMILLE, *après une pause.*

Allez vous reposer... Je la verrai.

SAINT-ALBIN.

Vous la verrez? Ah ! mon père, vous la verrez !...
Mais songez que le temps presse...

LE PÈRE DE FAMILLE.

Allez, et rougissez de n'être pas plus occupé des
alarmes que votre conduite m'a données, et peut me
donner encore.

SAINT-ALBIN.

Mon père, vous n'en aurez plus.

SCÈNE VI.

LE PÈRE DE FAMILLE *seul.*

De l'honnêteté, des vertus, de l'indigence, de la
jeunesse, des charmes, tout ce qui enchaîne les ames
bien nées !... A peine délivré d'une inquiétude, je retombe dans une autre... Quel sort !... Mais peut-être
m'alarmé-je encore trop tôt... Un jeune homme passionné, violent, s'exagère à lui-même, aux autres...
Il faut voir... Il faut appeler ici cette fille, l'entendre,
lui parler... Si elle est telle qu'il me la dépeint, je
pourrai l'intéresser, l'obliger... Que sais-je?

SCÈNE VII.

LE PÈRE DE FAMILLE, LE COMMANDEUR,
en robe de chambre et en bonnet de nuit.

LE COMMANDEUR.

Eh bien, monsieur d'Orbesson, vous avez vu votre
fils : de quoi s'agit-il?

LE PÈRE DE FAMILLE.

Monsieur le Commandeur, vous le saurez : entrons.

LE COMMANDEUR.

Un mot, s'il vous plaît... Voilà votre fils embarqué dans une aventure qui va vous donner bien du chagrin, n'est-ce pas?

LE PÈRE DE FAMILLE.

Mon frère...

LE COMMANDEUR.

Afin qu'un jour vous n'en prétendiez point cause d'ignorance, je vous avertis que votre chère fille et ce Germeuil, que vous gardez ici malgré moi, vous en préparent de leur côté, et, s'il plaît à Dieu, ne vous en laisseront pas manquer.

LE PÈRE DE FAMILLE.

Mon frère, ne m'accorderez-vous pas un instant de repos?

LE COMMANDEUR.

Ils s'aiment : c'est moi qui vous le dis.

LE PÈRE DE FAMILLE, *impatienté.*

Eh bien! je le voudrais.

(*Il entraîne le Commandeur hors de la scène tandis qu'il parle.*)

LE COMMANDEUR.

Soyez content. D'abord ils ne peuvent ni se souffrir, ni se quitter ; ils se brouillent sans cesse, et sont toujours bien : prêts à s'arracher les yeux sur des riens, ils ont une ligue offensive et défensive envers et contre tous : qu'on s'avise de remarquer en eux quelques-uns des défauts dont ils se reprennent, on y sera bien venu... Hâtez-vous de les séparer : c'est moi qui vous le dis...

LE PÈRE DE FAMILLE.

Allons, monsieur le Commandeur, entrons.

LE COMMANDEUR.

C'est-à-dire que vous voulez avoir du chagrin : eh bien! vous en aurez.

FIN DU PREMIER ACTE.

ACTE II.

SCÈNE PREMIÈRE.

LE PÈRE DE FAMILLE, CÉCILE, MADEMOI-
SELLE CLAIRET, MONSIEUR LE BON, un
paysan, LA BRIE, PHILIPPE, *domestique qui
vient se présenter (* un homme *vêtu de noir, qui a
l'air d'un pauvre honteux, et qui l'est.*

*Toutes ces personnes arrivent les unes après les au-
tres. Le paysan se tient debout, le corps penché
sur son bâton. L'homme vêtu de noir est retiré à
l'écart, debout dans un coin, auprès d'une fenêtre.
La Brie est en papillotes. Philippe est habillé. La
Brie tourne autour de lui, et le regarde un peu de
travers. Le Père de famille entre, et tout le monde
se lève ; il est suivi de sa fille, et sa fille précédée
de sa femme-de-chambre qui porte le déjeûner de sa
maîtresse : elle sert le déjeûner sur une petite
table ; Cécile s'assied d'un côté de cette table ; le
Père de famille est assis de l'autre. Mademoiselle
Clairet est debout derrière le fauteuil de sa maîtresse.*

LE PÈRE DE FAMILLE, *au paysan.*

Ah ! c'est vous qui venez enchérir sur le bail de mon
fermier de Limeuil ? J'en suis content ; il est exact ; il
a des enfans : je ne suis pas fâché qu'il fasse avec moi
ses affaires. Retournez-vous-en.

(Le paysan sort.)

LE PÈRE DE FAMILLE, *à son intendant.*
Eh bien, monsieur le Bon, qu'est-ce qu'il y a ?

M. LE BON.
Ce débiteur, dont le billet est échu depuis un mois,
demande encore à différer son paiement.

LE PÈRE DE FAMILLE.

Les temps sont durs, accordez-lui le délai qu'il demande : risquons une petite somme plutôt que de le ruiner.

M. LE BON.

Les ouvriers qui travaillaient à votre maison d'Orsigny sont venus.

LE PÈRE DE FAMILLE.

Faites leur compte.

M. LE BON.

Cela peut aller au-delà des fonds.

LE PÈRE DE FAMILLE.

Faites toujours : leurs besoins sont plus pressans que les miens, et il vaut mieux que je sois gêné qu'eux.
(*il aperçoit le pauvre honteux ; il se lève avec empressement, il s'avance vers lui, et lui dit bas :*)

Pardon, monsieur; je ne vous voyais pas... Des embarras domestiques m'ont occupé... Je vous avais oublié.

(*tout en parlant, il tire une bourse qu'il lui donne furtivement; il le reconduit : en revenant, bas et d'un ton de commisération :*)
Une famille à élever, un état à soutenir, et point de fortune !

M. LE BON.

Ce voisin, qui a formé des prétentions sur votre terre, s'en désisterait peut-être si...

LE PÈRE DE FAMILLE.

Je ne me laisserai pas dépouiller ; je ne sacrifierai point les intérêts de mes enfans à l'homme avide et injuste : tout ce que je puis, c'est de céder, si l'on veut, ce que la poursuite de ce procès pourra me coûter. Voyez. (*M. le Bon va pour sortir.*) A propos, monsieur le Bon, souvenez-vous de ces gens de province : je viens d'apprendre qu'ils ont envoyé ici un de leurs enfans; tâchez de me le découvrir.

(*M. le Bon sort.*)

LE PÈRE DE FAMILLE, *à la B..ie qui s'occupait à ranger le salon.*

Vous n'êtes plus à mon service. Vous connaissiez le déréglement de mon fils ; vous m'avez menti : on ne ment pas chez moi.

CÉCILE, *intercédant.*

Mon père...

LE PÈRE DE FAMILLE, *à part.*

Nous sommes bien étranges : nous les avilissons ; nous en faisons des malhonnêtes gens, et lorsque nous les trouvons tels, nous avons l'injustice de nous en plaindre. (*à la Brie.*) Je vous laisse votre habit, et je vous accorde un mois de vos gages. Allez.

(*La Brie sort.*)

LE PÈRE DE FAMILLE, *à Philippe.*

Est-ce vous dont on vient de me parler ?

PHILIPPE.

Oui, monsieur.

LE PÈRE DE FAMILLE.

Vous avez entendu pourquoi je le renvoie ; souvenez-vous-en. Allez, et ne laissez entrer personne.

(*Mademoiselle Clairet et Philippe sortent, et emportent ce qui a servi pour le déjeuner.*)

SCÈNE II.
LE PÈRE DE FAMILLE, CÉCILE.

LE PÈRE DE FAMILLE.

Ma fille, avez-vous réfléchi ?

CÉCILE.

Oui, mon père.

LE PÈRE DE FAMILLE.

Qu'avez-vous résolu ?

CÉCILE.

De faire en tout votre volonté.

LE PÈRE DE FAMILLE.

Je m'attendais à cette réponse.

CÉCILE.

Si cependant il m'était permis de choisir un état....

LE PÈRE DE FAMILLE.

Quel est celui que vous préféreriez ?... Vous hésitez... Parlez, ma fille.

Diderot. 3

CÉCILE.

Je préférerais la retraite.

LE PÈRE DE FAMILLE.

Que voulez-vous dire? Un couvent?

CÉCILE.

Oui, mon père : je ne vois que cet asile contre les
peines que je crains.

LE PÈRE DE FAMILLE.

Vous craignez des peines, et vous ne pensez pas à
celles que vous me causeriez? Vous m'abandonneriez?
Vous quitteriez la maison de votre père pour un cloî-
tre? Non, ma fille, cela ne sera point. Je respecte la
vocation religieuse, mais ce n'est pas la vôtre. La
nature, en vous accordant les qualités sociales, ne vous
destina point à l'inutilité.... Non, je n'aurai point
donné la vie à un enfant, je ne l'aurai point élevé, je
n'aurai point travaillé sans relâche à assurer son bonheur, pour le laisser descendre tout vif dans un tombeau, et avec lui mes espérances et celles de la société
trompées... Et qui la repeuplera de citoyens vertueux,
si les femmes les plus dignes d'être des mères de famille s'y refusent?

CÉCILE.

Je vous ai dit, mon père, que je ferais en tout votre
volonté.

LE PÈRE DE FAMILLE.

Ne me parlez donc jamais de couvent.

CÉCILE.

Mais j'ose espérer que vous ne contraindrez pas votre
fille à changer d'état, et que du moins il lui sera permis de passer des jours tranquilles et libres à côté de
vous.

LE PÈRE DE FAMILLE.

Si je ne considérais que moi, je pourrais approuver
ce parti; mais je dois vous ouvrir les yeux sur un
temps où je ne serai plus... Cécile, la nature a ses vues;
et si vous regardez bien, vous verrez sa vengeance sur
tous ceux qui les ont trompées : les hommes punis du
célibat par le vice; les femmes, par le mépris et par

l'ennui... Que cela soit ou non, l'âge avance, les charmes passent, les hommes s'éloignent, la mauvaise humeur prend; on perd ses parens, ses connaissances, ses amis : une fille surannée n'a plus autour d'elle que des indifférens qui la négligent, ou des ames intéressées qui comptent ses jours. Elle le sent; elle s'en afflige, elle vit sans qu'on la console, et meurt sans qu'on la pleure.

CÉCILE.

Cela est vrai; mais est-il un état sans peine? et le mariage n'a-t-il pas les siennes?

LE PÈRE DE FAMILLE.

Qui le sait mieux que moi? Vous me l'apprenez tous les jours; mais c'est un état que la nature impose : c'est la vocation de tout ce qui respire... Ma fille, celui qui compte sur un bonheur sans mélange, ne connaît ni la vie de l'homme, ni les desseins du Ciel sur lui... Si le mariage expose à des peines cruelles, c'est aussi la source des plaisirs les plus doux. Où sont les exemples de l'intérêt pur et sincère, de la tendresse réelle, de la confiance intime, des secours continus, des satisfactions réciproques, des chagrins partagés, des soupirs entendus, des larmes confondues, si ce n'est dans le mariage? Qu'est-ce que l'homme de bien préfère à sa femme? Qu'y a-t-il au monde qu'un père aime plus que son enfant?.... O lien sacré des époux, si je pense à vous, mon ame s'échauffe et s'élève! ô noms tendres de fils et de fille, je ne vous prononçai jamais sans tressaillir, sans être touché! Rien n'est plus doux à mon oreille, rien n'est plus intéressant à mon cœur... Cécile, rappelez-vous la vie de votre mère : en est-il une plus douce que celle d'une femme qui a employé sa journée à remplir les devoirs d'épouse attentive, de mère tendre, de maîtresse compatissante?.. Quel sujet de réflexions délicieuses elle emporte en son cœur, le soir quand elle se retire!

CÉCILE.

Oui, mon père; mais où sont les femmes comme elle, et les époux comme vous?

LE PÈRE DE FAMILLE.

Il en est, mon enfant; et il ne tiendra qu'à toi d'avoir le sort qu'elle eut.

CÉCILE.

S'il suffisait de regarder autour de soi, d'écouter sa raison et son cœur....

LE PÈRE DE FAMILLE.

Cécile, vous baissez les yeux, vous tremblez, vous craignez de parler.... Mon enfant, laisse-moi lire dans ton ame : tu ne peux avoir de secret pour ton père; et si j'avais perdu ta confiance, c'est en moi que j'en chercherais la raison.... Tu pleures...

CÉCILE.

Votre bonté m'afflige : si vous pouviez me traiter plus sévèrement....

LE PÈRE DE FAMILLE.

L'auriez-vous mérité? Votre cœur vous ferait-il un reproche?

CÉCILE.

Non, mon père.

LE PÈRE DE FAMILLE.

Qu'avez-vous donc?

CÉCILE.

Rien.

LE PÈRE DE FAMILLE.

Vous me trompez, ma fille.

CÉCILE.

Je suis accablée de votre tendresse....; je voudrais y répondre.

LE PÈRE DE FAMILLE.

Cécile, auriez-vous distingué quelqu'un? Aimeriez-vous?

CÉCILE.

Que je serais à plaindre !

LE PÈRE DE FAMILLE.

Dites; dis, mon enfant : si tu ne me supposes pas une sévérité que je ne connus jamais, tu n'auras pas une réserve déplacée. Vous n'êtes plus un enfant : comment blâmerais-je en vous un sentiment que je fis naître dans le cœur de votre mère? O vous qui tenez

sa place dans ma maison, et qui me la représentez,
imitez-la dans la franchise qu'elle eut avec celui qui
lui avait donné la vie, et qui voulut son bonheur et le
mien.... Cécile, vous ne me répondez rien ?

CÉCILE.

Le sort de mon frère me fait trembler.

LE PÈRE DE FAMILLE.

Votre frère est un fou.

CÉCILE.

Peut-être ne me trouveriez-vous pas plus raisonnable que lui.

LE PÈRE DE FAMILLE.

Je ne crains pas ce chagrin de Cécile ; sa prudence
m'est connue, et je n'attends que l'aveu de son choix
pour le confirmer.

(Cecile se tait. Le Père de famille attend un moment;
   puis il continue d'un ton sérieux et même un peu
   chagrin:)

Il m'eût été doux d'apprendre vos sentimens de
vous-même ; mais de quelque manière que vous m'en
instruisiez, je serai satisfait : que ce soit par la bouche
de votre oncle, de votre frère ou de Germeuil, il
n'importe... Germeuil est notre ami commun... C'est
un homme sage et discret.... il a ma confiance...'. il ne
me paraît pas indigne de la vôtre.

CÉCILE.

C'est ainsi que j'en pense.

LE PÈRE DE FAMILLE.

Je lui dois beaucoup : il est temps que je m'acquitte
avec lui.

CÉCILE.

Vos enfans ne mettront jamais de bornes ni à votre
autorité, ni à votre reconnaissance... Jusqu'à présent
il vous a honoré comme un père, et vous l'avez traité
comme un de vos enfans.

LE PÈRE DE FAMILLE.

Ne sauriez-vous point ce que je pourrais faire pour
lui?

CÉCILE.

Je crois qu'il faut le consulter lui-même... Peut-être a-t-il des idées... Peut-être... Quel conseil pourrais-je vous donner?

CÉCILE, *avec vivacité.*

Ah! mon père, n'en croyez rien : vous connaissez mon oncle.

LE PÈRE DE FAMILLE.

Il faudra donc que je quitte la vie sans avoir vu le bonheur d'aucun de mes enfans.... Cécile.... Cruels enfans, que vous ai-je fait pour me désoler?.... J'ai perdu la confiance de ma fille; mon fils s'est précipité dans des liens que je ne puis approuver, et qu'il faut que je rompe...

SCÈNE III.

LE PÈRE DE FAMILLE, CÉCILE, PHILIPPE.

PHILIPPE.

Monsieur, il y a deux femmes qui demandent à vous parler.

LE PÈRE DE FAMILLE.

Faites entrer. (*avec tristesse à Cécile qui se retire.*) Cécile!

CÉCILE.

Mon père.

LE PÈRE DE FAMILLE.

Vous ne m'aimez donc plus?

(*Les femmes annoncées entrent, et Cécile sort avec un mouchoir sur les yeux.*)

SCÈNE IV.

LE PÈRE DE FAMILLE, SOPHIE, MADAME HÉBERT.

LE PÈRE DE FAMILLE, *apercevant Sophie, à part, d'un ton triste et avec l'air étonné.*

Il ne m'a point trompé. Quels charmes! quelle modestie! quelle douceur!... Ah!...

MADAME HÉBERT.

Monsieur, nous nous rendons à vos ordres.

LE PÈRE DE FAMILLE, *à Sophie.*

C'est vous, mademoiselle, qui vous appelez Sophie?

SOPHIE, *tremblante, troublée.*

Oui, monsieur.

LE PÈRE DE FAMILLE, *à madame Hébert.*

Madame, j'aurais un mot à dire à mademoiselle :
j'en ai entendu parler, et je m'y intéresse.

(*Madame Hébert s'éloigne.*)

SOPHIE, *toujours tremblante, la retenant par le bras.*

Madame !

LE PÈRE DE FAMILLE.

Mademoiselle, remettez-vous : je ne vous dirai rien
qui puisse vous faire de la peine.

SOPHIE.

Hélas !

(*Madame Hébert va s'asseoir sur le fond de la
salle ; elle tire son ouvrage et travaille.*)

LE PÈRE DE FAMILLE *conduit Sophie à une chaise,
et la fait asseoir à côté de lui.*

D'où êtes-vous, mademoiselle ?

SOPHIE.

Je suis d'une petite ville de province.

LE PÈRE DE FAMILLE.

Y a-t-il long-temps que vous êtes à Paris ?

SOPHIE.

Pas long-temps ; et plût au ciel que je n'y fusse
jamais venue !

LE PÈRE DE FAMILLE.

Qu'y faites-vous ?

SOPHIE.

J'y gagne ma vie par mon travail.

LE PÈRE DE FAMILLE.

Vous êtes bien jeune.

SOPHIE.

J'en aurai plus long-temps à souffrir.

LE PÈRE DE FAMILLE.

Avez-vous monsieur votre père ?

SOPHIE.

Non, monsieur.

LE PÈRE DE FAMILLE.

Et votre mère ?

SOPHIE.

Le ciel me l'a conservée ; mais elle a eu tant de

chagrin, sa santé est si chancelante, et sa misère si grande!...

LE PÈRE DE FAMILLE.

Votre mère est donc bien pauvre?

SOPHIE.

Bien pauvre; avec cela il n'en est point au monde dont j'aimasse mieux être la fille.

LE PÈRE DE FAMILLE.

Je vous loue de ce sentiment. Vous paraissez bien née... Et qu'était votre père?

SOPHIE.

Mon père fut un homme de bien : il n'entendit jamais le malheureux sans en avoir pitié; il n'abandonna pas ses amis dans la peine, et il devint pauvre : il eut beaucoup d'enfans de ma mère : nous demeurâmes tous sans ressources à sa mort... J'étais bien jeune alors... Je me souviens à peine de l'avoir vu... Ma mère fut obligée de me prendre entre ses bras, de m'élever à la hauteur de son lit pour l'embrasser... Je pleurais : hélas! je ne sentais pas tout ce que je perdais!

LE PÈRE DE FAMILLE, à part.

Elle me touche... (haut.) Et qu'est-ce qui vous a fait quitter la maison de vos parens et votre pays?

SOPHIE.

Je suis venue ici avec un de mes frères implorer l'assistance d'un parent qui a été bien dur envers nous. Il m'avait vue autrefois en province; il paraissait avoir pris de l'affection pour moi, et ma mère avait espéré qu'il s'en ressouviendrait : mais il a fermé sa porte à mon frère, et il m'a fait dire de n'en pas approcher.

LE PÈRE DE FAMILLE.

Qu'est devenu votre frère?

SOPHIE.

Il s'est mis au service du roi; et moi je suis restée avec la personne que vous voyez, et qui a la bonté de me regarder comme son enfant.

LE PÈRE DE FAMILLE.

Elle ne paraît pas fort aisée.

SOPHIE.

Elle partage avec moi ce qu'elle a.

LE PÈRE DE FAMILLE.

Et vous n'avez plus entendu parler de ce parent?

SOPHIE.

Pardonnez-moi, monsieur, j'en ai reçu quelques
secours; mais de quoi cela sert-il à ma mère?

LE PÈRE DE FAMILLE.

Votre mère vous a donc oubliée?

SOPHIE.

Ma mère avait fait un dernier effort pour nous envoyer à Paris. Hélas! elle attendait de ce voyage un
succès plus heureux; sans cela aurait-elle pu se résoudre à m'éloigner d'elle? Depuis elle n'a plus su comment me faire revenir: elle me mande cependant qu'on
doit me reprendre et me ramener dans peu. Il faut
que quelqu'un s'en soit chargé par pitié. Oh! nous
sommes bien à plaindre!

LE PÈRE DE FAMILLE.

Et vous ne connaîtriez ici personne qui pût vous
secourir!

SOPHIE.

Personne.

LE PÈRE DE FAMILLE.

Et vous travaillez pour vivre?

SOPHIE.

Oui, monsieur.

LE PÈRE DE FAMILLE.

Et vous vivez seules?

SOPHIE.

Seules.

LE PÈRE DE FAMILLE.

Mais qu'est-ce qu'un jeune homme dont on m'a parlé,
qui s'appelle Sergi, et qui demeure à côté de vous?

SOPHIE.

C'est un malheureux qui gagne son pain comme
nous, et qui a uni sa misère à la nôtre.

LE PÈRE DE FAMILLE.

Est-ce là tout ce que vous en savez?

SOPHIE.

Oui, monsieur.

LE PÈRE DE FAMILLE.

Eh bien ! mademoiselle, ce malheureux-là...

SOPHIE.

Vous le connaissez ?

LE PÈRE DE FAMILLE.

Si je le connais !... c'est mon fils.

SOPHIE.

Votre fils !

MADAME HÉBERT.

Sergi !

LE PÈRE DE FAMILLE.

Oui, mademoiselle.

SOPHIE, *à part.*

Ah ! Sergi, vous m'avez trompée !

LE PÈRE DE FAMILLE.

Fille aussi vertueuse que belle, connaissez le danger que vous avez couru.

SOPHIE.

Sergi est votre fils !

LE PÈRE DE FAMILLE.

Il vous estime, vous aime ; mais sa passion préparerait votre malheur et le sien si vous la nourrissiez.

SOPHIE.

Pourquoi suis-je venue dans cette ville ? que ne m'en suis-je allée lorsque mon cœur me le disait !

LE PÈRE DE FAMILLE.

Il en est temps encore ; il faut aller retrouver une mère qui vous rappelle, et à qui votre séjour ici doit causer la plus grande inquiétude. Sophie, vous le voulez ?

SOPHIE, *à part.*

Ah, ma mère ! que vous dirai-je ?

LE PÈRE DE FAMILLE, *à madame Hébert.*

Madame, vous la reconduirez; et j'aurai soin que vous ne regrettiez pas la peine que vous aurez prise. (*à Sophie.*) Mais, Sophie, si je vous rends à votre mère, c'est à vous à me rendre mon fils ; c'est à vous à lui apprendre ce que l'on doit à ses parens : vous le savez si bien.

SOPHIE, *à part.*

Ah, Sergi ! pourquoi...

LE PÈRE DE FAMILLE.

Quelque honnêteté qu'il ait mise dans ses vues, vous
en ferez rougir : vous lui annoncerez votre départ,
et vous lui ordonnerez de finir ma douleur et le trouble de sa famille.

SOPHIE, *à madame Hébert.*

Ma Bonne...

MADAME HÉBERT.

Mon enfant...

SOPHIE, *en s'appuyant sur elle.*

Je me sens mourir...

MADAME HÉBERT.

Monsieur, nous allons nous retirer et attendre vos
ordres.

SOPHIE, *en se retirant.*

Pauvre Sergi ! Malheureuse Sophie !

(Elle sort appuyée sur madame Hébert.)

SCÈNE V.

LE PÈRE DE FAMILLE.

O lois du monde ! ô préjugés cruels !... Il y a déjà
si peu de femmes pour un homme qui pense et qui
sent, pourquoi faut-il que le choix en soit encore si
limité ?... Mais mon fils ne tardera pas à venir... Se-
couons, s'il se peut, de mon ame l'impression que
cette enfant y a faite... Lui représenterai-je comme il
me convient ce qu'il me doit, ce qu'il se doit à lui-
même, si mon cœur est d'accord avec le sien ?

SCÈNE VI.

LE PÈRE DE FAMILLE, SAINT-ALBIN.

SAINT-ALBIN, *en entrant avec vivacité.*

Mon père !

(Le Père de famille se promène et garde le silence.)

SAINT-ALBIN, *suit son père et d'un ton suppliant.*

Mon père !

LE PÈRE DE FAMILLE, *s'arrêtant et d'un ton sérieux*

Mon fils, si vous n'êtes pas rentré en vous-même, si la raison n'a pas recouvré ses droits sur vous, ne venez pas aggraver vos torts et mon chagrin.

SAINT-ALBIN.

Vous m'en voyez pénétré : j'approche de vous en tremblant... Je serai tranquille et raisonnable... Oui, je le serai... Je me le suis promis.

(*Le Père de famille continue de se promener.*)

SAINT-ALBIN, *s'approchant avec timidité, dit à son père d'une voix basse et tremblante :*

Vous l'avez vue ?

LE PÈRE DE FAMILLE.

Oui, je l'ai vue : elle est belle, et je la crois sage, mais qu'en prétendez-vous faire? Un amusement? je ne le souffrirais pas; votre femme? elle ne vous convient point.

SAINT-ALBIN , *en se contenant.*

Elle est belle, elle est sage, et elle ne me convient pas! Quelle est donc la femme qui me convient, mon père?

LE PÈRE DE FAMILLE.

Celle qui, par son éducation, sa naissance, son état et sa fortune, peut assurer votre bonheur, et satisfaire à mes espérances.

SAINT-ALBIN.

Ainsi le mariage sera pour moi un lien d'intérêt et d'ambition ? Mon père, vous n'avez qu'un fils ; ne le sacrifiez pas à des vues qui remplissent le monde d'époux malheureux. Il me faut une compagne honnête et sensible qui m'aide à supporter les peines de la vie, et non une femme riche et titrée qui les accroisse. Ah! souhaitez-moi la mort, et que le Ciel me l'accorde, plutôt qu'une femme comme il y en a tant !

LE PÈRE DE FAMILLE.

Je ne vous en propose aucune; mais je ne permettrai jamais que vous soyez à celle à laquelle vous vous êtes follement attaché. Je pourrai user de mon autorité et vous dire : Saint-Albin, cela me déplaît, cela ne sera pas, n'y pensez plus; mais je ne vous ai

nais rien demandé sans vous en montrer la raison :
.u voulu que vous m'approuvassiez en m'obéissant,
;e vais avoir la même condescendance. Modérez-
.us, et écoutez-moi.

Mon fils, il y aura bientôt vingt ans que je vous
.osai des premières larmes que vous m'avez fait
.andre ; mon cœur s'épanouit en voyant en vous un
.i que la nature me donnait ; je vous reçus entre
.s bras du sein de votre mère ; et vous élevant vers
.Ciel, et mêlant ma voix à vos cris, je dis à Dieu :
.Dieu, qui m'avez accordé cet enfant, si je manque
.x soins que vous m'imposez en ce jour, ou s'il ne
.it point y répondre, ne regardez point à la joie
.sa mère, reprenez-le !

Voilà le vœu que je fis sur vous et sur moi ; il m'a
.ujours été présent ; je ne vous ai point abandonné
. soin du mercenaire. Je vous ai appris moi-même à
.rler, à penser, à sentir ; à mesure que vous avan-
.z en âge, j'ai étudié vos penchans, j'ai formé sur eux
.plan de votre éducation, et je l'ai suivi sans re-
.che. Combien je me suis donné de peines pour vous
. épargner ! j'ai réglé votre sort à venir sur vos ta-
.as et sur vos goûts ; je n'ai rien négligé pour que
.us parussiez avec distinction ; et lorsque je touche
.a moment de recueillir le fruit de ma sollicitude,
.rsque je me félicite d'avoir un fils qui répond à sa
.issance qui le destine aux meilleurs partis, et à ses
.alités personnelles qui l'appellent aux grands em-
.ois, une passion insensée, la fantaisie d'un instant,
.ra tout détruit ; et je verrai ses plus belles années
.rdues, son état manqué, et mon attente trompée ;
.j'y consentirai ? Vous l'êtes-vous promis ?

SAINT-ALBIN.

.Que je suis malheureux !

LE PÈRE DE FAMILLE.

.Vous avez un oncle qui vous aime, et qui vous des-
.ne une fortune considérable ; un père qui vous a
.onsacré sa vie, et qui cherche à vous marquer en tout
. .a tendresse ; un nom, des parens, des amis, les pré-

tentions les plus flatteuses et les mieux fondées, et vous êtes malheureux ? Que vous faut-il encore ?

SAINT-ALBIN.

Sophie, le cœur de Sophie, et l'aveu de mon père.

LE PÈRE DE FAMILLE.

Qu'osez-vous me proposer ? de partager votre folie et le blâme général qu'elle encourrait ? Quel exemple à donner aux pères et aux enfans ! Moi, j'autoriserais, par une faiblesse honteuse, le désordre de la société, la confusion du sang et des rangs, la dégradation des familles ?

SAINT-ALBIN.

Que je suis malheureux ! Si je n'ai pas celle que j'aime, un jour il faudra que je sois à celle que je n'aimerai pas ; car je n'aimerai jamais que Sophie. Sans cesse j'en comparerai une autre avec elle ; cette autre sera malheureuse ; je le serai aussi : vous le verrez, et vous en périrez de regret.

LE PÈRE DE FAMILLE.

J'aurai fait mon devoir, et malheur à vous si vous manquez au vôtre !

SAINT-ALBIN.

Mon père, ne m'ôtez pas Sophie.

LE PÈRE DE FAMILLE.

Cessez de me la demander.

SAINT-ALBIN.

Cent fois vous m'avez dit qu'une femme honnête était la faveur la plus grande que le Ciel pût accorder : je l'ai trouvée, et c'est vous qui voulez m'en priver ! Mon père, ne me l'ôtez pas. A présent qu'elle sait qui je suis, que ne doit-elle pas attendre de moi ? Saint-Albin sera-t-il moins généreux que Sergi ? Ne me l'ôtez pas : c'est elle qui a rappelé la vertu dans mon cœur ; elle seule peut l'y conserver.

LE PÈRE DE FAMILLE.

C'est-à-dire que son exemple fera ce que le mien n'a pu faire ?

SAINT-ALBIN.

Mon père...

LE PÈRE DE FAMILLE.

Écoutez, mon fils : Vous aimez Sophie ?

SAINT-ALBIN.

Si je l'aime !

LE PÈRE DE FAMILLE.

Écoutez-moi, vous dis-je, et tremblez sur le sort que vous lui préparez. Un jour viendra que vous sentirez la valeur des sacrifices que vous lui aurez faits : vous vous trouverez seul avec elle, sans état, sans fortune, sans consideration ; l'ennui et le chagrin vous saisiront : vous la haïrez, vous l'accablerez de reproches : sa patience et sa douceur acheveront de vous aigrir ; vous la haïrez davantage ; vous haïrez les enfans qu'elle vous aura donnés, et vous la ferez mourir de douleur.

SAINT-ALBIN.

Moi !

LE PÈRE DE FAMILLE.

Vous.

SAINT-ALBIN.

Jamais, jamais.

LE PÈRE DE FAMILLE.

La passion voit tout éternel, mais la nature humaine veut que tout finisse.

SAINT-ALBIN.

Je cesserais d'aimer Sophie ! Si j'en étais capable, j'ignorerais, je crois, si je vous aime.

LE PÈRE DE FAMILLE.

Voulez-vous le savoir et me le prouver ? Faites ce que je vous demande.

SAINT-ALBIN.

Je le voudrais en vain, je ne puis : je suis entraîné ; mon père, je ne puis.

LE PÈRE DE FAMILLE.

Insensé, vous voulez être père ! en connaissez-vous les devoirs ? Si vous les connaissiez, permettriez-vous à votre fils ce que vous attendez de moi ?

SAINT-ALBIN.

Ah ! si j'osais répondre.

LE PÈRE DE FAMILLE.

Répondez.

SAINT-ALBIN.

Vous me le permettez ?

LE PÈRE DE FAMILLE.

Je vous l'ordonne.

SAINT-ALBIN.

Lorsque vous voulûtes ma mère, lorsque toute la famille se souleva contre vous, lorsque votre père vous appela enfant ingrat, et que vous l'appelâtes au fond de votre âme père cruel, qui de vous deux avait raison ? Ma mère était vertueuse et belle comme Sophie ; elle était sans fortune comme Sophie ; vous l'aimiez comme j'aime Sophie : souffrîtes-vous qu'on vous l'arrachât, mon père ? Et n'ai-je pas un cœur aussi ?

LE PÈRE DE FAMILLE.

J'avais des ressources, et votre mère avait de la naissance.

SAINT-ALBIN.

Qui sait encore ce qu'est Sophie ?

LE PÈRE DE FAMILLE.

Chimère.

SAINT-ALBIN.

Des ressources ? L'amour, l'indigence m'en fourniront.

LE PÈRE DE FAMILLE.

Craignez les maux qui vous attendent.

SAINT-ALBIN.

Ne la point avoir est le seul que je redoute.

LE PÈRE DE FAMILLE.

Craignez de perdre ma tendresse.

SAINT-ALBIN.

Je la recouvrerai.

LE PÈRE DE FAMILLE.

Qui vous l'a dit ?

SAINT-ALBIN.

Vous verrez couler les pleurs de Sophie : j'embrasserai vos genoux ; mes enfans vous tendront leurs bras innocens, et vous ne les repousserez pas.

LE PÈRE DE FAMILLE, *à part.*

Il me connaît trop bien… (*il prend l'air et le ton le plus sévère.*) Mon fils , je vois que je vous parle en vain , que la raison n'a plus d'accès auprès de vous , et que le moyen dont je craignis toujours d'user est le seul qui me reste : j'en userai, puisque vous m'y forcez. Quittez vos projets ; je le veux , et je vous l'ordonne par toute l'autorité qu'un père a sur ses enfans.

SAINT-ALBIN , *avec un emportement sourd.*

L'autorité! l'autorité ! Ils n'ont que ce mot.

LE PÈRE DE FAMILLE.

Vous oubliez qui je suis et à qui vous parlez. Taisez-vous , ou craignez d'attirer sur vous la marque la plus terrible du courroux des pères.

SAINT-ALBIN.

Des pères ! des pères ! Il n'y en a point... Il n'y a que des tyrans.

LE PÈRE DE FAMILLE.

O ciel !

SAINT-ALBIN.

Oui , des tyrans.

LE PÈRE DE FAMILLE.

Eloignez-vous de moi, enfant ingrat et dénaturé. Je vous donne ma malédiction : allez loin de moi. (*Saint-Albin va pour sortir ; le Père de famille lui laisse à peine faire quelques pas , court après lui et lui dit :*) Où vas-tu, malheureux?

SAINT-ALBIN , *accourant aux pieds de son père.*

Mon père !

LE PÈRE DE FAMILLE *se jette dans un fauteuil.*

Moi votre père? Vous mon fils? Je ne vous suis plus rien ; je ne vous ai jamais rien été. Vous empoisonnez ma vie ; vous souhaitez ma mort. Eh ! pourquoi a-t-elle été si long-temps différée ? Que ne suis-je à côté de ta mère ! Elle n'est plus , et mes jours malheureux ont été prolongés.

SAINT-ALBIN.

Mon père !

LE PÈRE DE FAMILLE.

Eloignez-vous ; cachez-moi vos larmes ; vous déchirez mon cœur, et je ne puis vous en chasser.

SCÈNE VII.

LE PÈRE DE FAMILLE, SAINT-ALBIN, LE COMMANDEUR.

(Le Commandeur entre. Saint-Albin, qui était aux genoux de son père, se lève, et le Père de famille reste dans son fauteuil, la tête penchée sur ses mains comme un homme désolé.)

LE COMMANDEUR, *en montrant le Père de famille à Saint-Albin, qui se promène sans l'écouter.*

Tiens, regarde ; vois dans quel état tu le mets. Je lui avais prédit que tu le ferais mourir de douleur, et tu vérifies ma prédiction.

(Pendant que le Commandeur parle, le Père de famille se lève et s'en va ; Saint-Albin se dispose à le suivre.)

LE PÈRE DE FAMILLE, *en se retournant vers son fils.*

Où allez-vous ? Ecoutez votre oncle : je vous l'ordonne.

SCÈNE VIII.

SAINT-ALBIN, LE COMMANDEUR.

SAINT-ALBIN.

Parlez donc, Monsieur, je vous écoute... Si c'est un malheur que d'aimer Sophie, il est arrivé, et je n'y sais plus de remède... Si on me la refuse, qu'on m'apprenne à l'oublier... L'oublier !... Qui ? Moi ? Je le pourrais ? Je le voudrais ? Que la malédiction de mon père s'accomplisse sur moi, si jamais j'en ai la pensée !

LE COMMANDEUR.

Qu'est-ce qu'on te demande ? De laisser là une créature que tu n'aurais jamais dû regarder qu'en passant ; qui est sans bien, sans parens, sans aveu ; qui vient de je ne sais où, qui appartient à je ne sais qui, et qui vit je ne sais comment. On a de ces filles-là ; il y a des fous qui se ruinent pour elles : mais épouser ! épouser !

SAINT-ALBIN, *avec vivacité.*

Monsieur le Commandeur...

LE COMMANDEUR.

Elle te plaît ? Eh bien ! garde-la : je t'aime autant celle-là qu'une autre ; mais laisse-nous espérer la fin de cette intrigue, quand il en sera temps. (*Saint-Albin veut sortir.*) Où vas-tu ?

SAINT-ALBIN.

Je m'en vais.

LE COMMANDEUR, *l'arrêtant.*

As-tu oublié que je te parle au nom de ton père ?

SAINT-ALBIN.

Eh bien ! monsieur, dites ; déchirez-moi ; désespérez-moi : je n'ai qu'un mot à répondre : Sophie sera ma femme.

LE COMMANDEUR.

Ta femme ?

SAINT-ALBIN.

Oui, ma femme.

LE COMMANDEUR.

Une fille de rien ?

SAINT-ALBIN.

Qui m'a appris à mépriser tout ce qui vous enchaîne et vous avilit.

LE COMMANDEUR.

N'as-tu point de honte ?

SAINT-ALBIN.

De la honte ?

LE COMMANDEUR.

Toi, fils de M. d'Orbesson, neveu du Commandeur d'Auvilé !

SAINT-ALBIN.

Moi, fils de M. d'Orbesson, et votre neveu.

LE COMMANDEUR.

Voilà donc les fruits de cette éducation merveilleuse dont ton père était si vain ! Le voilà ce modèle de tous les jeunes gens de la cour et de la ville !.... Mais tu te crois riche peut-être ?

SAINT-ALBIN.

Non.

LE COMMANDEUR.

Sais-tu ce qui te revient du bien de ta mère ?

SAINT-ALBIN.

Je n'y ai jamais pensé, et je ne veux pas le savoir.

LE COMMANDEUR.

Écoute : c'était la plus jeune de six enfans que nous étions, et cela dans une province où l'on ne donne rien aux filles. Ton père, qui ne fut pas plus sensé que toi, s'en entêta et la prit. Mille écus de rente à partager avec ta sœur ; c'est quinze cents francs pour chacun : voilà toute votre fortune.

SAINT-ALBIN.

J'ai quinze cents livres de rente ?

LE COMMANDEUR.

Tant qu'elles peuvent s'étendre.

SAINT-ALBIN.

Ah ! Sophie, vous n'habiterez plus sous un toit ; vous ne sentirez plus les atteintes de la misère : j'ai quinze cents livres de rente.

LE COMMANDEUR.

Mais tu peux en attendre vingt-cinq mille de ton père, et presque le double de moi. Saint-Albin, on fait des folies, mais on n'en fait pas de plus chères.

SAINT-ALBIN.

Et que m'importe la richesse si je n'ai pas celle avec qui je la voudrais partager ?

LE COMMANDEUR.

Insensé !

SAINT-ALBIN.

Je sais : c'est ainsi qu'on appelle ceux qui préfèrent à tout une femme jeune, vertueuse et belle, et je fais gloire d'être à la tête de ces fous-là.

LE COMMANDEUR.

Tu cours à ton malheur.

SAINT-ALBIN.

Je mangeais du pain, je buvais de l'eau à côté d'elle, et j'étais heureux.

LE COMMANDEUR.

Tu cours à ton malheur.

SAINT-ALBIN.

J'ai quinze cents livres de rente.

LE COMMANDEUR.

Que feras-tu ?

SAINT-ALBIN.

Elle sera nourrie, logée, vêtue, et nous vivrons.

LE COMMANDEUR.

Comme des gueux.

SAINT-ALBIN.

Soit.

LE COMMANDEUR.

Cela aura père, mère, frères, sœurs, et tu épouse-
ras tout cela.

SAINT-ALBIN.

J'y suis résolu.

LE COMMANDEUR.

Je t'attends aux enfans.

SAINT-ALBIN.

Alors je m'adresserai à toutes les ames sensibles : on
me verra, on verra la compagne de mon infortune ; je
dirai mon nom, et je trouverai du secours.

LE COMMANDEUR.

Tu connais bien les hommes.

SAINT-ALBIN.

Vous les croyez méchans.

LE COMMANDEUR.

Et j'ai tort ?

SAINT-ALBIN.

Tort ou raison, il me restera deux appuis avec les-
quels je peux défier l'univers : l'amour qui fait entreprendre, et la fierté qui sait supporter.... On n'entend tant de plaintes dans le monde que parce que
le pauvre est sans courage.... et que le riche est sans
humanité.

LE COMMANDEUR.

J'entends.... Eh bien ! aie-la, ta Sophie ; foule aux
pieds la volonté de ton père, les lois de la décence,

les bienséances de ton état; ruine-toi; avilis-toi, je ne
m'y oppose plus: tu serviras d'exemple à tous les enfans qui ferment l'oreille à la voix de la raison, qui se
précipitent dans des engagemens honteux, qui affligent leurs parens, et qui déshonorent leur nom. Tu
l'auras, ta Sophie, puisque tu l'as voulu; mais tu
n'auras pas de pain à lui donner, ni à ses enfans qui
viendront en demander à ma porte.

SAINT-ALBIN.

C'est ce que vous craignez?

LE COMMANDEUR.

Ne suis-je pas bien à plaindre?... Je me suis privé
de tout pendant quarante ans; j'aurais pu me marier,
et je me suis refusé cette consolation; j'ai perdu de vue
les miens pour m'attacher à ceux-ci: m'en voilà bien
récompensé. Que dira-t-on dans le monde?.... Voilà
qui sera fait: je n'oserai plus me montrer, ou si je
parais quelque part, et que l'on me demande: « Qui
« est ce vieux homme-là qui a l'air si chagrin? » On
répondra tout bas: « C'est le Commandeur d'Auvilé...
l'oncle de ce jeune fou qui a épousé... Oui?... » Ensuite
on se parlera à l'oreille; on me regardera: la honte et
le dépit me saisiront: je me leverai, je prendrai ma
canne, et je m'en irai. Non, je voudrais pour tout ce
que je possède, lorsque tu gravissais au dernier siége
le long des murs, que quelque ennemi, d'un bon coup
de baïonnette, t'eût envoyé dans le fossé, et que tu y
fusses demeuré enseveli avec les autres; du moins on
aurait dit: « C'est dommage; c'était un sujet. » Non,
il est inouï qu'il y ait jamais eu un pareil mariage
dans une famille.

SAINT-ALBIN.

Ce sera le premier.

LE COMMANDEUR.

Et je le souffrirai!

SAINT-ALBIN.

S'il vous plaît.

LE COMMANDEUR.

Tu le crois?

SAINT-ALBIN.

Assurément.

LE COMMANDEUR.

Allons, nous verrons.

SAINT-ALBIN.

Tout est vu.

SCÈNE IX.

SAINT-ALBIN, SOPHIE, MADAME HEBERT.

(*Tandis que Saint-Albin continue comme s'il était seul, Sophie et sa Bonne s'avancent et parlent dans les intervalles du monologue de Saint-Albin.*)

SAINT-ALBIN, *après une pause, en se promenant et rêvant.*

Oui, tout est vu... Ils ont conjuré contre moi... Je le sens.

SOPHIE, *d'un ton doux et plaintif.*

On le veut... Allons, ma Bonne.

SAINT-ALBIN, *de même.*

C'est pour la première fois que mon père est d'accord avec cet oncle cruel.

SOPHIE, *en soupirant.*

Ah! quel moment!

MADAME HÉBERT.

Il est vrai, mon enfant.

SOPHIE, *en soupirant.*

Mon cœur se trouble!

SAINT-ALBIN, *de même.*

Ne perdons point de temps, il faut l'aller trouver.

SOPHIE, *apercevant Saint-Albin.*

Le voilà, ma Bonne: c'est lui.

SAINT-ALBIN, *allant à Sophie.*

Oui, Sophie, oui, c'est moi : je suis Sergi.

SOPHIE, *en sanglotant.*

Non, vous ne l'êtes pas... (*elle se tourne vers madame Hébert.*) Que je suis malheureuse!

SAINT-ALBIN.

Sophie, ne craignez rien : Sergi vous aimait ; Saint-Albin vous adore, et vous voyez l'homme le plus vrai et l'amant le plus passionné.

SOPHIE *soupire profondément.*

Hélas !

SAINT-ALBIN.

Croyez que Sergi ne peut vivre, ne veut vivre que pour vous.

SOPHIE.

Je le crois ; mais à quoi cela sert-il ?

SAINT-ALBIN.

Dites un mot.

SOPHIE.

Quel mot ?

SAINT-ALBIN.

Que vous m'aimez. Sophie, m'aimez-vous ?

SOPHIE, *soupirant profondément.*

Ah ! si je ne vous aimais pas...

SAINT-ALBIN.

Donnez-moi donc votre main, recevez la mienne, et le serment que je fais ici à la face du Ciel et de cette honnête femme qui vous a servi de mère, de n'être jamais qu'à vous.

SOPHIE.

Hélas ! vous savez qu'une fille bien née ne reçoit et ne fait des sermens qu'aux pieds des autels... et ce n'est pas moi que vous y conduirez... Ah ! Sergi, c'est à présent que je sens la distance qui nous sépare !

SAINT-ALBIN, *avec violence.*

Sophie, et vous aussi ?

SOPHIE.

Abandonnez-moi à ma destinée, et rendez le repos à un père qui vous aime.

SAINT-ALBIN.

Ce n'est pas vous qui me parlez, c'est lui : je le reconnais cet homme dur et cruel.

SOPHIE.

Il ne l'est point ; il vous aime.

SAINT-ALBIN.

Il m'a maudit, il m'a chassé : il ne lui restait plus
qu'à se servir de vous pour m'arracher la vie.

SOPHIE.

Vivez, Sergi.

SAINT-ALBIN.

Jurez donc que vous serez à moi malgré lui.

SOPHIE.

Moi, Sergi, ravir un fils à son père !... J'entrerais
dans une famille qui me rejette !

SAINT-ALBIN.

Et que vous importe mon père, mon oncle, ma
sœur, et toute ma famille, si vous m'aimez ?

SOPHIE.

Vous avez une sœur ?

SAINT-ALBIN.

Oui, Sophie.

SOPHIE.

Qu'elle est heureuse !

SAINT-ALBIN.

Vous me désespérez.

SOPHIE.

J'obéis à vos parens. Puisse le ciel vous accorder un
jour une épouse qui soit digne de vous, et qui vous
aime autant que Sophie !

SAINT-ALBIN.

Et vous le souhaitez ?

SOPHIE.

Je le dois.

SAINT-ALBIN.

Malheur, malheur à qui vous a connue, et qui peut
être heureux sans vous !

SOPHIE.

Vous le serez ; vous jouirez de toutes les bénédic-
tions promises aux enfans qui respecteront la volonté
de leurs parens : j'emporterai celles de votre père ; je
retournerai seule à ma misère, et vous vous ressouvien-
drez de moi.

Diderot.   5

SAINT-ALBIN.

Je mourrai de douleur, et vous l'aurez voulu... (*en la regardant tristement.*) Sophie!

SOPHIE.

Je ressens toute la peine que je vous cause.

SAINT-ALBIN.

Sophie!...

SOPHIE, *à madame Hébert, en sanglotant.*

O ma bonne, que ses larmes me font de mal !.... Sergi, n'opprimez pas mon ame faible... j'en ai assez de ma douleur... (*elle se couvre les yeux de ses mains.*) Adieu, Sergi.   (*Elle s'éloigne.*)

SAINT-ALBIN.

Non, non. ... je le ne puis... Madame Hébert, retenez-la... ayez pitié de nous.

MADAME HÉBERT.

Pauvre Sergi!

SAINT-ALBIN, *à Sophie.*

Vous ne vous éloignerez pas.... j'irai.... je vous suivrai.... Sophie, arrêtez... (*il se jette à ses genoux.*) Ce n'est ni par vous ni par moi que je vous conjure... c'est au nom de ces parens cruels... Si je vous perds, je ne pourrai ni les voir, ni les entendre, ni les souffrir... Voulez-vous que je les haïsse?

SOPHIE.

Aimez vos parens; obéissez-leur; oubliez-moi: ne me suivez pas, ne me suivez pas; je vous le défends.

(*Elle sort avec madame Hébert.*)

SCÈNE X.

SAINT-ALBIN, CÉCILE, GERMEUIL.

(*Saint-Albin marche; il se désespère; il nomme Sophie par intervalles; ensuite il s'appuie sur le dos d'un fauteuil, les yeux couverts de ses mains.*)

GERMEUIL, *s'arrêtant sur le fond, et regardant tristement Saint-Albin, dit à Cécile:*

Le voilà, le malheureux! Il est accablé, et il ignore que dans ce moment... Que je le plains!... Mademoiselle, parlez-lui.

CÉCILE.

Saint-Albin !

SAINT-ALBIN, *qui ne les voit point, mais qui les en-*
tend approcher, leur crie sans les regarder :

Qui que vous soyez, allez retrouver les barbares qui
vous envoient : retirez-vous.

CÉCILE.

Mon frère, c'est moi ; c'est Cécile qui connaît votre
peine, et qui vient à vous.

SAINT-ALBIN, *toujours dans la même position.*

Retirez-vous.

CÉCILE.

Je m'en irai, si je vous afflige.

SAINT-ALBIN.

Vous m'affligez, vous m'affligez. (*Cécile s'en va ; il*
la rappelle.) Cécile !

CÉCILE, *s'approchant de son frère.*

Mon frère !

SAINT-ALBIN, *la prenant par la main, sans changer*
de situation et sans la regarder.

Elle m'aimait ; ils me l'ont ôtée ; elle me fuit.

GERMEUIL, *à lui-même.*

Plût au ciel !

SAINT-ALBIN.

J'ai tout perdu, ma sœur ; j'ai tout perdu.

CÉCILE.

Il vous reste une sœur, un ami.

SAINT-ALBIN, *en se relevant avec vivacité.*

Où est Germeuil ?

CÉCILE.

Le voilà.

SAINT-ALBIN, *se promène un moment en silence, puis*
il dit :

Ma sœur, laissez-nous.

CÉCILE *parle bas à Germeuil, et sort.*

SAINT-ALBIN, *en se promenant, et à plusieurs re-*
prises.

Oui... c'est le seul parti qui me reste... et j'y suis
résolu.

SCÈNE XI.

SAINT-ALBIN, GERMEUIL.

SAINT-ALBIN.

Germeuil, personne ne nous entend ?

GERMEUIL.

Qu'avez-vous à me dire ?

SAINT-ALBIN.

J'aime Sophie, j'en suis aimé ; vous aimez Cécile, et Cécile vous aime.

GERMEUIL.

Moi, votre sœur !

SAINT-ALBIN.

Vous, ma sœur ; mais la même persécution qu'on me fait vous attend ; et si vous avez du courage, nous irons, Sophie, Cécile, vous et moi, chercher le bonheur loin de ceux qui nous entourent et nous tyrannisent.

GERMEUIL.

Qu'ai-je entendu ?... Il ne me manquait plus que cette confidence... Qu'osez-vous entreprendre, et que me conseillez-vous ? C'est ainsi que je reconnaîtrais les bienfaits dont votre père m'a comblé depuis que je respire ? Pour prix de sa tendresse, je remplirais son ame de douleur, et je l'enverrais au tombeau, en maudissant le jour qu'il me reçut chez lui ?

SAINT-ALBIN.

Vous avez des scrupules, n'en parlons plus.

GERMEUIL.

L'action que vous me proposez et celle que vous avez résolue sont deux crimes... (avec vivacité.) Saint-Albin, abandonnez votre projet.... Vous avez encouru la disgrâce de votre père, et vous allez la mériter, attirer sur vous le blâme public, vous exposer à la poursuite des lois, désespérer celle que vous aimez. Quelles peines vous vous préparez !.... Quel trouble vous me causez !...

SAINT-ALBIN.

Si je ne peux compter sur votre secours, épargnez-
moi vos conseils.

GERMEUIL.

Vous vous perdez.

SAINT-ALBIN.

Le sort en est jeté.

GERMEUIL.

Vous me perdez moi-même, vous me perdez....
Que dirai-je à votre père lorsqu'il m'apportera sa
douleur ?.... A votre oncle ?.... Oncle cruel ! Neveu
plus cruel encore !.... avez-vous dû me confier vos
desseins ? ... Que suis-je venu chercher ici ?.... Pourquoi vous ai-je vu ?....

SAINT-ALBIN.

Adieu, Germeuil ; embrassez-moi : je compte sur
votre discrétion.

GERMEUIL.

Où courez-vous ?

SAINT-ALBIN.

M'assurer le seul bien dont je fasse cas , et m'éloigner d'ici pour jamais. *(Il sort.)*

SCÈNE XII.

GERMEUIL.

Le sort m'en veut-il assez ! Le voilà résolu d'enlever sa maîtresse , et il ignore qu'au même instant son
oncle travaille à la faire enfermer... Je deviens coup
sur coup leur confident et leur complice.... Quelle situation est la mienne ! Encore si je pouvais m'ouvrir
au père respectable.... mais ils ont exigé le secret...
Y manq er, je ne le puis ni ne le dois... Voilà ce que
le Commandeur a vu lorsqu'il s'est adressé à moi, à
moi qu'il déteste, pour l'exécution de l'ordre injuste
qu'il sollicite.... En me présentant sa fortune et sa
nièce , deux appâts auxquels il n'imagine pas qu'on résiste , son but est de m'embarquer dans un complot
qui me perde... Si son neveu le prévient , autres dan-

gers... Mais Cécile sait tout ; elle connaît mon innocence.... Eh ! que servira son témoignage contre le
cri de la famille entière qui se soulevera contre moi !...
Dans quel embarras ils m'ont précipité ! le neveu par
indiscrétion, l'oncle par méchanceté... Et toi, malheureuse innocente, dont les intérêts ne touchent personne, qui te sauvera de deux hommes qui ont également résolu ta ruine ?... L'un m'attend pour la con-
sommer ; l'autre y court, et je n'ai qu'un instant... Ne
le perdons pas. Emparons-nous d'abord de l'ordre. Je
m'expose, je le sais ; mais il faut faire son devoir,
et fermer les yeux sur le reste.

FIN DU DEUXIÈME ACTE.

ACTE III.

SCÈNE PREMIÈRE.

GERMEUIL, CÉCILE.

GERMEUIL, *d'un ton suppliant.*

Mademoiselle.

CÉCILE.

Laissez-moi. Qu'osez-vous me demander ? Je re-
cevrais la maîtresse de mon frère chez moi ! chez moi,
dans mon appartement, dans la maison de mon père !
Laissez-moi, vous dis-je : je ne veux pas vous entendre.

GERMEUIL.

C'est le seul asile qui lui reste, et le seul qu'elle
puisse accepter.

CÉCILE.

Non, non, non.

GERMEUIL.

Je ne vous demande qu'un instant, que je puisse
regarder autour de moi, me reconnaître.

CÉCILE.

Non, non... une inconnue !

GERMEUIL.

Une infortunée, à qui vous ne pourriez refuser de
la commisération si vous la voyiez.

CÉCILE.

Que dirait mon père ?

GERMEUIL.

Le respecté-je moins que vous ? Craindrais-je moins
de l'offenser ?

CÉCILE.

Et le Commandeur ?

GERMEUIL.

C'est un homme barbare.

CÉCILE.

Vous êtes la cause de toutes mes peines.

GERMEUIL.

Dans cette conjoncture difficile, c'est votre frère,
c'est votre oncle que je vous prie de considérer ; épar-
gnez-leur à chacun une action odieuse.

CÉCILE.

La maîtresse de mon frère ! une inconnue !... Non,
monsieur ; mon cœur me dit que cela est mal, et il
ne m'a jamais trompé. Ne m'en parlez plus : je tremble
qu'on ne nous écoute.

GERMEUIL.

Ne craignez rien ; votre père est tout à sa douleur ;
le Commandeur et votre frère à leurs projets ; les gens
sont écartés. J'ai pressenti votre répugnance...

CÉCILE.

Qu'avez-vous fait ?

GERMEUIL.

Le moment m'a paru favorable ; et je l'ai introduite ici. Elle y est ; la voilà : renvoyez-la, mademoiselle.

CÉCILE.

Germeuil, qu'avez-vous fait ?

SCÈNE II.

GERMEUIL, CÉCILE, SOPHIE.

Sophie entre toute troublée : elle ne voit point ; elle n'entend point ; elle ne sait où elle est. Cécile, de son côté, est dans une agitation extrême.

SOPHIE.

Je ne sais où je suis... je ne sais où je vais... Il me semble que je marche dans les ténèbres.... Ne rencontrerai-je personne qui me conduise !.... O ciel ! ne m'abandonnez pas.

GERMEUIL *l'appelle.*

Mademoiselle ! mademoiselle !

SOPHIE.

Qui est-ce qui m'appelle ?

GERMEUIL.

C'est moi, mademoiselle, c'est moi.

SOPHIE.

Qui êtes-vous ? où êtes-vous ? Qui que vous soyez, secourez-moi... sauvez-moi...

GERMEUIL *va la prendre par la main et lui dit :*

Venez... mon enfant... par ici.

SOPHIE *fait quelques pas, et tombe sur ses genoux.*

Je ne puis...... la force m'abandonne...... je succombe.....

CÉCILE.

O ciel ! (*à Germeuil*) Appelez.... Eh ! non, n'appelez pas.

(*Germeuil et Cécile relèvent Sophie, et la mettent sur un fauteuil.*)

SOPHIE, *les yeux fermés, et comme dans le délire de la défaillance.*

Les cruels !... que leur ai-je fait ?

(*Elle regarde autour d'elle avec toutes les marques de l'effroi.*)

GERMEUIL.

Rassurez-vous : je suis l'ami de Saint-Albin , et mademoiselle est sa sœur.

SOPHIE, *après un moment de silence.*

Mademoiselle, que vous dirai-je? Voyez ma peine; elle est au - dessus de mes forces..... Je suis à vos pieds.

(*Elle se jette aux genoux de Cécile ; Cécile fait rasseoir Sophie.*)

SOPHIE.

Je suis une infortunée qui cherche un asile... C'est votre oncle et votre frère que je fuis... votre oncle que je ne connais pas, et que je n'ai jamais offensé; votre frère... Ah! ce n'est pas de lui que j'attendais mon chagrin !... Que vais-je devenir si vous m'abandonnez ?... Ils accompliront sur moi leurs desseins... Secourez-moi , sauvez-moi... sauvez-moi d'eux, sauvez-moi de moi-même. Ils ne savent pas ce que peut oser celle qui craint le déshonneur, et qu'on réduit à la nécessité de haïr la vie... Je n'ai pas cherché mon malheur, et je n'ai rien à me reprocher... Je travaillais ; je vivais tranquille... Les jours de la douleur sont venus : ce sont vos parens qui les ont amenés sur moi, et je pleurerai toute ma vie, parce qu'ils m'ont connue.

CÉCILE.

Qu'elle me peine ! oh ! que ceux qui peuvent la tourmenter sont méchans !

(*Ici la pitié succède à l'agitation dans le cœur de Cécile ; elle se penche sur le dos d'un fauteuil du côté de Sophie, et celle-ci continue :*)

SOPHIE.

J'ai une mère qui m'aime... Comment reparaîtrais-je devant elle ?... Mademoiselle, conservez une fille à sa mère : je vous en conjure par la vôtre, si vous l'avez encore... Je ne peux rien; mais il est un être qui peut tout, et devant lequel les œuvres de la commisération ne sont pas perdues.... Mademoiselle. (*Elle se jette aux genoux de Cécile.*)

CÉCILE *s'approche d'elle et lui tend les mains.*
Levez-vous.

GERMEUIL, *à Cécile.*
Vos yeux se remplissent de larmes ; son malheur
vous a touchée.

CÉCILE, *à Germeuil.*
Qu'avez-vous fait ?

SOPHIE.
Dieu soit loué ! tous les cœurs ne sont pas en-
durcis.

CÉCILE, *à Sophie.*
Je connais le mien ; je ne voulais ni vous voir ni vous
entendre.... Enfant aimable et malheureux, comment
vous nommez-vous ?

SOPHIE.
Sophie.

CÉCILE, *en l'embrassant.*
Sophie, venez.
(*Germeuil se jette aux genoux de Cécile, et lui
prend une main qu'il baise sans parler.*)

CÉCILE.
Que me demandez-vous encore ? Ne fais-je pas tout
ce que vous voulez ?

GERMEUIL, *en se relevant, à part.*
Imprudent.... qu'allais-je lui dire ?...

SCÈNE III.

SOPHIE, CÉCILE, GERMEUIL, MADEMOI-SELLE CLAIRET.

*Cécile ouvre la porte de sa chambre, appelle made-
moiselle Clairet, lui remet Sophie, et lui parle à
l'oreille.*

MADEMOISELLE CLAIRET, *à Cécile.*
J'entends, mademoiselle ; reposez-vous sur moi.

SCÈNE IV.

GERMEUIL, CÉCILE.

CÉCILE, *après un moment de silence, avec chagrin.*
Me voilà, grâces à vous, à la merci de mes gens.

GERMEUIL.

Je ne vous ai demandé qu'un instant pour lui trouver un asile. Quel mérite y aurait-il à faire le bien, s'il
n'y avait aucun inconvénient?

CÉCILE.

Que les hommes sont dangereux !...... Eloignez-
vous.... Vous vous en allez, je crois?

GERMEUIL.

Je vous obéis.

CÉCILE.

Fort bien : après m'avoir mise dans la position la
plus cruelle, il ne vous reste plus qu'à m'y laisser.
Allez, monsieur, allez.

GERMEUIL.

Que je suis malheureux !

CÉCILE.

Vous vous plaignez, je crois?

GERMEUIL.

Je ne fais rien qui ne vous déplaise.

CÉCILE.

Vous m'impatientez... Songez que je suis dans un
trouble qui ne me laissera rien prévoir, rien prévenir.
Comment oserai-je lever les yeux devant mon père ?
S'il s'aperçoit de mon embarras et qu'il m'interroge,
je ne mentirai pas. Savez-vous qu'il ne faut qu'un mot
inconsidéré pour éclairer un homme tel que le Commandeur?..... Et mon frère..... je redoute d'avance le
spectacle de sa douleur; que va-t-il devenir lorsqu'il
ne trouvera plus Sophie?... Monsieur, ne me quittez
pas un moment, si vous ne voulez pas que tout se découvre... Mais on vient... Allez.... Restez... Non, retirez-vous... (*Germeuil sort.*)

SCÈNE V.

LE COMMANDEUR, CÉCILE.

CÉCILE, *à part.*

Ciel! dans quel état je suis !

LE COMMANDEUR, *à sa manière.*

Cécile, te voilà seule?

CÉCILE, *d'une voix altérée.*

Oui, mon cher oncle; c'est assez mon goût.

LE COMMANDEUR.

Je te croyais avec l'ami.

CÉCILE.

Qui, l'ami?

LE COMMANDEUR.

Eh! Germeuil.

CÉCILE.

Il vient de sortir.

LE COMMANDEUR.

Que te disait-il? Que lui disais-tu?

CÉCILE.

Des choses déplaisantes, comme c'est sa coutume.

LE COMMANDEUR.

Je ne vous conçois pas : vous ne pouvez vous accorder un moment; cela me fâche : il a de l'esprit, des talens, des connaissances, des mœurs dont je fais grand cas; point de fortune à la vérité, mais de la naissance. Je l'estime, et je lui ai conseillé de penser à toi.

CÉCILE.

Qu'appelez-vous penser à moi?

LE COMMANDEUR.

Cela s'entend : tu n'as pas résolu de rester fille apparemment?

CÉCILE.

Pardonnez-moi, monsieur, c'est mon projet.

LE COMMANDEUR.

Cécile, veux-tu que je te parle à cœur ouvert? Je suis entièrement détaché de ton frère : c'est une ame dure, un esprit intraitable, et il vient encore tout-à-l'heure d'en user avec moi d'une manière indigne, et que je ne lui pardonnerai de ma vie.... Il peut à présent courir tant qu'il voudra après la créature dont il s'est entêté : je ne m'en soucie plus..... On se lasse à la fin d'être bon... Toute ma tendresse s'est retirée sur toi, ma chère nièce... Si tu voulais un peu ton bonheur, celui de ton père et le mien...

CÉCILE.

Vous devez le supposer.

LE COMMANDEUR.

Mais tu ne me demandes pas ce qu'il faudrait faire.

CÉCILE.

Vous ne me le laisserez pas ignorer.

LE COMMANDEUR.

Tu as raison ; eh bien ! il faudrait te rapprocher de Germeuil : c'est un mariage auquel ton père ne consentira pas sans la dernière répugnance ; mais je parlerai, je leverai les obstacles ; si tu veux, j'en fais mon affaire.

CÉCILE.

Vous me conseilleriez de penser à quelqu'un qui ne serait pas du choix de mon père ?

LE COMMANDEUR.

Il n'est pas riche ; tout tient à cela : mais, je te l'ai dit, ton frère ne m'est plus rien, et je vous assurerai tout mon bien. Cécile, cela vaut la peine d'y réfléchir.

CÉCILE.

Moi, que je dépouille mon frère !

LE COMMANDEUR.

Qu'appelles-tu dépouiller ? Je ne vous dois rien ; ma fortune est à moi, et elle me coûte assez pour en disposer à mon gré.

CÉCILE.

Mon oncle, je n'examinerai point jusqu'où les parens sont les maîtres de leur fortune, et s'ils peuvent sans injustice la transporter où il leur plaît ; je sais que je ne pourrais accepter la vôtre sans honte, et c'en est assez pour moi.

LE COMMANDEUR.

Et tu crois que Saint-Albin en ferait autant pour sa sœur ?

CÉCILE.

Je connais mon frère, et, s'il était ici, nous n'aurions tous les deux qu'une voix.

LE COMMANDEUR.

Et que me diriez-vous ?

CÉCILE.

Monsieur le Commandeur, ne me pressez pas : je suis vraie.

LE COMMANDEUR.

Tant mieux ; parle : j'aime la vérité. Tu dis ?

CÉCILE.

Que c'est une inhumanité sans exemple que d'avoir en province des parens plongés dans l'indigence, que vous frustrez d'une fortune qui leur appartient, et dont ils ont un besoin si grand; que nous ne voulons, ni mon frère, ni moi, d'un bien qu'il faudrait restituer à ceux à qui les lois de la nature et de la société l'ont destiné.

LE COMMANDEUR.

Eh bien ! vous ne l'aurez ni l'un ni l'autre : je vous abandonnerai tous ; je sortirai d'une maison où tout va au rebours du sens commun, où rien n'égale l'insolence des enfans, si ce n'est l'imbécillité du maître : je jouirai de la vie, et je ne me tourmenterai pas davantage pour des ingrats.

CÉCILE.

Mon cher oncle, vous ferez bien.

LE COMMANDEUR.

Mademoiselle, votre approbation est de trop ; et je vous conseille de vous écouter. Je sais ce qui se passe dans votre ame ; je ne suis pas la dupe de votre désintéressement, et vos petits secrets ne sont pas aussi cachés que vous l'imaginez ; mais il suffit... et je m'entends.

SCÈNE VI.

LE PÈRE DE FAMILLE, LE COMMANDEUR, SAINT-ALBIN, CÉCILE.

(Le Père de famille entre le premier ; son fils le suit.)

SAINT-ALBIN, *violent, désolé, éperdu, ici et dans toute la scène.*

Elles n'y sont plus... on ne sait ce qu'elles sont devenues... elles ont disparu.

LE COMMANDEUR, *à part.*

Bon, mon ordre est exécuté.

SAINT-ALBIN.

Mon père, écoutez la prière d'un fils désespéré :
rendez-lui Sophie; il est impossible qu'il vive sans
elle. Vous faites le bonheur de tout ce qui vous en-
vironne; votre fils sera-t-il le seul que vous ayez rendu
malheureux?..... Elle n'y est plus..... elles ont disparu... que ferai-je?... Quelle sera ma vie?

LE COMMANDEUR, *à part.*

Il a fait diligence.

SAINT-ALBIN.

Mon père.

LE PÈRE DE FAMILLE.

Je n'ai aucune part à leur absence; je vous l'ai déjà
dit : croyez-moi.
(Il se promène lentement, la tête baissée et l'air
chagrin.)

SAINT-ALBIN *s'écrie en se tournant vers le fond :*

Sophie, où êtes-vous? Qu'êtes-vous devenue?......
Ah !....

CÉCILE, *à part.*

Voilà ce que j'avais prévu.

LE COMMANDEUR, *à part.*

Consommons notre ouvrage; allons. *(à son neveu ;*
d'un ton compatissant.) Saint-Albin.

SAINT-ALBIN.

Monsieur, laissez-moi : je ne me repens que trop
de vous avoir écouté.... Je la suivais.... Je l'aurais flé-
chie..... et je l'ai perdue !

LE COMMANDEUR.

Saint-Albin.

SAINT-ALBIN.

Laissez-moi.

LE COMMANDEUR.

J'ai causé ta peine, et j'en suis affligé.

SAINT-ALBIN.

Que je suis malheureux !

LE COMMANDEUR.

Germeuil me l'avait bien dit; mais aussi qui pouvait imaginer que pour une fille comme il y en a tant, tu tomberais dans l'état où je te vois?

SAINT-ALBIN, *avec terreur.*

Que dites-vous de Germeuil?

LE COMMANDEUR.

Je dis... rien...

SAINT-ALBIN.

Tout me manquerait-il en un jour? et le malheur qui me poursuit m'aurait-il encore ôté mon ami?..... Monsieur le Commandeur, achevez.

LE COMMANDEUR.

Germeuil et moi.... je n'ose te l'avouer.... tu ne nous le pardonneras jamais.

LE PÈRE DE FAMILLE, *au Commandeur.*

Qu'avez-vous fait?..... Serait-il possible?..... Mon frère, expliquez-vous.

LE COMMANDEUR.

Cécile..... Germeuil te l'aura confié..... dis pour moi.

SAINT-ALBIN, *au Commandeur.*

Vous me faites mourir.

LE PÈRE DE FAMILLE, *avec sévérité.*

Cécile, vous vous troublez.

SAINT-ALBIN.

Ma sœur.

LE PÈRE DE FAMILLE, *regardant encore sa fille avec sévérité.*

Cécile... Mais non, le projet est trop odieux.... ma fille et Germeuil en sont incapables.

SAINT-ALBIN.

Je tremble... je frémis.... O ciel! de quoi suis-je menacé?

LE PÈRE DE FAMILLE, *avec sévérité.*

Monsieur le Commandeur, expliquez-vous, vous dis-je, et cessez de me tourmenter par les soupçons que vous répandez sur tout ce qui m'entoure.

(*Le Père de famille se promène: il est indigné; le*

*Commandeur hypocrite paraît honteux et se tait ;
Cécile a l'air consterné ; Saint-Albin a les yeux sur
le Commandeur, et attend avec effroi qu'il s'explique.)*

LE PÈRE DE FAMILLE, *au Commandeur.*

Avez-vous résolu de garder long-temps ce silence
cruel ?

LE COMMANDEUR, *à sa nièce.*

Puisque tu te tais, et qu'il faut que je parle.... (*à
Saint-Albin.*) Ta maîtresse?...

SAINT-ALBIN.

Sophie....

LE COMMANDEUR.

Est renfermée.

SAINT-ALBIN.

Grand Dieu !

LE COMMANDEUR.

J'ai obtenu l'ordre... et Germeuil s'est chargé du
reste.

LE PÈRE DE FAMILLE.

Germeuil !

SAINT-ALBIN.

Lui !

CÉCILE.

Mon frère, il n'en est rien.

SAINT-ALBIN.

Sophie... et c'est Germeuil !
(*Il se renverse sur un fauteuil avec toutes les marques du désespoir.*)

LE PÈRE DE FAMILLE, *au Commandeur.*

Et que vous a fait cette infortunée, pour ajouter à
son malheur la perte de l'honneur et de la liberté ?
quels droits avez-vous sur elle ?

LE COMMANDEUR.

La maison est honnête.

SAINT-ALBIN.

Je la vois.... je vois ses larmes, j'entends ses cris ;
et je ne meurs pas... (*au Commandeur.*) Barbare,
appelez votre indigne complice ; venez tous les deux ;

Diderot.　　　　　　　　6

par pitié arrachez-moi la vie... Sophie !... Mon père,
secourez-moi ; sauvez-moi de mon désespoir. (*Il se
jette dans les bras de son père.*)

LE PÈRE DE FAMILLE.

Calmez-vous, malheureux.

SAINT-ALBIN , *entre les bras de son père , et d'un ton
plaintif et douloureux.*

Germeuil !... lui !... lui !...

LE COMMANDEUR.

Il n'a fait que ce que tout autre aurait fait à sa
place.

SAINT-ALBIN , *toujours sur le sein de son père et du
même ton.*

Qui se dit mon ami ! le perfide !

LE   PÈRE DE FAMILLE.

Sur qui compter désormais ?

LE COMMANDEUR.

Il ne le voulait pas ; mais je lui ai promis ma fortune et ma nièce.

CÉCILE.

Mon père, Germeuil n'est ni vil ni perfide.

LE PÈRE DE FAMILLE.

Qu'est-il donc ?

SAINT-ALBIN , *à son père.*

Écoutez , et connaissez-le... Ah ! le traître !...
Chargé de votre indignation , irrité par cet oncle inhumain.... abandonné de Sophie...

LE PÈRE DE FAMILLE.

Eh bien ?

SAINT-ALBIN.

J'allais, dans mon désespoir, m'en saisir et l'emporter
au bout du monde... Non , jamais un homme ne fut
plus indignement joué... Il vient à moi... je lui confie
ma pensée comme à mon ami... il me blâme... il me
dissuade... il m'arrête ; et c'est pour me trahir, me
livrer, me perdre... Il lui en coûtera la vie..

SCÈNE VII.

LE PÈRE DE FAMILLE, LE COMMANDEUR, CÉCILE, SAINT-ALBIN, GERMEUIL.

CÉCILE, *qui la première aperçoit Germeuil, court à lui, et lui crie :*

Germeuil !... où allez vous ?

SAINT-ALBIN *s'avance vers lui, et lui crie avec fureur :*

Traître ! où est-elle ? Rends-la moi, et te prépare à défendre ta vie.

LE PÈRE DE FAMILLE, *courant après Saint-Albin.*

Mon fils !

CÉCILE.

Mon frère ! arrêtez !... Je me meurs !...
(*Elle tombe dans un fauteuil.*)

LE COMMANDEUR, *au Père de famille.*

Y prend-elle intérêt ? Qu'en dites-vous ?

LE PÈRE DE FAMILLE.

Germeuil, retirez-vous.

GERMEUIL.

Monsieur, permettez que je reste.

SAINT-ALBIN.

Que t'a fait Sophie ? Que t'ai-je fait pour me trahir ?

LE PÈRE DE FAMILLE, *toujours à Germeuil.*

Vous avez commis une action odieuse.

SAINT-ALBIN.

Si ma sœur t'est chère, si tu la voulais, ne valait-il pas mieux ?.... Je te l'avais proposée... mais c'est par une trahison qu'il te convenait de l'obtenir... Homme vil, tu t'es trompé... Tu ne connais ni Cécile, ni mon père, ni ce Commandeur qui t'a dégradé et qui jouit maintenant de ta confusion !... Tu ne réponds rien... Tu te tais.

GERMEUIL, *avec froideur et fermeté.*

Je vous écoute, monsieur, et je vois qu'on ôte ici l'estime en un moment à celui qui a passé toute sa vie à la mériter : j'attendais autre chose.

LE PÈRE DE FAMILLE.

N'ajoutez pas la fausseté à la perfidie : retirez-vous.

GERMEUIL.

Je ne suis ni faux, ni perfide.

SAINT-ALBIN.

Quelle insolente intrépidité !

LE COMMANDEUR, *à Germeuil.*

Mon ami, il n'est plus temps de dissimuler : j'ai tout avoué.

GERMEUIL, *au Commandeur.*

Monsieur, je vous entends et je vous reconnais.

LE COMMANDEUR.

Que veux-tu dire ? Je t'ai promis ma fortune et ma nièce ; c'est notre traité, et il tient.

GERMEUIL.

Je n'estime pas assez la fortune pour en vouloir au prix de l'honneur ; et votre nièce ne doit pas être la récompense d'une perfidie... Voilà votre ordre.

LE COMMANDEUR, *en le reprenant.*

Voyons, voyons.

GERMEUIL.

Il serait en d'autres mains, si j'en avais fait usage.

SAINT-ALBIN.

Qu'ai-je entendu ? Sophie est libre !

GERMEUIL.

Saint-Albin, apprenez à vous méfier des apparences, et à rendre justice à un homme d'honneur. (*au Commandeur.*) Monsieur, je vous salue.

(*Il sort.*)

SCÈNE VIII.

LE PÈRE DE FAMILLE, LE COMMANDEUR, SAINT-ALBIN, CÉCILE.

LE PÈRE DE FAMILLE, *avec regret.*

J'ai jugé trop vîte ; je l'ai offensé.

LE COMMANDEUR, *stupéfait, regarde sa lettre de cachet.*

Il m'a joué.

LE PÈRE DE FAMILLE.

Vous méritez cette humiliation.

LE COMMANDEUR.

Fort bien ! encouragez-les à me manquer ; ils n'y sont pas assez disposés.

SAINT-ALBIN,

En quelque endroit qu'elle soit , sa Bonne doit être revenue... J'irai ; je verrai sa Bonne ; je m'accuserai ; j'embrasserai ses genoux ; je pleurerai, je la toucherai, et je percerai ce mystère. (*Il va pour sortir.*)

CÉCILE, *en le suivant.*

Mon frère !

SAINT-ALBIN, *à Cécile.*

Ma sœur , de grâce , faites ma paix avec Germeuil.

SCÈNE IX.

LE PÈRE DE FAMILLE, LE COMMANDEUR,

LE COMMANDEUR,

Vous avez entendu ?

LE PÈRE DE FAMILLE.

Oui, mon frère.

LE COMMANDEUR.

Savez-vous où il va ?

LE PÈRE DE FAMILLE.

Je le sais.

LE COMMANDEUR.

Et vous ne l'arrêtez pas ?

LE PÈRE DE FAMILLE.

Non.

LE COMMANDEUR.

Et s'il vient à retrouver cette fille ?

LE PÈRE DE FAMILLE.

Je compte beaucoup sur elle : c'est un enfant ; mais c'est un enfant bien né, et dans cette circonstance elle fera bien plus que vous et moi.

LE COMMANDEUR.

Bien imaginé !

LE PÈRE DE FAMILLE.

Mon fils n'est pas dans un moment où la raison puisse quelque chose sur lui.

LE COMMANDEUR.

Donc il n'a qu'à se perdre. J'enrage. Et vous êtes père de famille ? Vous ?

LE PÈRE DE FAMILLE.

Pourriez-vous m'apprendre ce qu'il faut faire ?

LE COMMANDEUR.

Ce qu'il faut faire ? Etre le maître chez soi ; se montrer homme d'abord, et père après, s'ils le méritent.

LE PÈRE DE FAMILLE.

Et contre qui, s'il vous plaît, faut-il que j'agisse ?

LE COMMANDEUR.

Contre qui ? Belle question ! Contre tous ; contre ce Germeuil qui nourrit votre fils dans son extravagance, qui cherche à faire entrer une créature dans la famille pour s'en ouvrir la porte à lui-même, et que je chasserais de ma maison ; contre une fille qui devient de jour en jour plus insolente, qui me manque à moi, qui vous manquera bientôt à vous, et que j'enfermerais dans un couvent ; contre un fils qui a perdu tout sentiment d'honneur, qui va nous couvrir de ridicule et de honte, et à qui je rendrais la vie si dure qu'il ne serait pas tenté plus long-temps de se soustraire à mon autorité : pour la vieille qui l'a attiré chez elle, et la jeune, dont il a la tête tournée ; il y a beaux jours que j'aurais fait sauter tout cela : c'est par où j'aurais commencé ; et à votre place je rougirais qu'un autre s'en fût avisé le premier... Mais il faudrait de la fermeté, et nous n'en avons point.

LE PÈRE DE FAMILLE.

Je vous entends ; c'est-à-dire que je chasserai de ma maison un homme que j'y ai reçu au sortir du berceau, à qui j'ai servi de père, qui s'est attaché à mes intérêts depuis qu'il se connaît ; qui aura perdu ses plus belles années auprès de moi ; qui n'aura plus de ressources si je l'abandonne, et à qui il faut que mon amitié soit funeste si elle ne lui devient pas utile ; et cela, sous prétexte qu'il donne de mauvais conseils à mon fils, dont il a désapprouvé les projets ; qu'il sert une malheureuse créature que peut-être il n'a jamais vue, ou plutôt parce qu'il n'a pas voulu être l'instrument de sa perte.

J'enfermerai ma fille dans un couvent : je chargerai sa conduite ou son caractère de soupçons désavantageux ; je flétrirai sa réputation ; et cela, parce qu'elle aura quelquefois usé de représailles avec monsieur le Commandeur ; qu'irritée par son humeur chagrine, elle sera sortie de son caractère, et qu'il lui sera échappé un mot peu mesuré.

Je me rendrai odieux à mon fils ; j'éteindrai dans son ame les sentimens qu'il me doit ; j'acheverai d'enflammer son caractère impétueux, et de le porter à quelque éclat qui le déshonore dans le monde tout en y entrant ; et cela, parce qu'il a rencontré une infortunée qui a des charmes et de la vertu, et que, par un mouvement de jeunesse, qui marque au fond la bonté de son naturel, il a pris un attachement qui m'afflige.

N'avez-vous pas honte de vos conseils ? vous, qui devriez être le protecteur de mes enfans auprès de moi, c'est vous qui les accusez ; vous leur cherchez des torts ; vous exagérez ceux qu'ils ont, et vous seriez fâché de ne leur en pas trouver.

LE COMMANDEUR.

C'est un chagrin que j'ai rarement.

LE PÈRE DE FAMILLE.

Et ces femmes contre lesquelles vous obtenez un ordre ?

LE COMMANDEUR.

Il ne vous restait plus que d'en prendre aussi la défense. Allez, allez.

LE PÈRE DE FAMILLE.

J'ai tort. Il y a des choses qu'il ne faut pas vouloir vous faire sentir, mon frère ; mais cette affaire me touchait d'assez près, ce me semble, pour que vous daignassiez m'en dire un mot.

LE COMMANDEUR.

C'est moi qui ai tort, et vous avez toujours raison.

LE PÈRE DE FAMILLE.

Non, monsieur le Commandeur, vous ne ferez de moi ni un père dur et injuste, ni un homme ingrat et malfaisant : je ne commettrai point une violence parce qu'elle est de mon intérêt ; je ne renoncerai point à mes espérances parce qu'il est survenu des obstacles qui les éloignent, et je ne ferai point un désert de ma maison parce qu'il s'y passe des choses qui me déplaisent comme à vous.

LE COMMANDEUR.

Voilà qui est expliqué. Oh bien ! conservez votre chère fille ; aimez bien votre cher fils, laissez en paix les créatures qui les perdent, cela est trop sage pour qu'on s'y oppose : mais pour votre Germeuil, je vous avertis que nous ne pouvons plus loger lui et moi sous le même toit.... Il n'y a point de milieu, il faut qu'il soit hors d'ici aujourd'hui, ou que j'en sorte demain.

LE PÈRE DE FAMILLE.

Monsieur le Commandeur, vous êtes le maître.

LE COMMANDEUR.

Je m'en doutais : vous seriez enchanté que je m'en allasse, n'est-ce pas ? mais je resterai ; oui, je resterai, ne fût-ce que pour vous remettre sous le nez vos sottises et vous en faire honte. Je suis curieux de voir ce que tout ceci deviendra.

FIN DU TROISIÈME ACTE.

ACTE IV.

SCÈNE PREMIÈRE.

SAINT-ALBIN.

(*Il entre furieux.*)

Tout est éclairci ; le traître Germeuil est démasqué : malheur à lui ! malheur à lui ! C'est lui qui a emmené Sophie ; il l'a arrachée des bras de sa Bonne : je ne le quitte plus qu'il ne m'ait instruit. (*il appelle.*) Philippe !

SCÈNE II.

SAINT-ALBIN, PHILIPPE.

PHILIPPE.

Monsieur.

SAINT-ALBIN, *en donnant une lettre.*

Portez cela.

PHILIPPE.

A qui, monsieur ?

SAINT-ALBIN.

A Germeuil. (*Philippe va pour sortir ; il s'arrête et revient sur ses pas.*) Je lui arrache l'aveu de son crime et le secret de sa retraite, et je cours partout où me conduira l'espoir de la retrouver. (*Il aperçoit Philippe qui est resté.*) Tu n'es pas allé, revenu ?

PHILIPPE.

Monsieur.

SAINT-ALBIN.

Eh bien ?

PHILIPPE.

N'y a-t-il rien là-dedans dont monsieur votre père soit fâché ?

Diderot. 7

SAINT-ALBIN.

Marchez.

SCÈNE III.

SAINT-ALBIN, CÉCILE.

SAINT-ALBIN, *se croyant seul.*

Lui qui me doit tout !... que j'ai cent fois défendu contre le Commandeur... à qui.... (*en apercevant sa sœur.*) Malheureuse, à quel homme t'es-tu attachée !..

CÉCILE.

Que dites-vous ? Qu'avez-vous ? Mon frère, vous m'effrayez.

SAINT-ALBIN.

Le perfide ! le traître !.... Elle allait dans la confiance qu'on la menait ici.... Il a abusé de votre nom.

CÉCILE.

Germeuil est innocent.

SAINT-ALBIN.

Il a pu voir leurs larmes, entendre leurs cris, les arracher l'une à l'autre ! Le barbare !

CÉCILE.

Ce n'est point un barbare, c'est votre ami.

SAINT-ALBIN.

Mon ami !... je le voulais... il n'a tenu qu'à lui de partager mon sort.... d'aller lui et moi, vous et Sophie...

CÉCILE.

Qu'entends-je ?... vous lui auriez proposé ?...

SAINT-ALBIN.

Que ne me dit-il pas ? que ne m'opposa-t-il pas ? avec quelle fausseté !...

CÉCILE.

C'est un homme d'honneur ; oui, Saint-Albin, et c'est en l'accusant que vous achevez de m'en convaincre.

SAINT-ALBIN.

Qu'osez-vous dire ?.... tremblez , tremblez... le défendre, c'est redoubler ma fureur... Eloignez-vous.

CÉCILE.

Non, mon frère, vous m'écouterez. Germeuil....
rendez -lui justice... Ne le connaissez-vous plus ?....
un moment l'a-t-il pu changer ?.... Vous l'accuser !
vous !.... homme injuste !

SAINT-ALBIN.

Malheur à toi, s'il te reste de la tendresse !... Je
pleure... tu pleureras bientôt aussi.

CÉCILE, *avec terreur, et d'une voix tremblante.*

Vous avez un dessein...

SAINT-ALBIN.

Par pitié pour vous-même ne m'interrogez pas.

CÉCILE.

Vous me haïssez ?

SAINT-ALBIN.

Je vous plains.

CÉCILE.

Vous attendez mon père ?

SAINT-ALBIN.

Je le fuis ; je fuis toute la terre.

CÉCILE.

Je le vois, vous voulez perdre Germeuil... vous
voulez me perdre... Eh bien ! perdez-nous... dites à
mon père...

SAINT-ALBIN.

Je n'ai plus rien à lui dire... il sait tout.

CÉCILE.

Ah ciel !

SCÈNE IV.

LE PÈRE DE FAMILLE, SAINT-ALBIN, CÉCILE.

*(Saint-Albin marque d'abord de l'impatience à l'ap-
proche de son père, ensuite il reste immobile.)*

LE PÈRE DE FAMILLE.

Tu me fuis, et je ne peux t'abandonner... Je n'ai
plus de fils, et il te reste toujours un père... Saint-

Albin, pourquoi me fuyez-vous?... Je ne viens pas vous affliger davantage, et exposer mon autorité à de nouveaux mépris... Mon fils, mon ami, tu ne veux pas que je meure de chagrin... Nous sommes seuls : voici ton père ; voilà ta sœur : elle pleure, et mes larmes attendent les tiennes pour s'y mêler... Que ce moment sera doux, si tu veux !

Vous avez perdu celle que vous aimiez, et vous l'avez perdue par la perfidie d'un homme qui vous est cher.

SAINT-ALBIN, *en levant les yeux au ciel avec fureur.*

Ah !

LE PÈRE DE FAMILLE.

Triomphez de vous et de lui ; domptez une passion qui vous dégrade ; montrez-vous digne de moi.....
Saint-Albin, rendez-moi mon fils.

(*Saint-Albin s'éloigne : on voit qu'il voudrait répondre aux sentimens de son père, et qu'il ne le peut pas.*)

LE PÈRE DE FAMILLE *suit son fils, en lui criant avec violence :*

Rends-moi mon fils!... rends-moi mon fils !

(*Saint-Albin va s'appuyer contre le mur, élevant ses mains et cachant sa tête entre ses bras.*)

LE PÈRE DE FAMILLE.

Il ne me répond rien : ma voix n'arrive plus jusqu'à son cœur ; une passion insensée l'a fermé : elle a tout détruit ; il est devenu stupide et féroce. (*Il se renverse dans un fauteuil, et dit :*) O père malheureux ! le ciel m'a frappé ; il me punit dans cet objet de ma faiblesse... J'en mourrai... Cruels enfans, c'est mon souhait... c'est le vôtre...

CÉCILE, *s'approchant de son père en sanglotant.*

Ah ! mon père.

LE PÈRE DE FAMILLE.

Consolez-vous... vous ne verrez pas long-temps mon chagrin...

CÉCILE, *avec douleur, et saisissant les mains de son père.*

Si vous abandonnez vos enfans, que voulez-vous qu'ils deviennent?

LE PÈRE DE FAMILLE, *après un moment de silence.*

Cécile, j'avais des vues sur vous.... Germeuil.... je disais en vous regardant tous les deux : voilà celui qui fera le bonheur de ma fille... elle relevera la famille de mon ami...

CÉCILE, *surprise.*

Qu'ai-je entendu?

SAINT-ALBIN, *se retournant avec fureur.*

Il aurait épousé ma sœur! Je l'appellerais mon frère! lui!

LE PÈRE DE FAMILLE.

Tout m'accable à la fois... il n'y faut plus penser.

SCÈNE V.

LE PÈRE DE FAMILLE, SAINT-ALBIN, CÉCILE, GERMEUIL.

SAINT-ALBIN.

Le voilà, le voilà : sortez, sortez tous.

CÉCILE, *en courant au-devant de Germeuil.*

Germeuil, arrêtez; n'approchez pas, arrêtez.

LE PÈRE DE FAMILLE, *en saisissant son fils par le milieu du corps, et en l'entraînant hors de la salle.*

Saint-Albin !.. mon fils.

(*Germeuil s'avance d'une démarche ferme et tranquille; Saint-Albin, avant de sortir, détourne la tête, et fait signe à Germeuil.*)

CÉCILE.

Suis-je assez malheureuse !

SCÈNE VI.

LE PÈRE DE FAMILLE, CÉCILE, GERMEUIL, LE COMMANDEUR.

LE PÈRE DE FAMILLE, *rentrant, rencontre le Commandeur sur le fond de la salle.*

Mon frère, dans un moment je suis à vous.

LE COMMANDEUR.

C'est-à-dire que vous ne voulez pas de moi dans celui-ci : serviteur.

SCÈNE VII.

LE PÈRE DE FAMILLE, CÉCILE, GERMEUIL.

LE PÈRE DE FAMILLE, *à Germeuil.*

La division et le trouble sont dans ma maison, et c'est vous qui les causez... Germeuil, je suis mécontent. Je ne vous reprocherai point ce que j'ai fait pour vous ; vous le voudriez peut-être : mais, après la confiance que je vous ai marquée aujourd'hui (je ne daterai pas de plus loin), je m'attendais à autre chose de votre part... Mon fils médite un rapt, il vous le confie, et vous me le laissez ignorer : le Commandeur forme un autre projet odieux, il vous le confie, et vous me le laissez ignorer.

GERMEUIL.

Ils l'avaient exigé.

LE PÈRE DE FAMILLE.

Avez-vous dû le promettre ?... Cependant cette fille disparaît ; et vous êtes convaincu de l'avoir emmenée... Qu'est-elle devenue ?... Que faut-il que j'augure de votre silence ?... Mais je ne vous presse pas de répondre ; il y a dans cette conduite une obscurité qu'il ne me convient pas de percer. Quoi qu'il en soit, je m'intéresse à cette fille, et je veux qu'elle se retrouve.

Cécile, je ne compte plus sur la consolation que j'espérais trouver parmi vous : je pressens les chagrins qui attendent ma vieillesse; et je veux vous épargner la douleur d'en être témoins. Je n'ai rien négligé, je crois, pour votre bonheur, et j'apprendrai avec joie que mes enfans sont heureux.

SCÈNE VIII.

CÉCILE, GERMEUIL.

(Cécile se jette dans un fauteuil, et penche tristement sa tête sur ses mains.)

GERMEUIL.

Je vois votre inquiétude, et j'attends vos reproches.

CÉCILE.

Je suis désespérée... Mon frère en veut à votre vie.

GERMEUIL.

Sa lettre ne signifie rien : il se croit offensé; mais je suis innocent et tranquille.

CÉCILE.

Pourquoi vous ai-je cru? Que n'ai-je suivi mon pressentiment!... Vous avez entendu mon père.

GERMEUIL.

Votre père est un homme juste, et je n'en crains rien.

CÉCILE.

Il vous aimait, il vous estimait.

GERMEUIL.

S'il eut ces sentimens, je les recouvrerai.

CÉCILE.

Vous auriez fait le bonheur de sa fille... Cécile eût relevé la famille de son ami.

GERMEUIL.

Ciel! qu'entends-je?

CÉCILE, *à elle-même.*

Mon père... je n'osais lui ouvrir mon cœur... Désolé qu'il était de la passion de mon frère, je craignais d'ajouter à sa peine... Pouvais-je penser que, malgré l'opposition, la haine du Commandeur... Ah! Germeuil, c'est à vous qu'il me destinait.

GERMEUIL.

Et vous m'aimiez !... Mais j'ai fait ce que je devais... quelles qu'en soient les suites, je ne me repentirai point du parti que j'ai pris... Mademoiselle, il faut que vous sachiez tout.

CÉCILE.

Qu'est-il encore arrivé ?

GERMEUIL.

Cette femme...

CÉCILE.

Qui ?

GERMEUIL.

Cette Bonne de Sophie...

CÉCILE.

Eh bien ?

GERMEUIL.

Est assise à la porte de la maison ; les gens sont assemblés autour d'elle : elle demande à entrer, à parler.

CÉCILE, *se levant avec précipitation, et courant pour sortir.*

Ah ! dieu!... je cours...

GERMEUIL.

Où ?

CÉCILE.

Me jeter aux pieds de mon père.

GERMEUIL.

Arrêtez ; songez...

CÉCILE.

Non , monsieur.

GERMEUIL.

Ecoutez-moi.

CÉCILE.

Je n'écoute plus.

GERMEUIL.

Cécile... mademoiselle.

CÉCILE.

Que voulez-vous de moi ?

GERMEUIL.

J'ai pris mes mesures : on retient cette femme ; elle

n'entrera pas ; et quand on l'introduirait, si on ne la conduit pas au Commandeur, que dira-t-elle aux autres qu'ils ignorent ?

CÉCILE.

Non, monsieur, je ne veux pas être exposée davantage ; mon père saura tout : mon père est bon ; il verra mon innocence ; il connaîtra le motif de votre conduite, et j'obtiendrai mon pardon et le vôtre.

GERMEUIL.

Et cette infortunée à qui vous avez accordé un asile ?.... Après l'avoir reçue, en disposerez-vous sans la consulter ?

CÉCILE.

Mon père est bon.

SCÈNE IX.

SAINT-ALBIN , CÉCILE , GERMEUIL.

(Saint-Albin entre à pas lents ; il a l'air sombre et farouche, la tête basse, les bras croisés, et le chapeau renfoncé sur les yeux.)

GERMEUIL , *à Cécile.*

Voilà votre frère.

CÉCILE *se jette entre Germeuil et lui, et s'écrie :*
Saint-Albin !.. Germeuil !...

SAINT-ALBIN , *à Germeuil.*

Je vous croyais seul, monsieur.

CÉCILE.

Germeuil, c'est votre ami, c'est votre frère.

GERMEUIL.

Mademoiselle , je ne l'oublierai pas.

SAINT-ALBIN , *en se jetant dans un fauteuil.*

Sortez ou restez , je ne vous quitte plus.

CÉCILE , *à Saint-Albin.*

Insensé !... ingrat !... qu'avez-vous résolu ?... Vous ne savez pas....

SAINT-ALBIN.

Je n'en sais que trop.

CÉCILE.

Vous vous trompez.

SAINT-ALBIN, *en se levant.*

Laissez-moi, laissez-nous...

(*et s'adressant à Germeuil en portant la main à son épée.*)

Germeuil...

CÉCILE, *se tournant en face de son frère, lui crie :*

O dieu !.... arrêtez... apprenez... Sophie...

SAINT-ALBIN.

Eh bien ! Sophie ?

CÉCILE.

Que vais-je lui dire ?...

SAINT-ALBIN.

Qu'en a-t-il fait ? Parlez, parlez.

CÉCILE.

Ce qu'il en a fait ! Il l'a dérobée à vos fureurs... il l'a dérobée aux poursuites du Commandeur... il l'a conduite ici... il a fallu la recevoir... elle est ici, et elle y est malgré moi... (*en sanglotant et en pleurant.*) Allez maintenant, courez lui plonger votre épée dans le sein.

SAINT-ALBIN.

O ciel ! puis-je le croire ? Sophie est ici !... Et c'est lui... c'est vous... Ah, mon ami ! ah, ma sœur !.. je suis un malheureux, je suis un insensé. Cécile, Germeuil, je vous dois tout... Me pardonnerez-vous ?.... Oui, vous êtes justes : vous aimez aussi ; vous vous mettrez à ma place, et vous me pardonnerez.

CÉCILE.

Mais Sophie a su le projet que vous avez fait de l'enlever ; elle pleure, elle se désespère.

SAINT-ALBIN

Elle me méprise, elle me hait... Cécile, voulez-vous vous venger ? Voulez-vous m'accabler sous le poids de mes torts ? Mettez le comble à vos bontés... que je la voie... que je la voie un instant.

CÉCILE.

Qu'osez-vous me demander ?

SAINT-ALBIN.

Ma sœur, il faut que je la voie ; il le faut.

CÉCILE.

Y pensez-vous ?

SAINT-ALBIN.

Cécile.

CÉCILE.

Et mon père, et le Commandeur ?

SAINT-ALBIN.

Eh ! que m'importe ?... il faut que je la voie ; et j'y cours.

GERMEUIL.

Arrêtez.

CÉCILE.

Germeuil.

GERMEUIL.

Mademoiselle, il faut appeler.

CÉCILE.

O la cruelle complaisance !

(*Germeuil sort pour appeler ; Saint-Albin saisit la main de Cécile, et la baise avec transport.*)

SCÈNE X.

SAINT-ALBIN, CÉCILE, GERMEUIL, MADEMOISELLE CLAIRET.

SAINT-ALBIN , *embrassant son ami.*

Je vais la revoir.

CÉCILE , *après avoir parlé bas à mademoiselle Clairet, continue haut et d'un ton chagrin :*

Conduisez-la, prenez bien garde.

GERMEUIL , *à mademoiselle Clairet qui sort.*

Ne perdez pas de vue le Commandeur.

SAINT-ALBIN.

Je vais revoir Sophie. (*il s'avance en écoutant du côté où Sophie doit entrer, et il dit :*) J'entends ses pas... elle approche... je tremble... je frissonne... il semble que mon cœur veuille s'échapper de moi, et qu'il craigne d'aller au devant d'elle... Je n'oserai lever les yeux... je ne pourrai jamais lui parler.

SCÈNE XI.

SAINT-ALBIN, CÉCILE, GERMEUIL, SOPHIE, MADEMOISELLE CLAIRET, *dans l'antichambre, à l'entrée de la salle.*

SOPHIE, *apercevant Saint-Albin, court effrayée se jeter entre les bras de Cécile, et s'écrie :*

Mademoiselle.

SAINT-ALBIN, *la suivant.*

Sophie.

(*Cécile tient Sophie entre ses bras et la serre avec tendresse.*)

GERMEUIL *appelle.*

Mademoiselle Clairet !

MADEMOISELLE CLAIRET, *du dedans.*

J'y suis.

CÉCILE, *à Sophie.*

Ne craignez rien, rassurez-vous ; asséyez-vous.

(*Sophie s'assied ; Cécile et Germeuil se retirent au fond du théâtre, où ils demeurent spectateurs de ce qui se passe entre Sophie et Saint-Albin ; Germeuil a l'air sérieux et rêveur ; il regarde quelquefois tristement Cécile, qui, de son côté, montre du chagrin, et de temps en temps de l'inquiétude.*)

SAINT-ALBIN, *à Sophie qui a les yeux baissés et le maintien sévère.*

C'est vous, c'est vous ; je vous recouvre... Sophie... O ciel ! quelle sévérité ! quel silence !... Sophie, ne me refusez pas un regard.... j'ai tant souffert.... dites un mot à cet infortuné....

SOPHIE, *sans le regarder.*

Le méritez-vous ?

SAINT-ALBIN.

Demandez-leur.

SOPHIE.

Qu'est-ce qu'on m'apprendra ? N'en sais-je pas assez ? Où suis-je ? Que fais-je ? Qui est-ce qui m'y a conduite ? Qui m'y retient ?.... Monsieur, qu'avez-vous résolu de moi ?

SAINT-ALBIN.

De vous aimer, de vous posséder, d'être à vous
malgré toute la terre, malgré vous.

SOPHIE.

Vous me montrez bien le mépris qu'on fait des
malheureux : on les compte pour rien, on se croit tout
permis avec eux ; mais, monsieur, j'ai des parens aussi.

SAINT-ALBIN.

Je les connaîtrai ; j'irai, j'embrasserai leurs genoux,
et c'est d'eux que je vous obtiendrai.

SOPHIE.

Ne l'espérez pas : ils sont pauvres ; mais ils ont de
l'honneur.... Monsieur, rendez-moi à mes parens,
rendez-moi à moi-même ; renvoyez-moi.

SAINT-ALBIN.

Demandez plutôt ma vie ; elle est à vous.

SOPHIE.

O dieu ! que vais-je devenir ? (*à Cécile, à Germeuil, d'un ton désolé et suppliant.*) Monsieur...
Mademoiselle... (*et se retournant vers Saint-Albin.*)
Monsieur, renvoyez-moi... renvoyez-moi... Homme
cruel, faut-il tomber à vos pieds? M'y voilà. (*Elle
se jette aux pieds de Saint-Albin.*)

SAINT-ALBIN *tombe aux siens en la relevant, et dit :*

Vous, à mes pieds ! C'est à moi à me jeter, à mourir aux vôtres.

SOPHIE, *relevée.*

Vous êtes sans pitié.... Oui, vous êtes sans pitié....
Vil ravisseur ! que t'ai-je fait? Quel droit as-tu sur
moi?.... Je veux m'en aller.... Qui est-ce qui osera
m'arrêter?... Vous m'aimez.... vous m'avez aimée?....
vous!...

SAINT-ALBIN.

Qu'ils le disent.

SOPHIE.

Vous avez résolu ma perte... Oui, vous l'avez résolue, et vous l'acheverez... Ah, Sergi! (*En disant ce
mot avec douleur, elle se laisse aller dans un fauteuil ;
elle détourne son visage de Saint-Albin, et se met à
pleurer.*

SAINT-ALBIN.

Vous détournez vos yeux de moi... Vous pleurez. Ah! j'ai mérité la mort... Malheureux que je suis! Qu'ai-je voulu? Qu'ai-je dit? Qu'ai-je osé? Qu'ai-je fait?

SOPHIE, *à elle-même.*

Pauvre Sophie, à quoi le Ciel t'a réservée! La misère m'arrache d'entre les bras d'une mère... J'arrive ici avec un de mes frères... Nous y venions chercher de la commisération, et nous n'y rencontrons que le mépris et la dureté... Parce que nous sommes pauvres, on nous méconnaît; on nous repousse.... Mon frère me laisse.... Je reste seule.... Une bonne femme voit ma jeunesse, et prend pitié de mon abandon.... mais une étoile qui veut que je sois malheureuse, conduit cet homme-là sur mes pas, et l'attache à ma perte. J'aurai beau pleurer... Ils veulent me perdre, et ils me perdront.... Si ce n'est celui-ci, ce sera son oncle?.... (*elle se lève*) Eh! que me veut cet oncle?....... Pourquoi me poursuit-il aussi? Est-ce moi qui ai appelé son neveu? Le voilà; qu'il parle, qu'il s'accuse lui-même. Homme trompeur, homme ennemi de mon repos, parlez....

SAINT-ALBIN.

Mon cœur est innocent..... Sophie, ayez pitié de moi.... Pardonnez-moi.

SOPHIE.

Qui s'en serait méfié?.... Il paraissait si tendre et si bon.... Je le croyais doux.. .

SAINT-ALBIN.

Sophie, pardonnez-moi.

SOPHIE.

Que je vous pardonne!

SAINT-ALBIN.

Sophie. (*Il veut lui prendre la main.*)

SOPHIE.

Retirez-vous : je ne vous aime plus; je ne vous estime plus. Non.

SAINT-ALBIN.

O dieu! que vais-je devenir?... Ma sœur, Ger-

meuil, parlez, parlez pour moi... Sophie, pardonnez-moi.

SOPHIE.

Non. (*Cécile et Germeuil s'approchent.*)

CÉCILE, *à Sophie.*

Mon enfant....

GERMEUIL, *à Sophie.*

C'est un homme qui vous adore.

SOPHIE.

Eh bien! qu'il me le prouve; qu'il me défende
contre son oncle; qu'il me rende à mes parens; qu'il
me renvoie, et je lui pardonne.

MADEMOISELLE CLAIRET, *accourant, à Cécile.*

Mademoiselle, on vient, on vient.

GERMEUIL.

Sortons tous. (*Cécile, Sophie et mademoiselle
Clairet entrent dans un appartement; Saint-Albin et
Germeuil entrent dans un autre.*)

SCÈNE XII.

LE COMMANDEUR, MADAME HÉBERT, DESCHAMPS.

(*Le Commandeur entre brusquement; madame
Hébert et Deschamps le suivent.*)

MADAME HÉBERT, *en montrant Deschamps.*

Oui, monsieur, c'est lui; c'est lui qui accompagnait le méchant qui me l'a ravie : je l'ai reconnu
tout d'abord.

LE COMMANDEUR.

Coquin! à quoi tient-il que je n'envoie chercher
un commissaire, pour t'apprendre ce que l'on gagne
à se prêter à des forfaits?

DESCHAMPS.

Monsieur, ne me perdez pas; vous me l'avez promis.

LE COMMANDEUR.

Eh bien! elle est ici.

DESCHAMPS.

Oui, monsieur.

LE COMMANDEUR, *à part.*

Elle est ici, ô Commandeur, et tu ne l'as pas deviné! (*à Deschamps.*) Et c'est dans l'appartement de ma nièce?

DESCHAMPS.

Oui, monsieur.

LE COMMANDEUR.

Et le coquin qui suivait le carrosse, c'est toi?

DESCHAMPS.

Oui, monsieur.

LE COMMANDEUR.

Et l'autre qui était dedans, c'est Germeuil?

DESCHAMPS.

Oui, monsieur.

LE COMMANDEUR.

Germeuil?

MADAME HÉBERT.

Il vous l'a déjà dit.

LE COMMANDEUR, *à part.*

Oh! pour le coup, je les tiens.

MADAME HÉBERT.

Monsieur, quand ils l'ont emmenée, elle me tendait les bras, et elle me disait : Adieu, ma Bonne ; je ne vous reverrai plus ; priez pour moi. Monsieur, que je la voie, que je lui parle, que je la console.

LE COMMANDEUR.

Cela ne se peut... *(à part.)* Quelle découverte!

MADAME HÉBERT.

Sa mère et son frère me l'ont confiée : que leur répondrai-je quand ils me la redemanderont? Monsieur, qu'on me la rende, ou qu'on m'enferme avec elle.

LE COMMANDEUR, *à lui-même.*

Cela se fera, je l'espère. (*à madame Hébert.*) Mais pour le présent, allez, allez vite, et surtout ne reparaissez plus ; si l'on vous aperçoit, je ne réponds de rien.

MADAME HÉBERT.

Mais on me la rendra, et je puis y compter?

LE COMMANDEUR.

Oui ; oui, comptez et partez.

DESCHAMPS, *à part, en voyant sortir madame Hébert.*

Que maudits soient la vieille et le portier qui l'a
laissé passer !

LE COMMANDEUR, *a Deschamps.*

Et toi, maraud... va... conduis cette femme chez
elle... et songe que si l'on découvre qu'elle m'a parlé...
ou si elle se remontre ici, je te fais pendre.

DESCHAMPS, *en s'en allant.*

Oui, monsieur.

SCÈNE XIII.

LE COMMANDEUR.

La maîtresse de mon neveu dans l'appartement de
ma nièce !.... Quelle découverte !.... Je me doutais
bien que les valets étaient mêlés là-dedans... On allait, on venait, on se faisait des signes, on se parlait
bas ; tantôt on me suivait, tantôt on m'évitait... Il y a
là une femme-de-chambre qui ne me quitte non plus
que mon ombre.... Voilà donc la cause de tous ces
mouvemens auxquels je n'entendais rien... Commandeur, cela doit vous apprendre à ne jamais rien négliger : il y a toujours quelque chose à savoir où l'on
fait du bruit... S'ils empêchaient cette vieille d'entrer, ils en avaient de bonnes raisons...... Les co-
quins !.... Mais j'ai mon ordre.... Ils me l'ont rendu....
Oh ! pour cette fois il me servira. Dans un moment,
je tombe sur eux ; je me saisis de la créature ; je
chasse le coquin qui a tramé tout ceci.... Je romps à
la fois deux mariages.... Ma nièce, ma prude nièce
s'en ressouviendra, je l'espère.... Et le bon homme,
j'aurai mon tour avec lui... Je me venge du père, du
fils, de la fille, de son ami.... O Commandeur ! quelle
journée pour toi !

FIN DU QUATRIÈME ACTE.

ACTE V.

SCÈNE PREMIÈRE.
CÉCILE, MADEMOISELLE CLAIRET.

CÉCILE.

Je meurs d'inquiétude et de crainte. Deschamps a-
t-il reparu ?

MADEMOISELLE CLAIRET.

Non , mademoiselle.

CÉCILE.

Où peut-il être allé ?

MADEMOISELLE CLAIRET.

Je n'ai pu le savoir.

CÉCILE.

Que s'est-il passé ?

MADEMOISELLE CLAIRET.

D'abord il s'est fait beaucoup de mouvement et
de bruit. Je ne sais combien ils étaient ; ils allaient
et venaient : tout-à-coup le mouvement et le bruit
ont cessé ; alors je me suis avancée sur la pointe des
pieds, et j'ai écouté de toutes mes oreilles ; mais il ne
me parvenait que des mots sans suite : j'ai seulement
entendu monsieur le Commandeur qui criait d'un
ton menaçant : Un commissaire.

CÉCILE.

Quelqu'un l'aurait-il aperçue ?

MADEMOISELLE CLAIRET.

Non, mademoiselle.

CÉCILE.

Deschamps aurait-il parlé ?

MADEMOISELLE CLAIRET.

C'est autre chose : il est parti comme un éclair.

CÉCILE.

Et mon oncle?

MADEMOISELLE CLAIRET.

Je l'ai vu; il gesticulait; il se parlait à lui-même; il avait tous les signes de cette gaieté méchante que vous lui connaissez.

CÉCILE.

Où est-il?

MADEMOISELLE CLAIRET.

Il est sorti seul et à pied.

CÉCILE.

Allez... courez... Attendez le retour de mon oncle... ne le perdez pas de vue... Il faut trouver Deschamps... il faut savoir ce qu'il a dit.

(Mademoiselle Clairet sort; Cécile la rappelle, et lui dit:)

Sitôt que Germeuil sera rentré, dites-lui que je suis ici.

SCÈNE II.

SAINT-ALBIN, CÉCILE.

CÉCILE, *seule d'abord.*

Où en suis-je réduite?... Ah! Germeuil... le trouble me suit.... tout semble me menacer... tout m'effraie... *(à Saint-Albin, allant à lui.)* Mon frère, Deschamps a disparu; on ne sait ni ce qu'il a dit, ni ce qu'il est devenu: le Commandeur est sorti en secret et seul... Il se forme un orage; je le vois, je le sens: je ne veux pas l'attendre.

SAINT-ALBIN.

Après ce que vous avez fait pour moi, m'abandonnerez-vous.

CÉCILE.

J'ai mal fait, j'ai mal fait... Cette enfant ne veut plus rester; il faut la laisser aller. Mon père a vu mes alarmes: plongé dans la peine et délaissé par ses enfans, que voulez-vous qu'il pense, sinon que la honte de quelque action indiscrète leur fait éviter sa présence, et négliger sa douleur?... Il faut s'en rapprocher ; Germeuil est perdu dans son esprit ; Germeuil qu'il avait résolu... Mon frère, vous êtes généreux ; n'exposez pas plus long-temps votre ami, votre sœur, la tranquillité et les jours de mon père.

SAINT-ALBIN.

Non, il est dit que je n'aurai pas un instant de repos.

CÉCILE.

Si cette femme avait pénétré !... si le Commandeur savait !... je n'y pense pas sans frémir... avec quelle vraisemblance et quel avantage il nous attaquerait ! quelles couleurs il pourrait donner à notre conduite ! et cela dans un moment où l'ame de mon père est ouverte à toutes les impressions qu'on y voudra jeter.

SAINT-ALBIN.

Où est Germeuil ?

CÉCILE.

Il craint pour vous ; il craint pour moi : il est allé chez cette femme...

SCÈNE III.

SAINT - ALBIN, CÉCILE, GERMEUIL, MADEMOISELLE CLAIRET.

MADEMOISELLE CLAIRET *se montre sur le fond, et leur crie :*

Le Commandeur est rentré.

GERMEUIL.

Le Commandeur sait tout.

CÉCILE ET SAINT-ALBIN, *avec effroi.*

Le Commandeur sait tout !

GERMEUIL.

Cette femme a pénétré, elle a reconnu Deschamps : les menaces du Commandeur ont intimidé celui-ci, et il a tout dit.

CÉCILE.

Ah ! ciel !

SAINT-ALBIN.

Que vais-je devenir ?

CÉCILE.

Que dira mon père ?

GERMEUIL.

Le temps presse ; il ne s'agit pas de se plaindre : si nous n'avons pu ni écarter ni prévenir le coup qui nous menace, du moins qu'il nous trouve rassemblés et prêts à le recevoir.

CÉCILE.

Ah ! Germeuil, qu'avez-vous fait ?

GERMEUIL.

Ne suis-je pas assez malheureux ?

MADEMOISELLE CLAIRET *traverse la scène, et leur crie :*

Voici le Commandeur.   *(Elle sort.)*

GERMEUIL.

Il faut nous retirer.

CÉCILE.

Non, j'attendrai mon père.

SAINT-ALBIN.

Ciel ! qu'allez-vous faire ?

GERMEUIL.

Allons, mon ami.

SAINT-ALBIN.

Allons sauver Sophie.

CÉCILE.

Vous me laissez ?

SCÈNE IV.

CÉCILE *va, vient, et dit :*

Je ne sais que devenir... *(elle se tourne vers le fond de la salle, et crie :)* Germeuil... Saint-Albin... O mon père ! que vous répondrai-je ?... que dirai-je à mon oncle ?... Mais le voici... Prenons mon ouvrage... cela me dispensera du moins de le regarder.

SCÈNE V.

CÉCILE, LE COMMANDEUR, MADEMOI-SELLE CLAIRET.

(Le Commandeur entre, poursuivant mademoiselle Clairet, qui entre dans le salon, et lui ferme la porte au nez.)

LE COMMANDEUR.

Ma nièce, tu as là une femme-de-chambre bien alerte... on ne saurait faire un pas sans la rencontrer. Mais te voilà, toi, bien rêveuse et bien délaissée... il me semble que tout commence à se rasseoir ici.

CÉCILE, *en bégayant.*

Oui... je crois... que... Ah !

LE COMMANDEUR, *appuyé sur sa canne, et debout devant elle.*

La voix et les mains te tremblent..... C'est une cruelle chose que le trouble... Ton frère me paraît un peu remis... Voilà comme il sont tous : d'abord c'est un désespoir où il ne s'agit de rien moins que de se noyer ou se pendre ; tournez la main : pist, ce n'est plus cela... Je me trompe fort, ou il n'en serait pas de même de toi ; si ton cœur se prend une fois, cela durera.

CÉCILE, *parlant à son ouvrage.*

Encore !

LE COMMANDEUR, *ironiquement.*

Ton ouvrage va mal.

CÉCILE, *tristement.*

Fort mal.

LE COMMANDEUR.

Comment Germeuil et ton frère sont-ils maintenant ?... assez bien, ce me semble ?... Cela s'est apparemment éclairci : tout s'éclaircit à la fin ; et puis on est si honteux de s'être mal conduit !... Tu ne sais pas cela, toi qui as toujours été si réservée, si circonspecte.

CÉCILE, *à part.*

Je n'y tiens plus. *(elle se lève.)* J'entends, je crois, mon père.

LE COMMANDEUR.

Non, tu n'entends rien... C'est un étrange homme que ton père : toujours occupé sans savoir de quoi ; personne comme lui n'a le talent de regarder et de ne rien voir... Mais revenons à l'ami Germeuil... quand tu n'es pas avec lui, tu n'es pas trop fâchée qu'on t'en parle.. Je n'ai pas changé d'avis sur son compte au moins.

CÉCILE.

Mon oncle.

LE COMMANDEUR.

Ni toi non plus, n'est-ce pas ?... Je lui découvre tous les jours quelque qualité, et je ne l'ai jamais si bien connu... c'est un garçon surprenant... (*Cécile se lève encore.*) Mais tu es bien pressée.

CÉCILE.

Il est vrai.

LE COMMANDEUR.

Qu'as-tu ? qui t'appelle ?

CÉCILE.

J'attendais mon père ; il tarde à venir, et j'en suis inquiète.

SCÈNE VI.

LE COMMANDEUR.

Inquiète : je te conseille de l'être ; tu ne sais pas ce qui t'attend... tu auras beau pleurer, gémir, soupirer ; il faudra se séparer de l'ami Germeuil... un ou deux ans de couvent seulement... Mais le bon homme ne vient point...

SCÈNE VII.

LE PÈRE DE FAMILLE, LE COMMANDEUR, MADEMOISELLE CLAIRET.

LE COMMANDEUR, *voyant entrer le Père de famille.*

Ah ! le voici : arrivez donc, arrivez donc.

(*Mademoiselle Clairet entr'ouvre la porte du salon, passe la tête, et écoute.*)

LE PÈRE DE FAMILLE.
Et qu'avez-vous de si pressé à me dire ?

LE COMMANDEUR.
Vous l'allez savoir.... mais attendez un moment. *(il s'avance doucement vers le fond de la salle, et dit à la femme-de-chambre qu'il surprend au guet :)* Mademoiselle, approchez; ne vous gênez pas; vous entendrez mieux.

(Mademoiselle Clairet se retire et pousse la porte.)

SCÈNE VIII.

LE PÈRE DE FAMILLE, LE COMMANDEUR.

LE PÈRE DE FAMILLE.
Qu'est-ce qu'il y a? A qui parlez-vous?

LE COMMANDEUR.
Je parle à la femme-de-chambre de votre fille, qui nous écoute.

LE PÈRE DE FAMILLE.
Voilà l'effet de la méfiance que vous avez semée entre vous et mes enfans : vous les avez éloignés de moi, et vous les avez mis en société avec leurs gens.

LE COMMANDEUR.
Non, mon frère; ce n'est pas moi qui les ai éloignés de vous, c'est la crainte que leurs démarches ne fussent éclairées de trop près. S'ils sont, pour parler comme vous, en société avec leurs gens, c'est par le besoin qu'ils ont eu de quelqu'un qui les servît dans leur mauvaise conduite : entendez-vous, mon frère?.... Vous ne savez pas ce qui se passe autour de vous : tandis que vous dormez dans une sécurité qui n'a point d'exemple, ou que vous vous abandonnez à une tristesse inutile, le désordre s'est établi dans votre maison; il a gagné de toutes parts, et les valets, et les enfans, et leurs entours... Il n'y eut jamais ici de subordination; il n'y a plus ni décence, ni mœurs.

LE PÈRE DE FAMILLE.
Ni mœurs!

LE COMMANDEUR.
Ni mœurs.

LE PÈRE DE FAMILLE.

Monsieur le Commandeur, expliquez-vous.

LE COMMANDEUR.

Du caractère faible dont vous êtes, je n'espère pas que vous en concevrez le ressentiment vif et profond qui conviendrait à un père : n'importe ; j'aurai fait ce que j'ai dû, et les suites en retomberont sur vous seul.

LE PÈRE DE FAMILLE.

Vous m'effrayez : qu'est-ce donc qu'ils ont fait ?

LE COMMANDEUR.

Ce qu'ils ont fait ? De belles choses : écoutez, écoutez.

LE PÈRE DE FAMILLE.

J'attends.

LE COMMANDEUR.

Cette petite fille dont vous êtes si fort en peine....

LE PÈRE DE FAMILLE.

Eh bien ?

LE COMMANDEUR.

Où croyez-vous qu'elle soit ?

LE PÈRE DE FAMILLE.

Je ne sais.

LE COMMANDEUR.

Vous ne savez ?... Sachez donc qu'elle est chez vous.

LE PÈRE DE FAMILLE.

Chez moi !

LE COMMANDEUR.

Chez vous ; oui, chez vous... Et qui croyez-vous qui l'y ait introduite ?

LE PÈRE DE FAMILLE.

Germeuil ?

LE COMMANDEUR.

Et celle qui l'a reçue ?

LE PÈRE DE FAMILLE.

Mon frère, arrêtez... Cécile... ma fille ?...

LE COMMANDEUR.

Oui, Cécile ; oui, votre fille a reçu chez elle la maîtresse de son frère. Cela est honnête ; qu'en pensez-vous ?

Diderot.

9

LE PÈRE DE FAMILLE.

Ah !

LE COMMANDEUR.

Ce Germeuil reconnaît d'une étrange manière les obligations qu'il vous a.

LE PÈRE DE FAMILLE.

Ah ! Cécile , Cécile , où sont les principes que vous a inspirés votre mère ?

LE COMMANDEUR.

La maîtresse de votre fils chez vous , dans l'appartement de votre fille ! Jugez, jugez.

LE PÈRE DE FAMILLE.

Ah ! Germeuil... ah ! mon fils... que je suis malheureux ! quel sera le reste de ma vie ? Qui adoucira les peines de mes dernières années ? Qui me consolera ?

LE COMMANDEUR.

Quand je vous disais : « Veillez sur votre fille ; votre » fils se dérange ; vous avez chez vous un coquin, » j'étais un homme dur, méchant, importun.

LE PÈRE DE FAMILLE.

J'en mourrai, j'en mourrai. Et qui chercherai-je autour de moi ?... Ah ! ciel !... ah ! ciel !

LE COMMANDEUR.

Vous avez négligé mes conseils, vous en avez ri.

LE PÈRE DE FAMILLE.

Non, mes enfans ne sont pas tombés dans les égaremens que vous leur reprochez ; ils sont innocens : je ne croirai point qu'ils se soient avilis, qu'ils m'aient oublié jusque-là... Saint-Albin !.... Cécile !.... Germeuil !... où sont-ils ?... S'ils peuvent vivre sans moi, je ne peux vivre sans eux... J'ai voulu les quitter.... moi, les quitter !... Qu'ils viennent... qu'ils viennent tous se jeter à mes pieds !

LE COMMANDEUR.

Homme pusillanime, n'avez-vous point de honte ?

LE PÈRE DE FAMILLE.

Qu'ils viennent !... qu'ils s'accusent !... qu'ils se repentent !...

LE COMMANDEUR.

Non, je voudrais qu'ils fussent cachés quelque part et qu'ils vous entendissent.

LE PÈRE DE FAMILLE.

Et qu'entendraient-ils qu'ils ne sachent?

LE COMMANDEUR.

Et dont ils n'abusent.

LE PÈRE DE FAMILLE.

Il faut que je les voie et que je leur pardonne, ou que je les haïsse...

LE COMMANDEUR.

Eh bien! voyez-les, pardonnez-leur, aimez-les, et qu'ils soient à jamais votre tourment et votre honte: je m'en irai si loin que je n'entendrai parler ni d'eux ni de vous.

SCÈNE IX.

LE PÈRE DE FAMILLE, LE COMMANDEUR, MADAME HÉBERT, M. LE BON, DESCHAMPS.

LE COMMANDEUR, *apercevant madame Hébert.*

Femme maudite! (*à Deschamps.*) Et toi, coquin, que fais-tu ici?

MADAME HÉBERT, M. LE BON ET DESCHAMPS, *au Commandeur.*

Monsieur.

LE COMMANDEUR, *à madame Hébert.*

Que venez vous chercher? retournez-vous-en: je sais ce que je vous ai promis, et je vous tiendrai parole.

MADAME HÉBERT.

Monsieur... vous voyez ma joie... Sophie...

LE COMMANDEUR.

Allez, vous dis-je.

M. LE BON.

Monsieur, monsieur, écoutez-la.

MADAME HÉBERT.

Ma Sophie... mon enfant... n'est pas ce qu'on pense... M. le Bon... parlez... je ne puis.

LE COMMANDEUR, *à M. le Bon.*

Est-ce que vous ne connaissez pas ces femmes-là, et les contes qu'elles savent faire?... M. le Bon, à votre âge vous donnez là-dedans?

MADAME HÉBERT, *au Père de famille.*

Monsieur, elle est chez vous.

LE PÈRE DE FAMILLE, *à part et douloureusement.*

Il est donc vrai!

MADAME HÉBERT.

Je ne demande pas qu'on m'en croie... qu'on la fasse venir.

LE COMMANDEUR.

Ce sera quelque parente de ce Germeuil.

(*Ici on entend au dedans du bruit, du tumulte, des cris confus.*)

LE PÈRE DE FAMILLE.

J'entends du bruit.

LE COMMANDEUR.

Ce n'est rien.

SCÈNE X.

LE PÈRE DE FAMILLE, LE COMMANDEUR, SAINT-ALBIN, GERMEUIL, CÉCILE, SO-PHIE, MADAME HÉBERT, M. LE BON, MADEMOISELLE CLAIRET, DESCHAMPS, PHILIPPE, UN EXEMPT, DES DOMESTIQUES.

CÉCILE, *au dedans.*

Philippe, Philippe, appelez mon père.

LE PÈRE DE FAMILLE.

C'est la voix de ma fille.

MADAME HÉBERT, *au Père de famille.*

Monsieur, faites venir mon enfant.

SAINT-ALBIN, *au dedans.*

N'approchez pas ; sur votre vie, n'approchez pas.

MADAME HÉBERT ET M. LE BON, *au Père de famille.*

Monsieur, accourez.

LE COMMANDEUR, *au Père de famille.*

Ce n'est rien, vous dis-je.

MADEMOISELLE CLAIRET, *effrayée, au Père de famille.*

Des épées, un exempt, des gardes. Monsieur, accourez, si vous ne voulez pas qu'il arrive malheur.

(Saint-Albin, Germeuil, Cécile, Sophie, l'Exempt et Philippe entrent en tumulte; Saint-Albin a l'épée tirée, et Germeuil le retient.)

CÉCILE, *entrant en criant, et se jetant aux pieds de son père.*

Mon père!

SOPHIE, *en courant vers le Père de famille, et en criant :*

Monsieur !

LE COMMANDEUR, *à l'Exempt en criant :*

Monsieur l'Exempt, faites votre devoir.

SOPHIE ET MADAME HÉBERT, *en s'adressant au Père de famille, et la première en se jetant à ses genoux.*

Monsieur !

SAINT-ALBIN, *toujours retenu par Germeuil.*

Auparavant il faut m'ôter la vie. Germeuil, laissez-moi.

LE PÈRE DE FAMILLE, *à l'Exempt.*

Arrêtez.

M. LE BON ET MADAME HÉBERT, *au Commandeur, en tournant de son côté Sophie qui est toujours à genoux.*

Monsieur, regardez-la.

LE COMMANDEUR, *à l'Exempt, sans la regarder.*

Faites votre devoir, vous dis-je.

SAINT-ALBIN, *en criant.*

Arrêtez.

MADAME HÉBERT ET M. LE BON, *en criant au Commandeur, et en même temps que Saint-Albin.*

Regardez-la.

SOPHIE, *en s'adressant au Commandeur.*

Monsieur.

LE COMMANDEUR *se retourne, la regarde, et s'écrie stupéfait :*

Que vois-je ?

MADAME HÉBERT ET M. LE BON.

Oui, monsieur, c'est elle, c'est votre nièce.

SAINT-ALBIN, CÉCILE, GERMEUIL, MADEMOISELLE CLAIRET.

Sophie, la nièce du Commandeur!

SOPHIE, *toujours à genoux*, au Commandeur.

Mon cher oncle.

LE COMMANDEUR, *brusquement*.

Que faites-vous ici?

SOPHIE, *tremblante*.

Ne me perdez pas.

LE COMMANDEUR.

Que ne restiez-vous dans votre province? Pourquoi
n'y pas retourner quand je vous l'ai fait dire?

SOPHIE.

Mon cher oncle, je m'en irai; je m'en retournerai;
ne me perdez pas.

LE PÈRE DE FAMILLE, *à Sophie*.

Venez, mon enfant; levez-vous.

CÉCILE, *toujours à genoux aux pieds de son père*.

Mon père, ne condamnez pas votre fille sans l'entendre; malgré les apparences. Cécile n'est point coupable; elle n'a pu ni délibérer, ni vous consulter.

LE PÈRE DE FAMILLE, *d'un air un peu sévère,*
mais touché.

Ma fille, vous êtes tombée dans une grande imprudence.

CÉCILE.

Mon père.

LE PÈRE DE FAMILLE, *avec tendresse*.

Levez-vous.

SAINT-ALBIN.

Mon père, vous pleurez.

LE PÈRE DE FAMILLE.

C'est sur vous, c'est sur votre sœur. Mes enfans,
pourquoi m'avez-vous négligé? Voyez, vous n'avez pu
vous éloigner de moi sans vous égarer.

SAINT-ALBIN ET CÉCILE, *en lui baisant les mains*.

Ah! mon père.

LE PÈRE DE FAMILLE, *après avoir essuyé ses larmes,
prend un air d'autorité, et dit au Commandeur, qui
paraît confondu.*
Monsieur le Commandeur, vous avez oublié que
vous étiez chez moi.

L'EXEMPT, *au Père de famille, montrant le Commandeur.*
Est-ce que monsieur n'est pas le maître de la
maison.

LE PÈRE DE FAMILLE, *à l'Exempt.*
C'est ce que vous auriez dû savoir avant que d'y
entrer. Allez, monsieur, je réponds de tout.

(*L'Exempt sort.*)

SCÈNE XI.

**LE PÈRE DE FAMILLE, LE COMMANDEUR,
SAINT-ALBIN, GERMEUIL, CÉCILE, SO-
PHIE, ET LES DOMESTIQUES DE LA MAISON.**

SAINT-ALBIN.
Mon père.

LE PÈRE DE FAMILLE, *avec tendresse.*
Je t'entends.

SAINT-ALBIN, *en présentant Sophie au Commandeur.*
Mon oncle.

SOPHIE, *au Commandeur qui se détourne d'elle.*
Ne repoussez pas l'enfant de votre frère.

LE PÈRE DE FAMILLE, *au Commandeur, en montrant
Sophie.*
Voyez-la ; où sont les parens qui n'en fussent vains ?

LE COMMANDEUR.
Elle n'a rien, je vous en avertis.

SAINT-ALBIN.
Elle a tout.

LE PÈRE DE FAMILLE.
Ils s'aiment.

LE COMMANDEUR, *au Père de famille.*
Vous la voulez pour votre fille ?

LE PÈRE DE FAMILLE.
Ils s'aiment.

LE COMMANDEUR, *à Saint-Albin.*

Tu la veux pour ta femme?

SAINT-ALBIN.

Si je la veux!

LE COMMANDEUR.

Aie-la, j'y consens; aussi-bien je n'y consentirais pas, qu'il n'en serait ni plus ni moins...

SAINT-ALBIN, *à Sophie.*

Ah! Sophie, nous ne serons plus séparés!

LE COMMANDEUR, *au Père de famille.*

Mais c'est à une condition.

LE PÈRE DE FAMILLE.

Mon frère, grâce entière; point de condition.

LE COMMANDEUR.

Non; il faut que vous me fassiez justice de votre fille et de cet homme-là.

SAINT-ALBIN.

Justice! et de quoi? qu'ont-ils fait? Mon père, c'est à vous-même que j'en appelle : c'est lui qui vous a conservé votre fils; sans lui, vous n'en auriez plus. Qu'allais-je devenir? c'est lui qui m'a conservé Sophie... Menacée par moi, menacée par mon oncle, c'est Germeuil, c'est ma sœur, qui l'ont sauvée... Ils n'avaient qu'un instant... elle n'avait qu'un asile... Ils l'ont dérobée à ma violence... les punirez-vous de ma faute? Cécile, venez; il faut fléchir le meilleur des pères.

(Il amène sa sœur aux pieds de son père, et s'y jette avec elle.)

LE PÈRE DE FAMILLE.

Ma fille, je vous ai pardonné, que me demandez-vous?

...SAINT-ALBIN.

D'assurer pour jamais son bonheur, le mien et le vôtre. Cécile... Germeuil... ils s'aiment, ils s'adorent... Mon père, livrez-vous à toute votre bonté; que ce jour soit le plus beau jour de notre vie. (*Il court à Germeuil; il appelle Sophie.*) Germeuil,

Sophie... allons tous nous jeter aux pieds de mon père.

SOPHIE, *se jetant aussi aux pieds du Père de famille, dont elle ne quitte guère les mains le reste de la scène.*

Monsieur.

LE PÈRE DE FAMILLE, *se penchant sur eux, et les relevant.*

Mes enfans.... mes enfans.... Cécile, vous aimez Germeuil.

LE COMMANDEUR.

Et ne vous en ai-je pas averti?

CÉCILE.

Mon père, pardonnez-moi.

LE PÈRE DE FAMILLE.

Pourquoi me l'avoir celé? mes enfans, vous ne connaissez pas votre père... Germeuil, approchez; vos réserves m'ont affligé; mais je vous ai regardé de tout temps comme mon second fils : je vous avais destiné ma fille; qu'elle soit avec vous la plus heureuse des femmes.

GERMEUIL, *baisant la main du Père de famille.*

Ah! monsieur.

LE COMMANDEUR.

Fort bien! voilà le comble : j'ai vu arriver de loin cette extravagance; mais il était dit qu'elle se ferait malgré moi, et Dieu merci la voilà faite. Soyons tous bien joyeux; nous ne nous reverrons plus.

LE PÈRE DE FAMILLE.

Vous vous trompez, monsieur le Commandeur.

SAINT-ALBIN.

Mon oncle.

LE COMMANDEUR.

Retire-toi. Je voue à ta sœur la haine la mieux conditionnée; et toi, tu aurais cent enfans, que je n'en nommerais pas un. Adieu. (*Il sort.*)

SCÈNE XII.

TOUTE LA MAISON, *excepté le Commandeur.*

LE PÈRE DE FAMILLE.

Allons, mes enfans, voyons qui de nous saura le mieux réparer les peines qu'il a causées. Approchez, mes enfans... venez Germeuil... venez Sophie. (*Il unit ses quatre enfans, et dit :*) Le jour qui vous unira sera le jour le plus solennel de votre vie; puisse-t-il être aussi le plus fortuné!.... Allons, mes enfans.... Oh! qu'il est cruel... qu'il est doux d'être père!

(En sortant de la salle, le Père de famille conduit ses deux filles ; Saint-Albin a les bras jetés autour de son ami Germeuil; M. le Bon donne la main à madame Hébert ; le reste suit en confusion, et tous marquent le transport et la joie.)

FIN DU PÈRE DE FAMILLE.

THÉATRE

DE

FENOUILLOT

DE FALBAIRE.

Edition-Touquet,

PARIS.

Chez l'Éditeur, rue de la Huchette, n°. 18.

1821.

LE FABRICANT

DE LONDRES,

DRAME EN CINQ ACTES ET EN PROSE,

DE

FENOUILLOT DE FALBAIRE,

Représenté à la Comédie-Française, le 12 janvier 1771.

ACTEURS.

VILSON , fabricant de draps.
MADAME SONBRIGE.
FANNI , fille de Madame Sonbrige.
DAVID , commis de Vilson.
JAMES , autre commis subalterne.
JULIETTE , fille de Vilson , âgée de sept ans.
HENRI , fils de Vilson , âgé de cinq ans.
BETZI , bonne des enfans.
FALKLAND , lord d'Écosse.
WILLIAM , ministre.
UN MARCHAND.
MILK , autre marchand , un des buralistes de la poste
   de Londres.
UN LAQUAIS de lord Orsey.
UN LAQUAIS de Falkland.
UN SERGENT ET SIX RECORS.
SIX OUVRIERS travaillant chez Vilson à la fabrique
   de ses draps.

La scène est à Londres.

LE FABRICANT

DE LONDRES,

DRAME.

ACTE PREMIER.

SCÈNE PREMIÈRE.

VILSON, DAVID.

(Vilson, en robe de chambre, entre sur la scène par la gauche, regarde dans la boutique, et appelle David, qui vient aussitôt.)

VILSON, *à part, en avançant sur la scène.*

Dᴀᴠɪᴅ.... que de soucis et d'inquiétudes s'amassent en un jour d'absence! Je n'ai pas fermé l'œil....
(à David, qui vient de la boutique.)
David, tous les ouvriers sont-ils à l'ouvrage?

DAVID.

Oui, Monsieur, depuis plus d'une heure, et dans la semaine les nouveaux draps qu'on vous demande seront finis.

VILSON.

Eh bien! tu l'écriras à ce marchand; il les attend. N'avons-nous pas beaucoup de payemens à faire ce matin?

DAVID.

Beaucoup trop, Monsieur; et vous-même vous vous gênez en prenant pour le même jour des engagemens si considérables. Voilà déjà trois lettres de change que l'on vient de me présenter.

VILSON.

J'en attends deux autres encore.

DAVID.

Il n'y a plus ici d'argent.

VILSON.

Il faut envoyer chez Sudmer toucher ces deux mille livres sterling.

DAVID.

On y est allé.

VILSON.

Et tu ne sais pas si les lettres qu'il a tirées sur Norwick y ont été acquittées? Les sommes sont fortes.

DAVID.

Si elles n'avaient pas été payées, vous en auriez sûrement eu des nouvelles par la poste d'hier, car Jacob Artur est stricte; mais le banquier de Norwick est exact : d'ailleurs, Sudmer, son associé, qui vous a fourni les lettres, en répond, et il est riche.

VILSON.

Aussi n'ai-je point d'inquiétude là-dessus. Plût au ciel que mon cœur fût aussi tranquille sur le reste! Fanni et sa mère sont-elles sorties hier pendant mon absence?

DAVID.

Non; mais le lord Orsey est venu....

VILSON.

Comment? milord Orsey!... Elles ne devaient plus le voir; elles m'avaient promis.... Ah! l'on me trahit! La mère et la fille sont d'intelligence pour me tromper. Quoi! je m'absente un seul jour, et l'on profite.... Ce sont elles qui l'auront sans doute fait avertir. Mon cher David, ne me déguise rien : quand milord est-il venu? A-t-il resté long-temps? Que s'est-il passé?

DAVID.

Il vint hier à midi, et demeura plus d'une heure dans la chambre de madame Sonbrige.

VILSON.

Fanni y était-elle?

DAVID.

On l'appela; mais elle ne resta pas long-temps, et quand elle sortit, elle me parut fort émue.

VILSON.

L'amour de ce lord l'emporte sur le mien ! Son rang, ses richesses....

DAVID.

Son laquais vint encore hier à six heures du soir apporter une lettre à madame Sonbrige.

VIILSON.

Ma perte est certaine : je vais être abandonné, sacrifié. Fanni, sans doute, est digne du rang et de la fortune que lui offre mon rival ; mais pourquoi me tromper, en m'assurant du plus tendre amour? Fanni, Fanni me tromper ! Et pour elle j'oubliais tout ce que je dois à la mémoire de Clarisse !... Ah ! mon cher David, que cette trahison, que tout ce que je souffre me fait bien mieux sentir encore la perte de ma femme !... Pourquoi, après six ans de la plus tendre union, le Ciel me l'a-t-il ravie !... Hélas ! c'est toi, ma chère Clarisse, qui, par amitié, avais reçu dant ma maison ces deux étrangères ; c'est toi qui, au lit de mort, me conjuras de me les attacher, et de donner la jeune Fanni pour mère aux deux enfans que tu me laissais !

DAVID.

Mais, Monsieur, vous vous alarmez peut-être sans sujet ; je ne puis croire....

VILSON.

Fais venir mes enfans. Quand je les vois, le souvenir de leur mère, dont ils m'offrent les traits, affaiblit en moi tout autre sentiment.

DAVID.

Les voici : c'est madame Sonbrige qui vous les amène.

SCÈNE II.

VILSON, DAVID, MADAME SONBRIGE, *en déshabillé du matin ;* JULIETTE, *encore coiffée de nuit ;* HENRI, *tout habillé.*

MADAME SONBRIGE, *tenant par la main les deux enfans.*

Bonjour, monsieur Vilson : voici deux enfans qui viennent embrasser leur papa.

VILSON, *embrassant ses enfans, sans regarder madame Sonbrige.*

Ils lui sont bien chers ; ils lui rappellent....

MADAME SONBRIGE, *pendant que Vilson caresse ses enfans.*

Nous vous avons attendu hier jusqu'à onze heures du soir ; nous comptions que vous ne reviendriez plus qu'aujourd'hui.

VILSON, *la regardant avec des yeux sombres, et faisant effort pour se retenir.*

Pour ce que je devais apprendre à mon retour, j'aurais pu... (*Il embrasse de nouveau ses enfans.*) Ah ! mes enfans, quelle perte nous avons faite tous trois !

MADAME SONBRIGE.

Je ferai mes efforts pour qu'ils ne la sentent pas ; et quant à vous, j'espère que Fanni...

VILSON, *en tressaillant, et fixant madame Sonbrige.*

Fanni, dites-vous ?

MADAME SONBRIGE.

J'ai beaucoup de choses à vous dire. David emmenez ces enfans. (*elle embrasse Juliette.*) Allez, Juliette, dites à votre Bonne de vous coiffer, et de vous faire belle ; mais qu'elle ne vous mette pas de collier. (*David, qui, pendant cette scène, s'occupait à arranger l'écritoire, à tailler des plumes, et à préparer du papier, vient prendre les enfans et les emmène dans la boutique.*)

SCÈNE III.

VILSON, MADAME SONBRIGE.

MADAME SONBRIGE.

Le lord Orsey est venu hier.

VILSON.

Je ne le sais que trop.

MADAME SONBRIGE.

Il m'écrivit encore le soir.

VILSON.

Pour vous remercier, sans doute, de ce que vous lui aviez promis le matin.

MADAME SONBRIGE, *tirant une lettre de sa poche, et la donnant à Vilson.*

Voilà sa lettre, vous en jugerez.

VILSON, *lisant avec émotion.*

« . . . .

» . . . . Oui, quelle que puisse être votre condition
» et la naissance de Fanni, que vous vous obstinez à
» cacher, mon amour ne s'en informe plus. Je mets
» aux pieds de votre fille mes titres, mon rang, ma
» fortune : je suis résolu de l'épouser dans deux jours.
» Après une telle assurance, je ne crois pas que vous
» parliez encore de l'amour de Vilson, ni qu'il ose me
» disputer le cœur et la main de Fanni. Je vais passer
» vingt-quatre heures à la campagne, et j'enverrai
» demain chercher votre réponse. Je compte qu'elle
» sera conforme à mes vœux, sans quoi je ne répon-
» drais pas des excès où la violence de mon amour
» pourrait me porter.   Le lord ORSEY. »

(*Vilson rend tristement la lettre à Madame Sonbrige, sans la regarder.*)

Eh bien ! votre résolution ?

MADAME SONBRIGE, *observant Vilson.*

Elle est prise : cette lettre m'a déterminée tout de suite.

VILSON.

Et Fanni... n'a point de peine à se conformer?..

MADAME SONBRIGE.

Je vais combler ses vœux les plus doux.

(*Vilson la regarde avec une indignation mêlée de mépris, et madame Sonbrige continue d'un ton plus tendre :)*

Oui, Vilson, depuis long-temps ma fille voit en vous un amant; et je veux qu'aujourd'hui elle y chérisse un époux.

VILSON.

Un époux ! Moi ?

MADAME SONBRIGE, *avec douceur.*

Oui, vous-même, si vous voulez accepter sa main.

VILSON, *baisant la main de madame Sonbrige avec un transport d'amour et de reconnaissance.*

Ah ! Madame, si je le veux !... Mais pourquoi m'avoir tenu si long-temps dans l'affreuse incertitude?... Vous ne savez pas tout ce que je souffrais.

MADAME SONBRIGE.

J'ai voulu vous punir ainsi d'avoir un seul instant douté de mes sentimens et de ceux de ma fille : avez-vous pu nous faire cette injure?

VILSON.

Madame, pardonnez à un amant des alarmes si justes. Eh! suis-je digne que vous me fassiez un si grand sacrifice? Que Fanni renonce pour moi...

MADAME SONBRIGE.

Ce sacrifice ne coûte ni à son cœur, ni au mien. Non, mon ami, une funeste expérience m'a trop appris à ne plus me laisser éblouir par l'éclat de la fortune, et à me défier des séductions des grands. Voici le moment de vous faire connaître enfin qui nous sommes. Je ne dois point vous laisser épouser Fanni sans vous mettre dans le secret de sa naissance, et vous dévoiler les malheurs de sa triste mère. Je vous estime assez pour croire que cet aveu ne changera point vos sentimens; et j'aime trop ma fille, pour vouloir qu'elle fût à vous, s'il était capable de les changer.

VILSON.

Ah! ne le craignez pas. Quoi que vous ayez à m'apprendre, l'estime la plus pure et le plus tendre amour m'attachent à vous pour jamais.

MADAME SONBRIGE.

J'ose y compter. Asseyons-nous.

(*Elle va s'asseoir près de la table, et Vilson s'assied de l'autre côté.*)

Le récit que je vais vous faire coûte à mon ame, et va renouveler mes douleurs. Vous allez apprendre le sujet de cette mélancolie qui m'accompagnera jus-

qu'au tombeau , et dont vous ne vous étonnerez plus
quand vous en saurez la cause.

Je suis née à Dublin. Mon père , qui faisait un commerce assez considérable , essuya de grandes pertes,
et mourut comme j'étais encore fort jeune. Je n'avais
déjà plus de mère , et je restai sans biens , sous la tu-
telle d'un oncle qui, dès que j'eus quinze ans , ré-
solut de m'unir avec un riche négociant de cette ville.
Mais dans ce temps-là , pour mon malheur, arriva
le lord Falkland , d'une des premières maisons d'E-
cosse. Il venait voir un de ses parens qui était vice-roi
d'Irlande. Il m'aperçut dans une promenade ; mes
faibles appas le frappèrent, et je le remarquai. Il
trouva moyen de me parler, de me déclarer son
amour. L'honnêteté, la candeur, toutes les vertus
étaient peintes sur son visage ; je les crus dans son
cœur. Comme on pressait mon mariage, séduite par
mon amant, je me déterminai à le suivre , et il me
mena avec lui en Ecosse.

SCÈNE IV.

VILSON , MADAME SONBRIGE , un mar-chand, DAVID.

*(Un marchand entre alors par la boutique , tenant à
la main une lettre de change. Dès que Vilson l'a-
perçoit, il se lève et va à lui , tandis que madame
Sonbrige s'appuie tristement sur la table , près de
laquelle elle reste assise.)*

LE MARCHAND, *présentant sa lettre à Vilson.*

Monsieur, c'est une lettre de change de douze cents
guinées ; je viens en toucher le montant.

VILSON.

Monsieur, vous allez être payé.

*(Il va vers la boutique et appelle David , qui paraît
sur la porte.)*

David... il faut payer douze cents guinées. James est-
il revenu ?

DAVID , *restant à la porte.*

Non, Monsieur : vous savez que le banquier Sudmer

demeure à l'autre extrémité de Londres. James ne
peut être ici que dans une heure ou deux.

VILSON, *à David.*

Et il n'y a pas assez d'argent ici pour payer?

DAVID, *rentrant dans la boutique.*

Non, Monsieur, il n'y en a plus.

VILSON, *rendant au Marchand sa lettre de change.*

Monsieur, ayez la bonté de revenir dans deux
heures.

LE MARCHAND.

Cela me dérange beaucoup ; on m'attend ailleurs,
et ce retard m'empêchera peut-être de conclure une
affaire.

MADAME SONBRIGE, *se levant, tirant Vilson à part,
et lui présentant des billets qu'elle vient de tirer d'un
porte-feuille.*

Tenez, voilà précisément des billets de banque pour
la somme qu'on demande : c'est la dot de ma fille et
toute notre fortune; je vous la remets, servez-vous-en
pour payer ce Marchand.

VILSON, *à madame Sonbrige, sans prendre ses billets.*

Madame, la main de Fanni n'a pas besoin d'être
accompagnée d'autres biens : je ne recevrai point....

MADAME SONBRIGE.

Vains discours! N'allons-nous pas faire la même famille? J'ai encore des diamans pour cinq cents guinées. Ma fille s'en pare aujourd'hui; mais demain elle
s'en défera, pour que vous en mettiez l'argent dans
votre commerce. Ne faites point attendre ce Marchand ; payez sa lettre.

VILSON, *prenant les billets de madame Sonbrige.*

Puisque vous le voulez, Madame, je vais l'acquitter.
Tenez, Monsieur, voilà le montant de votre lettre en
billets de banque.

LE MARCHAND, *recevant les billets de Vilson, les
examinant, puis rendant sa lettre de change après
avoir mis son acquit.*

Cela est juste.... voilà mon acquit.

(Il sort.)

SCÈNE V.

VILSON, MADAME SONBRIGE.

(Ils reviennent tous deux s'asseoir près de la table. Vilson tient à la main la lettre de change qu'il vient d'acquitter.)

MADAME SONBRIGE.

Quand Falkland me fit quitter l'Irlande, il me promit que l'hymen nous unirait dès que nous arriverions en Ecosse; mais lorsque nous y fûmes, il me conduisit d'abord dans une campagne écartée ; et m'apprenant que son père vivait encore, il me demanda du temps pour obtenir son aveu. Cependant... la naissance de Fanni sembla redoubler la tendresse de mon amant. Il venait souvent me voir en secret, et me renouvelait toujours les promesses qu'il m'avait faites. Jugez de mon désespoir, quand j'appris tout-à-coup qu'il venait d'épouser lady Rutland. Le perfide me marqua que c'était son père qui, quelques jours avant sa mort, l'avait contraint à cet hymen; qu'il n'avait pas eu la force de résister; et peu de temps après, il partit avec sa femme pour la Jamaïque, dont il venait d'être nommé gouverneur. Après son départ, on me remit une lettre de lui avec trois mille livres sterling en billets de banque. Il me promettait de faire un sort à ma fille, de pourvoir à tous nos besoins, et me priait de demeurer toujours dans la terre où j'étais établie. Mais un séjour qui me rappelait sans cesse sa perfidie me devint odieux : je me retirai à Newcastle, où je restai douze ans chez un négociant que j'avais connu en Ecosse.

VILSON.

Et pendant tout ce temps-là Milord ne vous donna-t-il pas de ses nouvelles?

MADAME SONBRIGE.

Je ne voulais plus recevoir ses lettres; mais il écrivait au négociant chez qui j'étais, et s'informait souvent de moi et de ma fille. Enfin, je résolus de retour-

Fenouillot de Falbaire.   2

ner en Irlande. Je quittai Newcastle pour venir m'embarquer à Bristol. Ma fille y tomba malade, et je fus obligée de laisser partir le vaisseau, qui fit naufrage sur les côtes d'Irlande.

VILSON.

Ah ! le Ciel voulut vous sauver : il savait la perte que je devais faire, et vous destinait toutes deux à m'en consoler. Que j'eus de bonheur d'arriver alors à Bristol !

MADAME SONBRIGE.

Votre rencontre ne fut pas moins heureuse pour moi. Je venais d'apprendre la mort de mon oncle : il m'avait déshéritée. Cette nouvelle, l'amitié que votre Clarisse prit pour moi et pour ma fille, ses instances, les vôtres, tout me décida à vous suivre à Londres. Vous savez le reste. Il y a deux ans que nous perdîmes, vous une femme, moi une amie, également chère à tous deux. Avant d'expirer, elle me conjura de ne point vous quitter, et de vous donner ma fille, quand elle serait en âge de la remplacer. Je promis. J'ai vu avec plaisir le penchant de Fanni s'accorder avec mes intentions. Je différais pourtant, à cause de sa grande jeunesse ; mais les poursuites du lord Orsey, et surtout les menaces qu'il nous fait dans sa lettre, ne permettent plus de délais. Vilson, c'est aujourd'hui, ce matin, dans une heure, que vous épouserez ma fille, si ce que vous venez d'apprendre ne vous fait rejeter sa main.

VILSON, *se levant, ainsi que madame Sonbrige.*

Ah ! Madame, croyez que vos malheurs ne font que vous rendre toutes deux plus chères à mon cœur. Puissent mes soins et ma tendresse vous les faire oublier ! Je vole aux genoux de Fanni.

MADAME SONBRIGE.

Elle s'habille. Allons nous-mêmes nous préparer, et faites avertir le ministre.

VILSON.

Il sera prêt. Le docteur William est mon meilleur ami, et il partagera ma joie.

(*Il donne la main à madame Sonbrige ; et comme*

*il est prêt à sortir avec elle, David entre par la
boutique.)*
Tiens, David, enregistre cette lettre avec les autres.
    DAVID, *prenant la lettre de change.*
Je vais aussi faire le compte des ouvriers.... Ils de-
mandent leur quinzaine.
(Vilson et madame Sonbrige sortent par la gauche.)

SCÈNE VI.

DAVID, *seul.*

(Il va vers la table en regardant la lettre de change.)
Ah ! ah !... c'est d'Halifax , de George Kiston.
*(Il pose sa lettre sur la table, ouvre un tiroir, en
tire un grand registre, puis s'assied, et commence à
écrire sur son livre.)*
Sept mai 1768.

SCÈNE VII.

DAVID, *assis devant la table*, HENRI, UN LA-
QUAIS *de Falkland*, MILK.

HENRI, *courant à David, et se remettant à côté de
lui.*

Monsieur David, voilà des gens qui demandent
mon papa.
    DAVID, *levant les yeux , puis se remettant à écrire.*
Eh bien ! qu'est-ce ?
*(Le petit garçon prend une plume, tire un morceau
de papier, et se met à barbouiller au bout de la
table, près de David.)*
    LE LAQUAIS.
Monsieur, je viens de la part de milord Falkland....
    DAVID, *occupé à enregistrer la lettre, et distrait par
l'enfant, sans écouter le laquais.*
Tenez-vous donc tranquille, petit garçon.
    LE LAQUAIS.
Qui m'envoie savoir si monsieur Vilson restera chez
lui ce matin.

DAVID, *se remettant à écrire.*

(*au Laquais.*)   (*en écrivant.*)

Je crois qu'oui... George Kiston, vos dernières laines n'étaient pas bonnes.

MILK, *présentant à David une lettre de change.*

Voici une lettre de change de quatre cent quatre-vingt-deux livres sterling.

(*David met la lettre de change dans le registre, et prend une feuille volante pour faire le compte des ouvriers.*)

MILK.

Eh bien! j'attendrai.

DAVID, *impatienté par l'enfant, qui le pousse et remue la table.*

Vous ne finirez donc pas? (*puis se tournant vers le marchand.*) Revenez plutôt dans deux heures. Le banquier Sudmer demeure loin, et vous pourriez attendre long-temps... Ah! j'oubliais d'écrire cette lettre.

(*Il laisse ce qu'il faisait et écrit une lettre.*)

LE LAQUAIS.

Milord voudrait aussi savoir...

MILK, *avec surprise.*

Vous avez envoyé chez Sudmer...

DAVID, *regardant le Laquais.*

Eh bien! milord voudrait savoir... Qui? milord? N'y en a-t-il qu'un à Londres?

(*Il se remet à écrire.*)

MILK, *s'approchant de David, et coupant la parole au Laquais qui s'apprête à répondre.*

Chez Sudmer, dites-vous? chez le banquier Sudmer?

DAVID, *écrivant toujours.*

Sans doute. Qu'y a-t-il donc là qui vous étonne?

(*Il finit sa lettre, la plie, et la cachette avec du pain à cacheter.*)

MILK, *à part, en se retirant.*

Il faut que ce qu'on m'a dit de Sudmer ne soit pas vrai, car on le saurait ici.

(*Il se rapproche de David.*)

Cependant, monsieur David, le docteur William à qui je dois cette somme, a déjà envoyé deux fois chez moi pour être payé. Il menace....

DAVID, *mettant l'adresse à sa lettre.*

Bon ! le docteur William ? c'est l'ami de la maison. Vous n'avez qu'à lui donner votre lettre en payement.

MILK.

Vous avez raison ; j'y vais (*à part, en s'en allant.*) C'est le plus sûr pour moi, et je ne cours plus aucun risque.

DAVID , *rappelant le Marchand qui est prêt à sortir.*

Eh ! monsieur Milk, vous avez chez vous un bureau de la poste de Londres : voilà une lettre.

MILK, *prenant la lettre, et regardant l'adresse.*

Rue Southampton. Elle sera rendue avant midi.

(*Il sort.*)

SCÈNE VIII.

DAVID , HENRI , LE LAQUAIS, *puis* JULIETTE, *coiffée et habillée.*

DAVID , *se remettant au compte des ouvriers.*

Finissons ce compte. Quinze jours à... quinze fois six font quatre-vingt-dix.

LE LAQUAIS.

Mon maître m'a dit de m'informer si un négociant, un homme qui s'appelle... je ne me souviens pas.... était déjà arrivé.

DAVID.

(*au Laquais.*)

Voilà qui est bien clair... pose zéro, avance un.

JULIETTE, *descendant de l'appartement, et courant vers son frère.*

Mon frère , mon frère, mon papa se marie.

DAVID , *regardant la petite fille avec étonnement.*

Votre papa se marie ? Quand ? Qui vous l'a dit ?

JULIETTE.

Ma bonne maman. C'est ce matin. On vient d'en

voyer Betzi avertir le Ministre. Voyez, on m'a déjà
mis mon beau chapeau et ma belle robe.

DAVID , *au Laquais.*

En ce cas, dites à votre maître de ne venir que demain : peut-être qu'aujourd'hui...

(*Il se remet à écrire.*)

LE LAQUAIS.

Mais, Monsieur, vous ne connaissez pas mon maître; il a le spleen , et la moindre chose le met dans
un état... Il voulait m'envoyer ici avant le jour. Si je
vais lui dire qu'on le remet à demain...

DAVID , *finissant son compte.*

Eh bien ! qu'il vienne donc aujourd'hui ; il expli-
quera un peu mieux que vous ce qu'il demande...
Voilà qui est fait.

(*Le Laquais sort.*)

SCÈNE IX.

DAVID , JULIETTE , HENRI.

DAVID , *fermant son livre , le remettant dans le tiroir et se levant , tandis que les deux enfans jouent
autour de la table.*

Votre papa se marie donc aujourd'hui? En êtes-
vous bien aises?

JULIETTE *et* HENRI , *ensemble.*

Oh ! oui.

JULIETTE.

Mon papa aime tant ma bonne amie ! Quand il est
auprès d'elle , il la regarde avec des yeux...

DAVID , *rangeant sa chaise.*

Comment, petite fille , vous avez vu cela ?

JULIETTE.

Oh ! oui ; bien des fois.

(*Les deux enfans prennent David , l'un par la main ,
et l'autre par l'habit.*)

DAVID , *s'en allant avec eux.*

Eh bien ! vous serez donc toujours pendus à ma
ceinture ?

HENRI.

O mon bon ami !

JULIETTE.

Monsieur David, mon papa se marie : comme
nous allons bien nous amuser aujourd'hui !

FIN DU PREMIER ACTE.

ACTE II.

———

SCÈNE PREMIÈRE.

FANNI, VILSON, JULIETTE.

*(Fanni descend de son appartement ; elle est parée
et prête à s'aller marier. Vilson, aussi habillé,
lui donne la main, et Juliette la tient par la
robe.)*

FANNI, *tirant de sa poche un petit collier de ruban,
au bout duquel pend une petite rose de diamant,
et le donnant à Juliette.*

J'ai donné à votre frère des tablettes, parce que
c'est un grand écrivain ; et voilà un collier que je
vous donne.

JULIETTE, *prenant le collier avec empressement.*

Oh ! qu'il est beau ! Mon papa, voyez comme cela
brille.

VILSON, *à Juliette.*

Eh bien ! qu'est-ce qu'on dit ?

JULIETTE, *baisant la main de Fanni.*

Je vous aime de tout mon cœur. Je vais vite le montrer à ma bonne, à mon frère, à ma bonne maman,
à tout le monde.

*(Elle sort en sautant, et tenant le collier à la
main.)*

SCÈNE II.

FANNI, VILSON.

VILSON.

Cela est trop beau pour un enfant, ma chère
Fanni.

FANNI.

Elle pourra le porter encore quand elle sera grande;
et puis cela n'est pas bien cher.

VILSON.

Enfin, ma chère Fanni, vous allez donc faire le
serment du bonheur de ma vie!... Vous allez être à
moi pour toujours! L'aurais-je cru ce matin, que ce
jour dût être si heureux pour moi ?

FANNI.

Ah! mon ami, qu'il vous doit être cher en effet,
si votre amour égale ma tendresse!

VILSON.

Ma tendresse ! Ah ! jugez-en par vos sacrifices.
Qu'ai-je fait pour vous, et que ne faites-vous pas
pour moi! M'immoler le rang, la fortune que milord
Orsey ...

FANNI.

Je ne vous ai rien sacrifié. Que j'eusse été malheureuse, si ma mère n'eût pas pensé comme moi, si, dé-
trompée par une funeste expérience!...

VILSON.

Elle m'a tout conté.

FANNI.

Ce n'est qu'hier qu'elle m'a appris sa malheureuse
histoire et le secret de ma naissance. Ah! que je rougis du vil et perfide lord qui m'a donné le jour!
Toutes les larmes que j'ai vu répandre à ma mère,
celles qu'il lui coûte encore....

VILSON.

J'ai entendu parler autrefois de ce lord Falkland,
quand il fut nommé gouverneur de la Jamaïque. On
en disait tant de bien!... Mais la vertu des grands....

SCÈNE III.

FANNI, VILSON, DAVID.

DAVID, *sortant du magasin.*

Monsieur, tous vos ouvriers, qui viennent d'apprendre votre mariage, demandent à venir vous en féliciter ; ils sont dans une joie....

VILSON, *à David.*

Elle augmente mon bonheur. Mais il faut que l'envoi des draps qu'ils fabriquent se fasse au plus tôt. Dis-leur qu'ils ne quittent point l'ouvrage : j'irai tantôt moi-même les voir dans l'atelier, et je leur double le paiement de leur quinzaine. A combien monte-t-elle ?

DAVID.

A dix guinées ; j'en ai fait le compte.

VILSON.

Eh bien ! tu leur en donneras vingt. James n'est pas revenu ?

DAVID.

Non, monsieur. Cela m'étonne : il faut qu'il ait trouvé bien des gens à expédier avant lui.

FANNI, *à David.*

Dites aux ouvriers que je suis reconnaissante de la part qu'ils prennent à mon bonheur, et que je veux qu'ils soupent tous ici ce soir. Leur journée sera finie, et cette petite fête ne retardera point leur ouvrage. Vous le voulez bien, mon cher Vilson ?

VILSON, *à Fanni.*

Ah ! ces sentimens de bonté redoublent encore mon amour. David, va voir si madame Sonbrige est prête.

DAVID.

La voici qui vient. Je retourne vers les ouvriers : je crois qu'ils seront contens.

(Il rentre dans le magasin.)

SCÈNE IV.

FANNI, VILSON, MADAME SONBRIGE, JULIETTE.

MADAME SONBRIGE, *tenant d'une main le collier de Juliette, et de l'autre la petite fille.*

Venez, que je vous l'attache. Aimez-vous bien celle qui vous l'a donné?

JULIETTE, *baisant la main de Fanni, en passant à côté d'elle.*

Oh! de tout mon cœur.

MADAME SONBRIGE, *s'asseyant, et attachant à Juliette son collier.*

Il faudra se tenir bien droite avec un beau collier comme cela.

VILSON, *regardant sa fille avec complaisance, puis se tournant vers Fanni.*

Ah! ma chère Fanni, que les sentimens de la nature sont délicieux!

SCÈNE V.

FANNI, VILSON, MADAME SONBRIGE, JULIETTE, HENRI.

HENRI, *entrant par la boutique, et courant à Vilson.*

Mon papa, on vous attend. Le Ministre est au temple. Betzi vient avertir.

MADAME SONBRIGE, *se levant, et allant à Fanni et à Vilson.*

Allons, mes enfans.

VILSON, *donnant la main à Fanni, et sortant par la boutique.*

Quel moment! quels jours fortunés vont les suivre!

JULIETTE, *voulant suivre avec son frère madame Sonbrige.*

N'y allons-nous pas aussi?

MADAME SONBRIGE, *les faisant rester.*

Non, mes enfans; demeurez là, et à notre retour vous ne nous quitterez plus.

(*Les enfans, fâchés de ne pas la suivre, la regardent*

*sortir, et restent quelques momens sans rien dire,
tournés vers la porte de la boutique.)*

SCÈNE VI.

HENRI, JULIETTE, DAVID.

JULIETTE, *revenant avec son frère sur le devant de
la scène.*

Mon frère, montrez-moi donc encore vos tablettes.
(*Henri tire de sa poche ses tablettes, et les regarde
avec sa sœur.*)

DAVID, *sortant du magasin, et marchant lentement
vers la boutique d'un air rêveur.*

Je commence à être inquiet. Sudmer, Sudmer...
voilà qu'on vient de me demander si je n'en avais rien
entendu dire... Qu'est-ce qu'on en dit donc?... Et
James ne revient pas.
(*Comme David approche de la porte de la boutique,
Betzi l'ouvre à milord Falkland, le fait entrer et
le suit. Falkland est richement habillé, et a l'ordre
de la Jarretière.*)

SCÈNE VII.

HENRI, JULIETTE, DAVID, FALKLAND, BETZI.

BETZI, *à Falkland.*

Tenez, milord, voilà son commis, si vous voulez
lui parler.
(*Elle vient aux enfans, et les tire un peu sur le côté
du théâtre.*)

JULIETTE.

O ma bonne! le bel habit qu'a ce monsieur!

FALKLAND, *à David, d'un air sombre.*

Vilson n'y est donc pas? J'avais pourtant envoyé
mon laquais, ce matin, dire que je viendrais.

DAVID.

Milord, excusez : il est sorti pour aller au temple.
C'est qu'il se marie.

BETZI, *aux enfans.*

Venez vous asseoir ici, auprès de votre petite table.
(*Les deux enfans viennent s'asseoir l'un vis-à-vis de l'autre, sur de petites chaises, devant leur table couverte de cartes et de joujoux; et Betzi s'assied près d'eux.*)

FALKLAND, *à David.*

Eh bien ! j'attendrai son retour.
(*David avance avec respect un fauteuil, à côté de la table à écrire, à la gauche du théâtre ; Falkland, d'un air rêveur et sombre, se jette dedans, sans regarder David, ni dire un seul mot.*)

DAVID, *s'en allant à la boutique, et se retournant de temps en temps pour regarder Falkland.*

Cet homme est diablement triste. Son laquais me l'avait bien dit.

(Il sort.)

SCÈNE VIII.

FALKLAND, BETZI, JULIETTE, HENRI.

Falkland est à gauche, le coude appuyé sur la table; et de l'autre côté, Betzi est assise avec les enfans. Henri ouvre ses tablettes, en tire le crayon, et se met à barbouiller.

BETZI, *aux enfans.*

Miss vous a donc fait de beaux présens ? Il faudra l'appeler mistriss Vilson, quand elle reviendra du temple : entendez-vous ?

JULIETTE.

Oui, ma bonne.
(*Elle prend un petit coffre, et en tire diverses choses. Betzi travaille au tricot; et Henri, barbouillant ses tablettes, paraît fort attentif à ce qu'il fait.*)

FALKLAND, *dans son fauteuil.*

C'est un fardeau que bientôt je ne pourrai plus porter, et dont il faudra que je me délivre.

BETZI, *regardant Henri.*

Henri, vous barbouillez toutes vos tablettes : c'est avoir bien soin de ce qu'on vous donne.

HENRI.

Ma bonne, je fais mon papa : voilà son nez, son menton, son chapeau ; je m'en vais faire à présent sa tête.

(Il se remet à barbouiller.)

JULIETTE, *haussant les épaules.*

Que vous êtes enfant !

FALKLAND, *fort agité.*

J'ai fait des malheureux... il faut bien que je le sois... Ai-je pu être si barbare envers elle ! Séduite, enlevée, abandonnée...

Il se lève avec transport et marche.)

O femme infortunée ! que le ciel a bien pris soin de vous venger ! Pouvais-je trouver quelque ombre de bonheur dans un hymen précédé par le crime, formé par la trahison et la perfidie ?

JULIETTE, *regardant Falkland.*

Ma bonne, il parle tout seul.

BETZI.

Paix !... Jouez avec votre frère.

Les enfans se mettent à faire des châteaux de cartes.)

FALKLAND.

Et lorsque la mort de mon épouse rompt enfin ce fatal hymen ; quand je me hâte de revenir pour réparer tous mes torts, pour épouser la mère, et donner un état à ma fille, je ne les trouve plus. On me mande de Newcastle que depuis trois ans elles ont quitté cette ville.

Il revient s'asseoir, tire de sa poche une lettre, la déplie et la relit.)

BETZI, *regardant Falkland.*

En effet... ce lord paraît bien agité. Bon ! voilà une maille échappée.

FALKLAND, *en regardant sa lettre.*

Mais le négociant chez qui elles demeuraient, arrive à Londres, et j'apprendrai de Vilson où il logera.

Il se relève et se promène, en remettant sa lettre dans sa poche.)

BETZI, aux enfans.

Prenez garde ; cela va tomber.

FALKAND, arrêté à considérer les enfans.

Hélas ! j'ai été père, et je n'ai pas joui du bonheur d'élever ma fille dans mon sein !... Si elle est vivante, elle est dans l'âge de l'amour et de la beauté, dans l'âge où sa mère m'enflamma , et fut, pour son malheur, trop sensible et trop crédule.

JULIETTE, s'apercevant que Falkland la regarde.

Ma bonne , il me regarde.

(Elle se lève, et lui fait la révérence.)

FALKLAND, la levant dans ses bras, et la baisant au front.

Aimable enfant !

(Il la remet à terre, et se détourne avec douleur.)

O ma fille ! où es-tu ? Que ne puis-je ainsi recevoir tes caresses, te serrer dans mes bras, me précipiter dans ceux de ta mère !

(Il va se rejeter avec désespoir dans son fauteuil.)

HENRI et JULIETTE, allant tous deux vers Falkland , et lui montrant l'un ses tablettes, l'autre son collier.

Monsieur.

FALKLAND, se détournant des enfans, et s'appuyant sur la table , en cachant son visage dans ses mains.

Non, je ne veux plus de la vie, si je ne puis la passer désormais dans leurs bras. Si je ne les retrouve point , la mort terminera mes jours infortunés.

BETZI, allant prendre les enfans , qui demeurent interdits, et tout honteux de voir que Falkland ne les regarde point.

Allons, venez-vous-en ; vous importunez milord.

(Elle les emmène dans la boutique.)

SCÈNE IX.

FALKLAND, DAVID.

DAVID, entrant par la boutique, comme Betzi va sortir avec les enfans.

Betzi, allez à la boutique.

(Elle sort.)

(*David va du côté du magasin.*)

FALKLAND, *se retournant à la voix de David.*

Vilson tarde bien.

DAVID, *revenant vers Falkland.*

Milord, il va sûrement bientôt revenir.

FALKLAND, *se levant.*

Et vous ne savez point si Koping, ce fameux négo‑
ciant de Newcastle, arrive aujourd'hui, ou est déjà
arrivé? si...

DAVID.

Un négociant de Newcastle, milord ? Monsieur Vil‑
son n'y connaît personne, n'en attend personne : il
n'y a nulle correspondance, j'en suis sûr; car c'est
moi qui enregistre ses lettres.

FALKLAND.

Comment !... Je ne me trompe pourtant pas.

(*Il tire de sa poche la lettre qu'il avait déjà lue, et il
relit :*)

« Vous saurez, chez Robert Vilson, où il logera ;
« peut-être même sera-ce chez lui. »

N'est-ce pas ici ?

DAVID.

Non, milord ; c'est ici chez Charles Vilson : la
conformité de nom fait qu'on s'y trompe tous les
jours.

FALKLAND, *avec emportement.*

Le diable emporte le laquais impertinent !... Où de‑
meure ce Robert Vilson ?

DAVID.

Il demeure près du pont de Westminster, à côté de
milord Orsey.

FALKLAND, *s'en allant.*

Que ne le disiez-vous ? Je l'aurais déjà vu, et je le
manquerai peut-être.

(*Falkland sort brusquement avec humeur, sans faire
attention à David, qui le reconduit jusqu'à la
porte de la boutique.*)

SCÈNE X.

DAVID, JAMES.

DAVID, *regardant aller Falkland.*

Voilà un singulier homme ; il a sûrement quelque chose de dérangé dans la tête... Mais James... Ah ! le voici.

(*à James qui entre.*)

Tu as été long-temps. Eh bien ! l'argent ?

JAMES, *d'un air consterné.*

Ah ! monsieur David, quelle nouvelle !

DAVID.

Quoi ! que veux-tu dire ?

JAMES.

Sudmer a fait banqueroute.

DAVID, *avec effroi.*

Sudmer ! lui !

JAMES.

Lui-même ; et il s'est enfui cette nuit.

SCÈNE XI.

DAVID, JAMES, JULIETTE.

JULIETTE, *venant de la boutique, et courant à David.*

Monsieur David, voilà un pauvre.

DAVID, *consterné.*

O dieu ! quel événement ! Il peut en être ruiné.

JULIETTE, *prenant la main de David.*

Donnez-moi un ou deux schelings pour ce pauvre : c'est un bon vieux.

DAVID, *sans faire attention à la petite.*

Oui, ruiné tout-à-fait, si par malheur les lettres sur Norwick....

(*Il aperçoit Juliette et la repousse.*)

Allons, laissez-moi.

JULIETTE, *à David.*

Mais vous savez bien que mon papa donne toujours aux pauvres, et dit qu'il en faut avoir pitié.

(*Puis reprenant la main de David, et d'un ton suppliant :*)

Un scheling, monsieur David, rien qu'un scheling:
mon papa est si riche !

DAVID, *la regardant tristement.*

Il est si riche !... qui vous l'a dit ?

JULIETTE.

Oh ! c'est ma Bonne ; et je serai bien riche aussi
quand je serai grande.

(*Entendant du bruit dans la boutique, elle y court.*)

Ah ! je crois que voilà mon papa qui revient.

DAVID, *à James.*

James, va nous attendre dans le magasin, et surtout
ne dis rien à personne.... Quel coup ! et dans quelle
circonstance !... Comment lui apprendre ?

(*James va au magasin.*)

SCÈNE XII.

DAVID, VILSON, FANNI, MADAME SONBRIGE, HENRI, JULIETTE.

*Vilson, Fanni et madame Sonbrige traversent la
boutique, entrent sur la scène pour monter à l'appartement. Les deux enfans tiennent chacun une
main de Fanni, et lui font des caresses.*

HENRI, *à Fanni.*

Ma petite maman.

JULIETTE, *à Fanni.*

Mistriss Vilson ! mistriss Vilson !

FANNI, *caressant les deux enfans.*

Oui, je suis à présent mistriss Vilson ; je suis votre
petite maman.

JULIETTE, *allant à Vilson.*

Mon papa, pendant que vous n'y étiez pas, il est
venu un grand monsieur, avec un grand ruban par-
ici, un bel habit ; il m'a embrassée.

VILSON, *à David.*

Qui donc est venu ?

Fenouillot de Falbaire.   3

DAVID.

Un lord qui se trompait, qui demandait Robert
Vilson.

MADAME SONBRIGE, *faisant signe aux enfans de la
suivre.*

Montons à l'appartement.

FANNI, *à Vilson.*

Venez, mon ami.

(*Vilson prend la main de Fanni, et se prépare à sortir.*)

DAVID, *tirant Vilson par l'habit, et d'une voix basse* :

Monsieur, un mot.

VILSON.

Fais tout, mon cher David ; je m'en repose sur toi ;
je ne veux aujourd'hui m'occuper que de mon bonheur.

DAVID.

Mais, monsieur, j'aurais un mot à vous dire.

VILSON.

Eh bien ! dis-le tout de suite.

FANNI, *voyant que David, embarrassé, reste muet.*

Tu peux parler devant moi, David : à présent, tous
nos intérêts sont communs.

DAVID, *avec embarras.*

Madame, je le sais.... mais c'est un petit détail,
cela vous ennuierait.

MADAME SONBRIGE, *à sa fille.*

Allons, ma fille, venez donc : laissez-le un moment.

VILSON, *quittant la main de Fanni.*

Je vous suis. N'oubliez pas que le docteur William
vient dîner avec nous. Il est mon ami depuis long-
temps ; qu'il soit aussi le vôtre.

FANNI.

Pourrait-il ne point l'être ? N'est-ce pas lui qui
vient de nous unir ?

*Madame Sonbrige, Fanni et les deux enfans
sortent par la gauche.*)

SCÈNE XIII.

VILSON, DAVID.

VILSON, *avec un peu d'humeur.*

Eh bien! qu'y a-t-il donc de si pressé, de si mysté-
rieux? Paye ce qu'il y a à payer. L'on doit être revenu
de chez Sudmer.

DAVID, *tristement.*

Oui, l'on est revenu.

VILSON.

Quoi?

DAVID.

On n'a point rapporté d'argent.

VILSON.

Comment! point d'argent?

DAVID.

Sudmer fait banqueroute; il a disparu.

VILSON.

Ciel! qu'entends-je!... Est-il bien sûr? Comment?
Explique-moi...

DAVID.

James est dans le magasin : allons le trouver, il
vous apprendra tout... Heureusement encore que madame Sonbrige vous a donné ces douze cents guinées
pour payer cette grosse lettre de change.

VILSON.

Ce serait un malheur de plus, si.... Tâchons de leur
cacher, s'il est possible.... Sur mon crédit, je pourrai
trouver à remplacer cette somme... Pourvu que l'on
ait acquitté à Norwick les lettres de Sudmer!..... Si
elles ne l'étaient pas... Ah! Dieu!

(Ils sortent ensemble et vont au magasin.)

FIN DU SECOND ACTE.

ACTE III.

SCÈNE PREMIÈRE.

MADAME SONBRIGE, FANNI, DAVID.

(Madame Sonbrige et Fanni, descendant de leur appartement, entrent sur la scène par la gauche : et, un moment après, David sort du magasin, l'air pensif, la tête baissée, et marche très-lentement pour passer dans la boutique ; mais apercevant tout-à-coup les deux femmes, il veut les éviter, et se retourne pour rentrer au magasin.

FANNI , *entrant.*

Où peut-il donc être allé ? Qu'est-ce que David avait à lui dire ? Je suis dans une inquiétude !....

MADAME SONBRIGE.

Voici David ; nous allons lui demander...

FANNI, *voyant David se retourner.*

Voyez ; il voudrait nous éviter. David, David, demeurez. Où est monsieur Vilson ? Qu'est-il arrivé à mon mari ?

DAVID , *avec embarras.*

Mais... rien.

FANNI.

Rien ?... Cela est impossible, monsieur David ; vous me trompez : pourquoi donc est-il sorti si brusquement, sans nous revoir ? C'est sûrement ce que vous lui avez dit.

DAVID.

En vérité, madame.... vous vous alarmez sans sujet : c'est pour ces draps dont l'envoi presse.

FANNI.

Ah ! l'on nous cache...

MADAME SONBRIGE.

Calme-toi, ma fille : voici le ministre William ; ne t'inquiète pas sans raison.

DAVID, *à part.*

Pourvu qu'il n'aille pas leur apprendre.... Demeurons...

SCÈNE II.

MADAME SONBRIGE, FANNI, DAVID, LE MINISTRE, JULIETTE, HENRI.

(Le Ministre entre conduit par les deux enfans.)

JULIETTE, *le tenant par la main.*

Voici monsieur le Ministre. Si mon papa savait que son bon ami est ici, il reviendrait bien vîte.

FANNY, *au Ministre.*

Monsieur, n'avez-vous point rencontré monsieur Vilson ? A peine étions-nous revenus du temple qu'il est sorti, sans nous dire...

LE MINISTRE.

Il faut l'attendre pour nous mettre à table : il est peut-être allé chez quelque ami de Sudmer.

DAVID, *en tressaillant, et s'empressant de l'interrompre.*

Monsieur William, vous serez bien content de Juliette ; elle m'a récité hier un chapitre tout entier de la Bible.

LE MINISTRE, *caressant Juliette.*

A merveille! Il faut bien apprendre et bien faire, imiter votre papa, votre maman.

JULIETTE.

Oh! oui : avoir, comme eux, bien pitié des pauvres: je leur donne aussi de mon argent quand j'en ai.

(Fanni embrasse la petite fille.)

LE MINISTRE, *à Juliette.*

Conservez toujours ces sentimens-là, ma chère enfant : les aumônes qu'on fait sont un fonds que l'on place pour le Ciel.

(Puis se tournant vers Henri qui le tient de l'autre côté par l'habit, et le caressant aussi.)

Et vous, mon petit ami, êtes-vous aussi sage que

votre sœur ? Oui.. Eh bien ! nous en ferons un petit ministre. Votre état sera de secourir, de consoler vos frères : en est-il un plus noble dans le monde ? Le Ciel bénit, dès cette vie même, les personnes bienfaisantes. Voyez, tout prospère à votre papa ; c'est parce qu'il soulage autant qu'il le peut les misérables.

MADAME SONBRIGE.

C'est la première loi de la nature.

FANNI.

Et le devoir le plus doux à remplir.
(Betzi vient prendre Henri, et l'emmène dans la boutique, en faisant signe à Juliette de la suivre ; mais la petite fille qui a envie de demeurer, prend la main de madame Sonbrige, et se tient à côté d'elle.)

LE MINISTRE, *à Fanni.*

C'est que vous avez l'ame belle. Ah ! votre cœur en a trouvé un digne de lui dans l'époux que je viens de vous donner. Il est mon ami depuis dix ans : ce sont ses vertus, sa bonté, son caractère humain et généreux, qui m'ont attaché à lui pour jamais.... Si Sudmer...

DAVID, *tressaillant de nouveau, faisant au Ministre des signes qui ne sont remarqués que de Fanni.*

Monsieur, je...

FANNI, *regardant David.*

Paix donc !

LE MINISTRE.

Si Sudmer avait été de même, il serait plaint à présent, et secouru dans son malheur.

MADAME SONBRIGE, *avec empressement.*

Quoi ! Que lui est-il arrivé ?

LE MINISTRE.

Il vient de faire banqueroute.

MADAME SONBRIGE, *troublée.*

O ciel ! Sudmer manque.
(Fanni fixe David, qui reste confondu.)

LE MINISTRE.

Je me doutais bien qu'il finirait mal. J'allai lui demander, il y a trois mois, quelques guinées : c'était

pour secourir des malheureux. Il me les refusa, et dès-
lors je prédis sa ruine. La voilà arrivée : c'est bien
fait. Tôt ou tard il faut que les gens durs et malfaisans
périssent.

FANNI.

Ah ! mon mari y est sûrement intéressé.

MADAME SONBRIGE , *à David.*

Ces deux mille livres sterling qu'on avait envoyé recevoir chez lui ce matin...

LE MINISTRE.

Sudmer s'est enfui cette nuit.

FANNI, *à David.*

Eh bien ! David... voilà donc...

DAVID.

Hélas ! il n'est que trop vrai : voilà le malheur que
je voulais vous cacher ; voilà pourquoi Monsieur Vilson est sorti.

FANNI, *prenant la main du Ministre.*

Ah ! monsieur, qu'il est heureux que vous soyez ici :
employez bien vos soins, votre amitié à consoler
monsieur Vilson.

LE MINISTRE, *rêveur.*

Il est pour deux mille livres sterling dans cette
banqueroute.

(*Il tire de sa poche une lettre de change et la regarde
attentivement, pendant que Fanni continue à lui
parler.*)

FANNI.

Ce malheur n'est pas sans remède. Je suis sûre qu'il
y sera plus sensible à cause de moi. Mais dites-lui bien
que mon cœur s'est montré devant vous, que je ne l'en
aimerai pas moins ; que je ne me trouverai pas moins
heureuse. Aidez-le de votre amitié, de vos conseils.

LE MINISTRE, *tenant toujours à sa main la lettre de
change.*

Ma chère dame... excusez-moi ; je ne puis dîner
avec vous : je viens de me rappeler une affaire indis-
pensable.

MADAME SONBRIGE.

Eh ! monsieur, en est-il qui cède au devoir de consoler, de secourir son ami dans l'infortune ?

LE MINISTRE.

Mon dieu ! c'est bien aussi pour tâcher de le servir.
Non, je ne puis rester ; je retourne les prier d'avoir
égard à la triste circonstance... En vérité, je suis au
désespoir de m'être chargé...

FANNI.

De quoi donc, monsieur ? Qu'y a-t-il encore ?
Quel est ?...

LE MINISTRE, *regardant la lettre de change.*

Hélas ! cet argent ne m'appartient pas. Une lettre de
change sur monsieur Vilson, de quatre cent quatre-
vingt-deux livres sterling... C'est un dépôt qu'on m'a
confié... dont je suis comptable... Des gens charitables
qui, sous mon nom, par mes mains, font de bonnes
œuvres... Je suis obligé en conscience d'aller les avertir. Mais j'espère qu'à ma sollicitation, ils voudront
bien... Il est pourtant vrai que monsieur Vilson va
peut-être se trouver ruiné, que d'autres pourraient
avoir des créances, les faire valoir... Si, par malheur,
sans égard pour mes prières, on protestait la lettre,
et qu'on vînt saisir vos effets... ne me l'imputez pas.
Je ferai mon possible... mais, s'ils le veulent... Adieu,
je vais....

FANNI, *au Ministre.*

De grâce, monsieur...

LE MINISTRE, *s'en allant.*

Ma conscience...

FANNI, *le retenant.*

Je vais le mettre en repos ; arrêtez un instant.
(*Elle ôte ses boucles d'oreilles, et dès que le Ministre
le voit, il la tire à part sur l'un des côtés du théâtre,
se met devant elle, et tâche d'empêcher que ce
qu'elle fait ne soit aperçu des autres.*)

DAVID, *à James, à madame Sonbrige, à part.*

L'hypocrite ! c'est lui-même qui... Je reconnais la
lettre.

FANNI, *donnant au Ministre ses boucles d'oreilles et sa bague.*

Voilà mes diamans : ils valent plus que la somme que vous demandez. Prenez-les ; ils serviront de gage à ceux que vous représentez.

LE MINISTRE, *prenant les diamans et rendant la lettre de change.*

C'est bien malgré moi que j'accepte... Ah ! madame, plût à Dieu que j'eusse été le seul intéressé dans cette affaire ! Mais les personnes charitables sont quelquefois si ombrageuses... Notre état est délicat. Si la chose n'avait regardé que moi, vous me rendez assez de justice, mon ami Vilson me connaît trop bien, pour penser...

FANNI, *d'une voix faible.*

Oui, monsieur, nous vous connaissons ; laissez-nous.

(Le Ministre sort en cachant les diamans, et saluant madame Sonbrige sans la regarder : tandis que ceux qui restent sur la scène le suivent des yeux, et demeurent quelques momens immobiles, dans une surprise extrême.)

SCÈNE III.

MADAME SONBRIGE, FANNI, DAVID, JULIETTE.

JULIETTE, *allant à Fanni, et la caressant.*

Pourquoi a-t-il emporté vos boucles, ma bonne amie ? Est-ce qu'il ne les rapportera pas ?

MADAME SONBRIGE, *à Fanni.*

Allons, ma fille, reviens de ton trouble ; monsieur Vilson n'est que pour deux mille livres sterling dans cette banqueroute, et nous venons de les payer pour lui. Je lui avais déjà donné ce matin douze cents guinées : ainsi, ses affaires ne seront point dérangées.

FANNI, *à sa mère.*

Votre fille vous doit plus pour un pareil bienfait, qu'elle ne vous devrait pour le plus riche héritage ;

Fenouillot de Falbaire.   4

mais je connais le cœur de Vilson : sa douleur, que je me suis représentée... la bassesse de ce Ministre....

DAVID, *avec exclamation.*

Ah ! si vous saviez comme moi tout ce que monsieur Vilson a fait pour lui !...

MADAME SONBRIGE, *prenant Fanni par la main.*

Monte dans ton appartement ; il te faut un peu de tranquillité. David, demeurez, je vous prie : je vais redescendre pour vous parler.

(*Madame Sonbrige emmène Fanni, et Juliette les suit.*)

SCÈNE IV.

DAVID, *seul.*

Quelles femmes ! Et que monsieur Vilson a été heureux de se les attacher !... Mais ce Ministre ! ce Ministre !... je n'en reviens pas.

(*Il regarde du côté de la boutique ; et à travers la porte, qui est à jour, il voit entrer beaucoup de monde.*)

Voici bien du monde... nous n'avons, grâce à Dieu, plus rien à payer aujourd'hui. Voyons ce qu'ils veulent.

(*Comme il va vers la boutique, un Sergent, suivi de six Recors, en pousse la porte, et entre sur la scène.*)

SCÈNE V.

DAVID, UN SERGENT, SIX RECORS.

LE SERGENT, *à David.*

Monsieur Vilson y est-il ?

DAVID.

Non, monsieur.

LE SERGENT.

Il n'y est pas ? Je n'en suis pas étonné : il s'attendait bien sans doute...

DAVID.

A quoi ? Que demandez-vous ?

LE SERGENT, *tirant des papiers.*

Je suis porteur de lettres de change qu'il a données, et qui n'ont pas été acquittées à Norwick.

DAVID, *avec saisissement.*

O ciel ! elles n'ont pas été acquittées !

LE SERGENT.

Non. C'est la faillite du négociant de Norwick
qui vient d'entraîner ici celle du banquier Sudmer.
Ces lettres ont été protestées là-bas ; voilà la sentence
qu'on a obtenue contre monsieur Vilson, et nous venons saisir et vendre tous les effets, à moins qu'il ne
paye sur-le-champ. Mais les sommes sont si considérables...

SCÈNE VI.

DAVID, MADAME SONBRIGE, VILSON,
LE SERGENT, LES SIX RECORS.

MADAME SONBRIGE, *tenant la lettre de change du
Ministre, et étonnée de voir tant de monde.*

Eh bon Dieu ! que de gens ! David ? qu'est-ce qu'on
demande... Ah ! j'aperçois monsieur Vilson ; je respire
enfin.

*(Elle court, les bras ouverts, à Vilson, qui entre avec
l'air de la plus profonde douleur, et tressaille encore en voyant le Sergent et les six Recors.)*

Consolez-vous, mon cher Vilson ; la perte que vous
venez de faire est légère ; félicitez-nous d'avoir eu
dans ce moment le pouvoir heureux de la réparer.
Vous n'avez plus rien à payer : voilà l'autre lettre ac-
quittée.

*(Elle lui présente en même temps la lettre de change
du ministre William.)*

VILSON, *d'un air égaré, regardant la lettre de change.*

Que dites-vous ?... Comment ?... Avec quoi ?

MADAME SONBRIGE.

Fanni a donné ses diamans.

VILSON.

Fanni ?... Qu'entends-je ?

MADAME SONBRIGE.

Oui, mon ami, elle a eu bien plus de plaisir à s'en
défaire pour vous, qu'elle n'en avait eu à s'en parer. Ce n'est pas là ce qu'il y a d'étonnant ; c'est....
Mais venez vite auprès d'elle ; hâtez-vous...

VILSON.

O Fanni ! Fanni !
(*Puis se jetant avec désespoir dans les bras de madame Sonbrige.*)

Ah ! madame, qu'avez-vous fait toutes deux ?... Hélas ! l'envie de me sauver vous enveloppe donc dans mon naufrage ! Voilà ce qui met le comble à mon désespoir. Oui, je suis perdu, ruiné sans ressource.... Regardez ces gens... ils viennent pour... Ah ! courez vers Fanni ; ne la quittez point ; empêchez-la de descendre, d'être témoin de ce désastre effroyable.

(*David se retire dans un coin, prend son mouchoir, et se met à pleurer.*)

MADAME SONBRIGE, *se laissant aller aans les bras de Vilson.*

O ciel ! est-il bien vrai ?

VILSON, *faisant un effort sur lui-même pour se calmer un peu.*

Plus de ressource : mon correspondant de Norwick, l'associé de Sudmer, manque aussi, et toute ma fortune ne suffira pas... Allez vers Fanni...

(*Madame Sonbrige se rejette dans les bras de Vilson avec un transport de douleur, et Vilson la conduit à la porte de l'escalier.*)

Allez, vous dis-je ; éloignez-vous. Ces momens sont affreux. Je ne suis pas en état de vous suivre à présent.

(*Madame Sonbrige sort en pleurant.*)

SCÈNE VII.

VILSON, DAVID, LE SERGENT, LES SIX RECORS.

(*Vilson vient se jeter dans un fauteuil, à la gauche du théâtre, près de la table, sur laquelle il appuie sa tête, dans un morne silence ; et David, toujours dans son coin, le visage tourné contre le mur, paraît abîmé dans sa douleur.*)

UN DES RECORS.

Mon Sergent, nous perdons du temps ; c'est jour

de vente ; et, en nous dépêchant, nous pourrons aujourd'hui transporter sur la place une partie de ce
qui est ici.

LE SERGENT.

Oui ; mais avant que d'enlever les gros meubles ,
il faut saisir ce qui est dans le comptoir, dans les ar-
moires...

(Il s'avance vers Vilson.)

Monsieur, c'est à regret ; mais il faut que je fasse
mon devoir : voulez-vous bien me donner les clefs ?
sans quoi nous serions obligés...

VILSON , *levant la tête, regarde fixement le Sergent,*
avec des yeux égarés , puis d'une voix faible :

David... donne les clefs.

(Il se rejette contre la table , en cachant son visage
dans ses mains.)

LE SERGENT , *allant à David.*

Allons, monsieur, les clefs.

(David, sanglotant plus fort qu'auparavant, et se dé-
tournant encore, tire de sa poche un paquet de
clefs , et les jette à terre.)

LE SERGENT , *ayant ramassé les clefs , et allant vers*
les Recors.

A présent, partageons-nous : que les uns aillent à
la boutique, d'autres au magasin, à la manufacture...
Il faut aussi monter aux appartemens. Y a-t-il là des
porte-faix ?

UN DES RECORS.

Oui, mon Sergent ; cela ira grand train.

(Le Sergent entre avec deux Recors dans la boutique,
laissant ouverts les deux battans de la porte ; deux
autres montent aux appartemens. Pendant tout le
reste de l'acte, on aperçoit un grand mouvement
dans la boutique ; on voit passer des meubles , des
étoffes , des miroirs, que l'on charge sur des bran-
cards, et qu'emportent des porte-faix.

SCÈNE VIII.

VILSON, DAVID, *éloignés l'un de l'autre.*

VILSON, *toujours assis.*

Il semble que le destin attendait qu'un nœud fatal me les eût attachées, pour nous entraîner tous ensemble... Ah ! ce n'est pas mon sort qui me touche ; c'est le leur.

DAVID, *au côté droit du théâtre, vers le fond.*

Hélas ! moi qui ai vu son père former cet établissement, qui l'ai vu prospérer si long-temps... O ciel ! aurais-je cru jamais que mes yeux seraient témoins....

VILSON, *se levant.*

Je l'épouse ce matin... Elles donnent pour moi tout ce qu'elles ont, argent, diamans... Elles ne se réservent rien, et tout est perdu ! Elles sont sans ressource, réduites à la misère... Et c'est son amour pour moi, c'est leur générosité seule qui les y réduit !...

DAVID.

J'espérais mourir ici.... c'est de douleur que j'y mourrai !

(*Alors entre un Laquais en bottes et un fouet à la main ; il traverse la boutique, et s'arrête au fond du théâtre, en donnant des marques de la plus grande surprise à la vue du désastre de la maison.*)

SCÈNE IX.

DAVID, VILSON, UN LAQUAIS.

VILSON, *allant vers le Laquais, et d'un ton brusque.*

Que demandez-vous ?

LE LAQUAIS.

C'est à madame Sonbrige que je voudrais parler.

VILSON, *plus brusquement encore.*

Pourquoi ? De quelle part ? que lui voulez-vous ?

LE LAQUAIS.

Je viens chercher la réponse à une lettre que je lui apportai hier au soir : c'est milord Orsey qui m'envoie.

VILSON, en tressaillant.

Milord Orsey!...

(Il quitte le Laquais, et revient d'un air sombre sur le
devant du théâtre.)

Il voulait l'épouser! Il allait lui donner son nom, son rang, sa fortune... C'est pour moi qu'elle a renoncé à tout cela ; c'est moi qu'elle vient de préférer, de prendre pour époux... Et voilà le sort que je lui fais!

(Il se jette dans le fauteuil, accablé de douleur; et pendant ce temps-là, David fixe le Laquais de l'air d'un homme à qui sa vue fait naître quelque grande idée.)

LE LAQUAIS, regardant les meubles qu'on enlève, et tout ce qui se passe dans la boutique.

Quel changement depuis hier au soir! Quel désastre!

DAVID, prenant le Laquais par le bras, et le tirant à l'écart, loin de Vilson.

Milord Orsey vous envoie, dites-vous ? Est-il à Londres?

LE LAQUAIS.

Non, mais il y sera bientôt : il a dû partir une heure après moi.

DAVID.

Et quel homme est-ce que ce milord ?

LE LAQUAIS.

Ah! c'est le meilleur maître : humain, généreux, faisant du bien à tout le monde.

DAVID.

Il suffit.

(à part, en quittant le Laquais.)

Il aimait Fanni, elle ne peut plus être à lui ; mais il ne voudra pas la laisser dans la misère... L'amour, la générosité, ses richesses... Oui, suivons cette idée.

(Il revient vers le Laquais.)

Viens, mon ami; je vais attendre avec toi l'arrivée de milord.

LE LAQUAIS.

Mais madame Sonbrige! sa réponse ?

DAVID.

C'est moi qui la porte. Viens, sans tarder.

(à part, en sortant.)

O Dieu ! bénis cette tentative ; fais que je puisse l'attendrir, et sauver mon pauvre maître.

(Il sort avec le Laquais.)

SCÈNE X.

VILSON, SES OUVRIERS, *au nombre de six.*

VILSON, *toujours assis, et enfoncé dans une profonde rêverie.*

Sans moi... sans moi, demain elle serait Lady..... Elle épouserait ce lord... Et maintenant elle n'a pas de pain !

(Les Ouvriers de Vilson qui travaillaient à la fabrique de ses draps, sortent de leur atelier, d'où ils sont renvoyés par les gens qui saisissent et les draps et les métiers. Ces Ouvriers, en veste, en tablier, passent par la scène pour s'en aller par la boutique; ils marchent lentement, les bras pendans, la tête baissée, et dans une profonde tristesse.)

UN OUVRIER.

Quel dommage ! C'était un si bon maître ! Ah ! il n'y a point de bonheur pour les honnêtes gens.. Mais le voilà. Dans quelle douleur il est plongé !

(Les Ouvriers, apercevant Vilson, s'arrêtent tous dans un morne silence.)

SCÈNE XI.

VILSON, LES OUVRIERS, LE SERGENT, **JULIETTE**.

LE SERGENT, *faisant arrêter devant la porte de la boutique des porte-faix qui portent un brancard chargé de meubles.*

Attendez un moment : on peut encore mettre cette pendule sur votre brancard.

VILSON, *après avoir regardé ses Ouvriers, fixant le Sergent.*

Monsieur, voilà de pauvres ouvriers, à qui je dois

le salaire de leur quinzaine. Il ne monte qu'à dix guinées : daignez du moins les payer avec l'argent que
vous avez trouvé dans le comptoir.

LE SERGENT, *emportant la pendule.*

Je ne le puis : tout ce qui est ici appartient à Jacob
Artur, pour qui nous saisissons.

(*Il met la pendule sur le brancard, et les porte-faix
l'emportent.*)

Allez à présent ; mais prenez bien garde.

JULIETTE, *venant lentement vers Vilson, et ayant les
larmes aux yeux.*

Mon papa, on emporte tout ce qui est chez nous :
les chaises, la pendule, tout.

(*Elle se jette dans les bras de son père.*)

Ma bonne maman, ma petite maman, Betzi, tout
le monde pleure là-haut.

(*En achevant ces mots, elle tire son mouchoir, appuie
son visage sur les genoux de son père, et se met à
pleurer aussi.*)

VILSON, *qui jusque-là n'avait eu qu'une douleur
sombre, commence alors à sangloter ; et serrant sa
fille contre son sein :*)

O ma pauvre enfant !

(*Puis, s'adressant aux Ouvriers.*)

Hélas ! mes amis, vous voyez mon désastre : je vous
dois, et je n'ai pas de quoi vous payer.

(*Il presse de nouveau sa fille contre son sein et la
baigne de pleurs. Tous les Ouvriers sont aussi en
larmes.*)

UN OUVRIER.

O mon cher maître ! ne pensez pas à nous ; ce n'est
que sur vous que nous pleurons.

VILSON, *en regardant sa fille, arrête ses yeux sur la
rose de diamans qui est au bout de son collier, puis
l'embrassant encore :*

Ma fille, veux-tu me donner ton collier ? Le veux-
tu bien ?

JULIETTE, *détachant son collier avec précipitation, et
le donnant à son père.*

Oui, mon papa ; tiens, le voilà.

(Puis flattant son père et le caressant.)

Mon collier, tout ce que j'ai , prends tout, mon papa ; mais ne pleure pas.... Va, peut-être nous redeviendrons riches... Si je le deviens, ce sera tout pour toi.

VILSON, *pleurant plus qu'auparavant , et présentant aux Ouvriers le collier de sa fille.*

Tenez, mes amis, voilà tout ce qui me reste, et la seule chose que je puisse vous donner : vous en tirerez bien dix guinées ; il en vaut davantage.

TOUS LES OUVRIERS, *se reculant avec un signe d'horreur.*

O Dieu ! jamais, jamais.

UN OUVRIER.

Ah! monsieur, nous qui donnerions tout pour vous ! Mais malheureusement nous ne sommes que de pauvres gens.

(Ils sortent tous à pas lents et en sanglotant.)

SCÈNE XII.

VILSON, JULIETTE.

(Vilson regarde sortir ses Ouvriers , puis s'appuie tristement sur la table , laissant retomber la main dont il leur tendait le collier de sa fille.)

JULIETTE, *reprenant son collier.*

Ils ne sont pas comme le Ministre ; il l'aurait bien pris, lui qui a emporté les boucles de ma petite maman.

VILSON *se levant, et se promenant d'un air fort agité.*

Mais il me vient un moyen.... oui, c'en est un , et il est sûr... Mon parti est pris... il faut...

JULIETTE, *suivant Vilson.*

Mon papa, venez là-haut près de ma bonne amie, auprès de ma bonne maman... Elles s'affligent tant ! vous les consolerez.

VILSON, *marchant toujours.*

Oui. il faut aller.... Empêchons qu'elles ne puissent soupçonner... Et dès qu'il sera nuit... Venez, ma fille.

(Il prend sa fille par la main , et va vers la porte qui

*conduit aux appartemens ; mais sa démarche est
lente et tremblante ; il s'arrête souvent.*)

Je marche en tremblant.. O Dieu ! comment les
aborder ?... En nous voyant, hélas ! nous allons tous
sentir encore redoubler nos douleurs.

(Il sort par la gauche.)

FIN DU TROISIÈME ACTE.

ACTE IV.

Le théâtre est dans l'obscurité : il est sept heures du
soir.

SCÈNE PREMIÈRE.

VILSON, seul.

(*Il entre sur la scène par la gauche du théâtre, tenant une lampe qu'il vient poser sur la table à
écrire ; puis il marche en rêvant, et de l'air le
plus sombre.*

L'heure est arrivée ; il est nuit.... et je ne reverrai
plus le jour. Ma vie ne pourrait être qu'infortunée, et
fatale à tout ce que j'ai de plus cher... Ma mort les tirera
de l'abîme où mon malheur vient de les plonger...
Fanni, devenue l'épouse de milord... elle aura soin de
mes enfans ; elle sera leur mère : je la connais....
Mais il faut qu'elle sache mes intentions... Il faut
aussi que milord Orsey... Écrivons à tous deux.

(*Il va s'asseoir devant la table, prend du papier, une
plume, et se prépare à écrire.*)

C'est mon testament de mort.

(Il écrit.)

« Adieu, ma chère Fanni', le nœud qui. . . . .
» . . . .
» . . . . Il est brisé et . . . .
» plus d'époux. Je vous recommande mes enfans. Que
» milord Orsey reçoive votre main : c'est la dernière
» volonté d'un époux qui vous adore, et qui ne

» meurt que pour vous laisser former un lien plus
» heureux. »

C'est à présent à milord.

(Il prend la plume, puis la laisse tomber.)

O Ciel! il va donc posséder!... Il le faut... L'idée
en est affreuse... Ah! j'ai besoin de tout mon courage...

(Il prend la plume, et écrit.)

« Milord rendez heureuse ma chère Fanni; que
» votre amour constant pour elle, que vos soins gé-
» néreux pour mes enfans, soient le prix du sacrifice
» que je vous fais, et le fruit de la mort du malheu-
» reux Vilson »

(Il plie les deux lettres, et y met l'adresse.)

SCÈNE II.

VILSON, BETZI, JULIETTE, HENRI.

*(Tandis que Vilson cachette ses lettres, Betzi entre
avec les deux enfans.)*

BETZI, *dans le fond, en envoyant les enfans à leur
père.*

Allez dire bon soir à votre papa.

(à Vilson, en s'approchant de lui.)

Monsieur, je vais les mener chez le voisin Patrice
qui veut bien les recevoir pour cette nuit.

*(Les deux enfans viennent auprès de Vilson, qui tres-
saille en les apercevant, et se jette avec désespoir
sur la table, cachant son visage dans ses mains.)*

JULIETTE.

Mon papa, embrassez-nous avant que nous allions
nous coucher.

*(Vilson se relève, prend ses enfans, les embrasse tour-
à-tour avec des transports de tendresse, puis les quitte
tout-à-coup, et se détourne avec désespoir. Betzi
s'approche alors pour les emmener.)*

VILSON, *se détournant vers Betzi, et la regardant
avec des yeux baignés de larmes.*

Betzi... laisse-moi mes enfans, que je les embrasse

encore.... Tu viendras les reprendre dans quelques momens.... ou plutôt dis à Fanni de venir les chercher.

BETZI.

Monsieur, depuis trois heures David n'est pas revenu : on est inquiet. Savez-vous où il est allé ?

VILSON.

Non... peut-être se chercher une maison : car, hélas !...

BETZI, *d'un ton suppliant.*

Ah ! monsieur, mon cher maître , daignez m'accorder une grâce : je vous servirai pour rien ,mais que je ne vous quitte pas.

VILSON , *lui tendant une main qu'elle baise plusieurs fois en l'arrosant de pleurs.*

Non , Betzi, tu ne quitteras pas mes enfans... Je te prie de ne les pas quitter. Va.

(*Betzi sort par la gauche.*)

SCÈNE III.

VILSON, JULIETTE, HENRI.

JULIETTE. *Elle prend sur la table une des lettres que Vilson vient d'écrire, et commence à en lire l'adresse près de son frère.*

A mis... mistriss...

VILSON , *reprenant avec précipitation la lettre que tient Juliette.*

Que faites-vous ? Rendez-moi cela.
(*Il se leve en tenant à la main les deux lettres , puis regardant l'adresse de l'une.*)
(*A mistriss Vilson.*) C'est un nom qu'elle changera bientôt pour un autre plus heureux... En sortant, je mettrai cette lettre à la poste de Londres , et Fanni ne l'aura que demain.

HENRI, *allant après son père.*

Mon papa.

VILSON , *regardant son autre lettre.*

Pour celle-ci... j'irai la porter ensuite chez milord Orsey ; et dès que je l'aurai remise à sa porte... le pont est près de là...

JULIETTE, *allant prendre son frère par le bras, et venant s'asseoir avec lui devant la petite table à droite.*

Paix! Laissez-le tranquille : ne voyez-vous pas qu'il a bien du chagrin? Venez vous asseoir ici.

VILSON, *regardant ses enfans.*

Je vais donc m'en séparer pour toujours! Tout mon cœur se déchire... O mon Dieu! prends pitié d'eux! Rends-les plus heureux que leur père!... Orphelins à cet âge !

(*Il aperçoit Fanni qui entre.*)

Mais je vais leur donner une mère.

SCÈNE IV.

VILSON, FANNI, HENRI, JULIETTE.

(*Fanni entre par la gauche, s'arrête quelques instans devant la porte de la boutique, qui est aussi éclairée par une lampe, et regarde tristement comme elle est nue et dévastée; puis, apercevant Vilson, elle court à lui.*)

FANNI, *à Vilson.*

Ah! mon ami, calmez votre douleur, c'est le seul moyen de faire cesser la mienne... Eh bien! nous serons pauvres. On nous a tout enlevé; mais l'amour et la vertu nous restent : si nous y joignons le courage, c'en est encore assez pour être heureux.

VILSON, *la serrant dans ses bras.*

O ma chère Fanni!

FANNI.

Nous sommes jeunes; le travail de nos mains pourra nous faire subsister avec ma mère et vos enfans.

VILSON, *en frémissant.*

Ah! dites les vôtres.

FANNI.

Oui, sans doute; mon ami, ce sont aussi les miens. Pouvez-vous douter que je ne les regarde ainsi! Mais, encore un coup, calmez-vous; je ne puis soutenir l'état où je vous vois.

VILSON.

Fanni, c'est moi qui vous réduis à l'indigence...!Ah ! ρ quel jour ! quel mariage !

FANNI.

Je le bénis, je le bénirai toujours. Ah ! Vilson, ne pourrai je donc vous faire oublier vos malheurs ? Je ne vous suis pas chère, si je ne puis adoucir votre affliction, vous faire supporter patiemment un destin que je me trouve heureuse de partager avec vous.

(La douleur de Vilson paraît redoubler.)

Quoi ! votre douleur augmente encore ! Ces regards égarés.... ces sanglots.... Ah ! vous voulez me faire mourir !

(Elle s'assied dans un fauteuil,, et s'appuie sur la table.)

VILSON, *après avoir fait quelques pas en silence et dans une grande agitation, tantôt tournant les yeux vers ses enfans, et tantôt les fixant sur sa femme, vient s'asseoir auprès d'elle, prend une de ses mains ; il la presse tendrement dans les siennes.*

Vous m'aimerez donc toujours ?

FANNI.

Si je vous aimerai ! Ah ! Dieu m'est témoin qu'à présent encore, dans le monde entier, je ne choisirais pas un autre époux.

VILSON, *lui montrant ses enfans qui jouent.*

Regardez ces enfans : hélas ! ils ne sentent pas encore leur malheur. Ils n'auront que votre amour.

FANNI.

Ils peuvent y compter, et vous en serez témoin.

VILSON, *se levant.*

Oui, ma chère Fanni, adoptez-les.

(Il va prendre ses deux enfans, et les emmène aux genoux de Fanni.)

Venez, mes enfans. Voilà maintenant votre mère ; mettez-vous à ses genoux, et demandez-lui sa tendresse.

(Les deux enfans se mettent aux genoux de Fanni,

qui se penche sur eux sans pouvoir parler, et se couvre le visage de son mouchoir.)

Aimez-la, respectez-la... Et vous, chérissez toujours en eux leur malheureux père.

JULIETTE, *caressant Fanni avec son frère, prenant ses mains, et embrassant ses genoux.*

Ma chère maman, ma petite maman, aimez-nous bien ; nous vous aimerons de tout notre cœur.

FANNI, *en sanglotant.*

Ah! Vilson, pourquoi nous attendrir à cet excès? Je suffoque... Oui, mes enfans, je suis votre mère : vous m'aiderez à consoler votre père.

(Elle s'appuie de nouveau sur la table.)

VILSON, *relevant ses enfans, et les embrassant tour-à-tour avec transport.*

Chers infortunés, toute votre espérance est en elle. Juliette, prenez-la pour modéle. Vous êtes plus âgée que votre frère ; rappelez-lui souvent... Je m'égare.

(Il quitte ses enfans, et marche à grands pas, en se parlant d'une voix sourde et entrecoupée.)

Quels déchiremens!... s'arracher à tout ce qu'on a de plus cher !... Femme, enfans... voilà, voilà les liens qui attachent!

(Il revient à Fanni, qui se lève.)

Ma femme, ma chère femme... ce nom ne fera pas votre malheur.

FANNI, *tendrement.*

Mon malheur!... cruel! peux-tu le craindre?

VILSON, *avec enthousiasme.*

Non, votre sort changera ; vous serez heureuse.

SCÈNE V.

VILSON, MADAME SONBRIGE, FANNI,
LES DEUX ENFANS.

(Voyant alors entrer madame Sonbrige, Vilson quitte Fanni, va prendre ses enfans, et les mène à madame Sonbrige. Fanni le regarde, puis s'assied encore, en donnant des marques de douleur.)

VILSON, *à madame Sonbrige.*

Ah! madame, vous aurez soin aussi de mes enfans ;

vous partagerez avec votre fille la tendresse qu'elle
vient de leur promettre.

MADAME SONBRIGE, *étonnée.*

La mienne ne peut augmenter. Tranquillisez-vous,
monsieur Vilson ; que le courage...

VILSON.

Du courage !... Ah ! j'en ai, j'en ai.

MADAME SONBRIGE.

Montrez-le donc en ce moment.

VILSON.

Oui... Il est tard... Il est temps de faire coucher
ces enfans.

(*Vilson les embrasse encore une fois, en tâchant de
retenir sa douleur.*)

Adieu... bon soir, mes enfans.

MADAME SONBRIGE, *les prenant par la main.*

Je vais les mener à leur Bonne ; elle les attend.

VILSON, *allant après madame Sonbrige, et l'arrêtant.*

Elle leur est bien attachée. Betzi a été élevée avec
leur mère, elle les a vus naître ; il faut la garder toujours auprès d'eux.

MADAME SONBRIGE.

Assurément c'est une bonne fille, qui, dans votre
désastre, ne veut pas vous quitter. Mais David... on
ne sait pas où il est allé ; il est étonnant qu'il ne soit
pas encore rentré.

(*Elle sort par la gauche, et emmène les enfans.*)

SCÈNE VI.

VILSON, FANNI.

VILSON, *à madame Sonbrige qui sort.*

Revenez tout de suite près de Fanni.

(*Puis, allant lui-même pour sortir par la boutique.*)

Allons terminer...

(*Il ouvre la porte de la boutique, puis s'arrête, tire
ses lettres de sa poche, et les considérant :*)

Voilà mes lettres... celle pour milord, celle pour
Fanni.

(*Il regarde Fanni, qui est abîmée dans sa douleur.*)

Fenouillot de Falbaire.   5

Je ne l'ai pas embrassée!... Non, je ne puis m'en séparer ainsi.

(*Il remet ses lettres dans sa poche, revient vers Fanni, et se jette à son cou sans rien dire.*)

FANNI, *avec une douleur tendre.*

O mon ami!

VILSON, *la tenant toujours dans ses bras.*

Chère épouse!

(*Il la quitte, revient l'embrasser de nouveau; puis s'arrache de ses bras avec précipitation.*)

Ah! c'est mourir trop de fois.

SCÈNE VII.

FANNI, MADAME SONBRIGE.

(*Tandis que Vilson sort par la boutique, madame Sonbrige entre par la gauche, et vient à Fanni.*)

MADAME SONBRIGE.

Tu es seule? il t'a quittée?

FANNI, *se levant.*

Il vient de remonter.

MADAME SONBRIGE.

Console-toi, ma chère enfant, et reprends du courage pour en inspirer à ton mari. Il faut savoir supporter cet état malheureux; il pourra changer. Oui, j'écrirai à Falkland. Falkland m'a abandonnée, m'a trahie; mais il ne laissera pas sa fille dans l'indigence. Si je n'avais désiré que la richesse, j'aurais été satisfaite : c'est son cœur que je voulais; mais je me résoudrai pour toi à lui écrire encore.

FANNI, *se penchant sur sa mère, en lui serrant les mains.*

O la meilleure des mères!... Hélas! se peut-il que celui que je n'ose nommer mon père.... Mais remontons; n'abandonnons pas Vilson à lui-même.

MADAME SONBRIGE, *apercevant David.*

Ah! David!... Où était-il donc allé?

SCÈNE VIII.

MADAME SONBRIGE, FANNI, DAVID.

DAVID, *entrant avec empressement, la joie peinte sur le visage.*

Tout est réparé, tout : séchez vos pleurs ; il n'y a plus de malheureux ici.

MADAME SONBRIGE.

Y penses-tu bien ? Que veux-tu dire ?

DAVID, *oppressé par sa joie.*

Vous m'en voyez pleurer de joie... Oui, voici le plus beau moment de ma vie.... Où est mon cher maître ? Que j'aille lui apprendre...

FANNI, *le retenant.*

Arrête donc, dis-nous...

DAVID.

Ecoutez : milord Orsey... Oh ! quel homme ! Quel brave seigneur ! Oui, après monsieur Vilson, je crois que c'était le plus digne de vous avoir pour femme.

FANNI.

O Dieu ! milord Orsey, qu'a-t-il fait ? Que peut-il ?

DAVID.

Le Ciel m'a bien inspiré, et je lui en rends grâce. Je suis allé chez milord ; j'ai attendu son retour. Dès que je l'ai vu, je me suis jeté à ses pieds : j'étais tout en larmes. Il me pressait de parler ; j'ai été long-temps sans le pouvoir : les sanglots me coupaient la voix. Enfin, je lui ai appris que vous aviez ce matin épousé monsieur Vilson. A ces mots, il s'est laissé tomber dans un fauteuil, sans pouvoir proférer une parole. J'ai profité de son silence pour continuer. Je lui ai appris le désastre qui avait suivi votre mariage ; que vous étiez à présent l'un et l'autre réduits à la misère, sans pain, sans ressource. Ah ! milord, lui ai-je dit, ils ignorent que je suis venu vers vous ; mais j'ai cru... Milord, je ne quitte pas vos genoux... Il est resté long-temps sans me répondre. Tantôt il se détournait, tantôt il jetait sur moi des regards som—

bres. Je tremblais dans l'attente de ce qu'il allait dire; enfin, tout-à-coup se penchant sur moi, me relevant, et me serrant la main : je te remercie, m'a-t-il dit, de l'estime que tu as eue de moi; je ne serai pas indigne de l'opinion que tu as conçue. Il s'est mis ensuite à écrire, et m'a donné ce papier : c'est un ordre à son banquier de...

FANNI.

Il suffit, mon cher David; cette nouvelle preuve de ton attachement me pénètre, me touche jusqu'aux larmes. Mais je ne recevrai jamais rien de milord Orsey. Il m'aimait, il ne peut plus y avoir rien de commun entre nous. Je vais retrouver mon mari, et je souhaite qu'il ignore même toujours ce que milord a voulu faire.

(Elle sort par la gauche.)

SCÈNE IX.

MADAME SONBRIGE, DAVID.

MADAME SONBRIGE, *à David qui reste interdit, et dans le plus grand étonnement.*

Oui, David, ma fille a raison; nous ne devons point recevoir...

DAVID.

Y pensez-vous? D'un grand seigneur comme milord, si généreux, si riche! Il semble même que le ciel ait voulu dans l'instant le récompenser de cette bonne action : je n'étais pas encore sorti, qu'on est venu lui apprendre qu'il était l'héritier de lady Falkland.

MADAME SONBRIGE, *en tressaillant.*

Miladi Falkland est morte?

DAVID.

Oui, morte sans enfans, à la Jamaïque. Son mari revient, ou est revenu : elle laisse des biens considérables à milord Orsey. Il a pourtant paru peu sensible à cette nouvelle, et il est reparti tout de suite pour la campagne. Mais je cours vers monsieur Vilson; j'es-

père qu'il ne pensera pas comme vous, qu'il ne s'obs-
tinera pas à refuser...

(*Il sort, et monte aux appartemens.*)

SCÈNE X.

MADAME SONBRIGE, *seule.*

Ai-je bien entendu!... Elle est morte!... Falkland
revient!... Ah! si l'ingrat...

SCÈNE XI.

MADAME SONBRIGE, FANNI, DAVID, *puis* BETZI *et* MILK.

FANNI, *rentrant avec David.*

Je ne le trouve point ; il n'y est pas... Vous ne l'a-
vez pas vu ?

DAVID, *ouvrant la porte de la boutique.*

Betzi ! Betzi ! où est Monsieur Vilson?

BETZI, *entrant sur la scène.*

Je ne sais pas : je le croyais en haut. Voilà tous ses
ouvriers dans la boutique : les pauvres gens venaient
lui offrir quinze guinées qu'ils ont ramassées entr'eux.

MILK, *entrant une lettre à la main, et venant à Fanni.*

Voici une lettre que monsieur Vilson vient de me
remettre, et qui ne doit être rendue que demain.
Mais il avait l'air égaré. J'ai été étonné de voir que
cette lettre fût à votre adresse, et je me hâte de vous
l'apporter.

FANNI, *prenant la lettre.*

Donnez, donnez. Ah! Dieu!... je frémis.

(*Milk sort.*)

SCÈNE XII.

MADAME SONBRIGE, FANNI, DAVID, BETZI, *puis* LES OUVRIERS DE VILSON.

MADAME SONBRIGE, *à Fanni.*

Ouvre vite ; vois ce que c'est.

(*Fanni ouvre la lettre, et va lire auprès de la lampe
qui est sur la table; mais ses mains sont tremblantes :
elle prononce avec peine, frémit à chaque mot, et*

s'interrompt souvent. Madame Sonbrige, David et Betzi sont autour d'elle, pressés les uns contre les autres, et l'écoutent avec un trouble presqu'égal au sien.

FANNI, *lisant :*

«Adieu... » Ciel ! tout mon sang se retire... « Adieu,
» ma chère Fanni ; le nœud qui nous a unis ce matin,
» fatal à votre bonheur, ne vous eût attachée qu'à
» mon infortune ; il est brisé... Ah, grand Dieu !... et
» au moment où vous lisez cette lettre, vous n'avez
» plus d'époux. »

Je meurs !

(*Tout le monde fait un cri. Fanni tombe évanouie ; madame Sonbrige, la soutenant avec Betzi et David, la met dans le fauteuil qui est près de la table, à gauche, puis se jette elle-même sur une chaise, et y reste sans mouvement.*)

(*Betzi se laisse tomber sur ses genoux, aux pieds de Fanni.*)

(*David va s'appuyer la tête contre la cheminée.*)

(*Les six Ouvriers, qui étaient dans la boutique, entrent au cri qu'ils ont entendu ; et, saisis d'étonnement et d'effroi, à la vue du tableau douloureux qui s'offre à leurs yeux, ils s'arrêtent tous dans le fond. Pendant quelques momens, il règne sur la scène un grand calme et un grand silence.*)

(*Enfin, madame Sonbrige se remettant, et voyant sa fille toujours évanouie, sans que personne songe à la secourir, court à elle. Betzi se relève en même temps, et toutes deux secourent Fanni, et tâchent de la faire revenir.*)

MADAME SONBRIGE, *embrassant sa fille, et la baignant de larmes.*

Ah, ma fille ! ma fille !

FANNI. *Elle ouvre les yeux, revient à elle, demeure quelques momens sans parler, et à reprendre ses forces ; puis elle se lève tout-à-coup avec transport, et court aux Ouvriers qui se sont approchés.*

O mes amis ! mes amis ! ne m'abandonnez pas...

Votre maître, Vilson....

*Elle s'appuie sur un des ouvriers, sans pouvoir en dire
davantage.)*

UN OUVRIER.

Eh bien ! notre pauvre maître, que lui est-il arrivé?

DAVID, *venant à eux.*

Il est mort !
*Il ramasse près de la table la lettre que Fanni avait
laissé tomber, et la lit tout bas.)*

TOUS LES OUVRIERS.

O ciel !

FANNI, *reprenant de nouvelles forces.*

Des flambeaux ! venez, dispersons-nous, courons
ous : il ne faisait que de sortir ; peut-être est-il en-
ore temps...

DAVID, *achevant de lire la lettre qu'il a ramassée.*

Oui, oui, courons, il faut... Il parle de milord
Orsey : peut-être est-il allé de ce côté ; partageons-
ous, allons... O Dieu ! conduis-nous et daigne le
auver !
*Ils sortent tous par la boutique, dans un désordre
et une agitation extréme.)*

FIN DU QUATRIÈME ACTE.

ACTE V.

Le théâtre représente une place, des maisons de chaque côté, et dans le fond la Tamise avec le pont
de Westminster. Il y a plusieurs escaliers pour
monter sur le trottoir du pont, qui est garni d'un
parquet.
Il est tout-à-fait nuit, et la lune commence à peine à
laisser échapper une faible lumière à travers les
nuages ténébreux dont le Ciel est couvert.

SCÈNE PREMIÈRE.

VILSON, *seul.*

Il entre par la gauche du théâtre, sans chapeau, te-

nant une lettre à la main, et marchant à pas lents
la tête baissée, sans regarder et sans rien voir. Il
vient se heurter contre une maison. Sortant alor
. de sa rêverie, il lève les yeux, regarde où il est
et revient au milieu de la place.

Ah !.... où suis-je ?... c'est la place... ; je vois la Ta
mise...; l'hôtel de milord Orsey est tout près ; porton
ma lettre, et puis... voilà le pont... je reviendrai.

(*Il se met à marcher pour sortir par la droite.*)

Allons, affermis-toi, malheureux Vilson ; tu n'a
plus long-temps à souffrir.

(*Il s'arrête dans le fond, et regarde la Tamise.*)

SCÈNE II.

VILSON, FALKLAND, SON LAQUAIS.

FALKLAND, *entrant sur la scène avec les gestes du plu*
violent désespoir, et suivi par son Laquais.
Ah, ciel ! quel coup ! quelle nouvelle !

(*Il couvre son visage de ses deux mains.*)

VILSON , *arrêté dans le fond, au côté droit, et tourné*
vers la Tamise.)

Encore quelques instans... et voilà mon tombeau ;
voilà le terme de mes douleurs et de toutes mes infortunes.

(*Il sort par la droite.*)

SCÈNE III.

FALKLAND , SON LAQUAIS.

FALKLAND.

Elles sont mortes ! Fanni ! ô ma chère Sonbrige !
fille, femme infortunées, je ne vous reverrai donc
plus!... un funeste naufrage... Je succombe.

(*Il se jette sur un banc, devant une maison, à la gau-*
che du théâtre, et appuie sa tête contre la pierre.)

LE LAQUAIS, *se tenant un peu éloigné de lui, et le re-*
gardant avec compassion.

Dans quel état il est ! j'en ai pitié... C'est ce que
vient de lui dire ce négociant de Newcastle... et il avait
tant d'impatience de le voir !

FALKLAND, *assis, et d'une voix faible, comme anéanti par la douleur.*

Voilà donc mon sort décidé !... je ne puis accuser que moi de toute son horreur... Le Ciel avait tout fait pour me rendre heureux, et je n'ai pas voulu l'être.

LE LAQUAIS, *s'approchant un peu et avec timidité.*

Milord....

FALKLAND, *toujours assis.*

Le crime, les remords sont entrés dans mon cœur, et je n'ai plus joui de rien : les richesses, les honneurs se sont en vain accumulés sur moi.

LE LAQUAIS, *d'un ton bas et timide, comme la première fois.*

Mais, milord...

FALKLAND.

Le bonheur s'en éloigne ; il m'a fui pour jamais.

(*Se levant, et marchant.*)

Et ce matin j'en ai vu l'image. Où.... Chez un simple fabricant de draps, chez ce Charles Vilson ! Il se remariait ; la douce joie qui régnait dans sa maison, ses deux tendres enfans... Et moi, et moi !... Ah ! mon malheur est au comble ; mais il va finir.

(*En marchant, il se trouve vis-à-vis de son Laquais, et s'arrête.*)

Que fais-tu là ?

(*Il tire sa montre et sa tabatière, et les lui donne.*)

Tiens, et va-t'en.

LE LAQUAIS *tenant la montre et la tabatière, et tendant les mains vers Falkland d'une façon timide et suppliante.*)

Milord... pardonnez... mais vous êtes dans un état... Permettez... Je ne puis vous quitter.

FALKLAND, *avec fureur,*

Va-t'en, te dis-je.

LE LAQUAIS.

Ne le perdons pas de vue.... Il faut, s'il se peut, le sauver de son désespoir.

Fenouillot de Falbaire.   6

(Il se retire dans le fond, et se cache au coin d'une rue ; mais il se remontre de temps en temps, et paraît fort attentif à tous les mouvemens de son maître.)

SCÈNE IV.

FALKLAND, *seul, d'un air égaré et furieux.*

Toutes deux !... péries toutes deux ! Et c'est encore moi qui dois m'imputer leur naufrage ! Si je ne les avais pas trahies, abandonnées... si je n'avais pas été amant perfide, père dénaturé, elles n'auraient point songé à quitter l'Angleterre.... elles ne se seraient point embarquées, elles vivraient encore !

(A la fin de ce monologue, Falkland se trouve au côté gauche du théâtre.)

SCÈNE V.

FALKLAND, VILSON.

VILSON, *entrant par la droite, avec l'air et la démarche égarée, et venant sur le devant du théâtre, sans s'approcher de Falkland, qu'il ne voit point, et dont il n'est point vu.*

Tout est fait.... A présent il ne me reste plus qu'à mourir... Je crois que c'est ici le chemin.

(Quand il est sur le devant du théâtre, à droite, il examine, et reconnaît où il est.)

Non, je m'éloigne.

FALKLAND, *à la gauche du théâtre.*

Ainsi, après avoir fait le malheur de leur vie, je suis coupable de leur mort !

VILSON, *se tournant vers le pont, faisant un pas, puis s'arrêtant.*

J'ai peine à me conduire dans cette obscurité.... A chaque pas que je fais, il me semble voir ma femme, mes enfans, se jeter au devant de moi, en me tendant les bras.

FALKLAND.

Mais elles vont être vengées ; et ce fleuve...

(*Il commence à marcher très-lentement vers le pont.*)

VILSON.

Eh! ne m'arrêtez pas: chers infortunés, c'est pour vous que je vais....

FALKLAND, *s'approchant du pont.*

Elles ont été ensevelies dans les flots... J'aurai du moins le même tombeau. Je crois que quelqu'un me suit.

(*Il se retourne du côté de Vilson, et s'arrête.*)

VILSON, *avec transport.*

Oui, il serait d'un lâche de balancer... J'entends le bruit.... c'est la mort qui m'appelle. Courons.

(*Il va précipitamment vers le pont.*)

FALKLAND, *arrêtant Vilson qui vient à lui sans le voir.*

Qui es-tu? Où vas-tu? Qui que tu sois, aurais-tu l'audace?...

VILSON, *aussi étonné que Falkland.*

Pardon, monsieur, je ne vous voyais pas.

FALKLAND, *le tenant toujours.*

Tu ne me voyais pas?

VILSON.

Non... Je n'ai pas voulu vous offenser... je n'offenserai plus personne.

FALKLAND, *se détournant et d'un ton plus doux.*

(*à part.*)   (*haut.*)

Il a l'air troublé!... Quel est ton dessein? Quel chemin prenais-tu là?

VILSON.

Le chemin qui conduit le malheureux au terme de ses maux.

FALKLAND.

Que dis-tu?

VILSON.

Je vais... je vais... laissez-moi.

FALKLAND.

Comment?

VILSON, *voulant se débarrasser de Falkland.*

Laissez-moi. Sans vous, je n'existerais plus.

FALKLAND, *le retenant fortement, et l'amenant sur le devant du théâtre.*

Non, ne crains pas que je t'arrête, que je veuille t'empêcher de mourir : c'est le droit des infortunés, c'est le tien, c'est le mien... Mais, mon ami, quels sont les malheurs qui te forcent à quitter la vie?

VILSON.

Ah! milord, ce matin j'étais heureux, je me suis marié... Et tout d'un coup le renversement de ma fortune, ma ruine entière, des enfans réduits à la misère!.. Une femme! une femme qui vient de me préférer à un des plus riches seigneurs de l'Angleterre, et qui maintenant n'a pas de pain!.. Mais ma mort réparera tout; ma mort va lui rendre...

FALKLAND.

Comment? Ce n'est qu'une perte de biens?... Tu n'es point coupable?

VILSON.

Non, grâce au ciel! Si je l'étais, je me croirais obligé de vivre pour réparer...

FALKLAND, *avec impétuosité.*

Et si tes crimes étaient irréparables! si ceux que tu aurais rendus malheureux n'existaient plus! si tu étais cause de leur perte! si, adoré de la femme la plus tendre, la plus sensible...

VILSON, *avec désespoir.*

Ah! quelle femme au-dessus de celle qui vient de s'unir à moi!... Son image m'obsède, me poursuit. Il faut des efforts incroyables pour m'arracher... Mais je le dois, je le veux... C'en est fait... Adieu, milord.

FALKLAND, *le retenant.*

(*à part, en levant les yeux au ciel.*)

Demeure... Faisons du moins encore une bonne action avant que de mourir.

VILSON.

Quoi? Que prétendez-vous?

FALKLAND.

Te sauver, réparer toutes tes pertes, te rendre à la vie et à ta famille.

VILSON, *prenant la main de Falkland, et la baisant*
avec des transports de reconnaissance.

Ah, monsieur! Ah, milord !... C'est pour ma
femme, pour mes pauvres enfans... La joie, la reconnaissance m'empêchent de parler.

SCÈNE VI.

FALKLAND, VILSON, MADAME SONBRIGE,
FANNI, DAVID, LES OUVRIERS, *dont trois portent*
des flambeaux.

(*On voit alors dans le fond du théâtre David qui*
entre par la gauche avec deux Ouvriers, dont l'un
porte un flambeau : ils marchent lentement, en cô-
toyant la Tamise.)
(*En même temps, et de l'autre côté, par la droite,*
vient Fanni, marchant d'un pas précipité devant
deux Ouvriers qui portent des flambeaux ; et ma-
dame Sonbrige les suit, en s'appuyant sur un autre
Ouvrier.)

FANNI, *à ceux qui la suivent.*

Allons, hâtons-nous ; il a pris ce chemin.

(*Rencontrant David devant le pont.*)

C'est toi, David ? Tu ne l'as pas rencontré?

(*Elle fixe le pont et tressaille d'effroi.*)

O Dieu! voilà le pont... il s'est noyé.
(*Elle se laisse tomber sur les marches du pont. Sa mère*
et tous ceux qui l'accompagnent, s'empressent au-
tour d'elle, et paraissent dans une grande agitation.)

VILSON, *à Falkland, sur le devant du théâtre.*

Je reverrai donc ma femme, mes enfans? Je vous
devrai...

FALKLAND, *à Vilson.*

C'est moi, mon ami, qui te dois encore un moment
de bonheur... et mon cœur ne se croyait plus capable
d'en goûter. Viens, ma fortune est immense, et tu
en prendras ce que tu voudras... tout, si tu veux...

(*Prenant Vilson par le bras.*)

Car pour moi... je n'en ai plus besoin.

(*Il se retourne pour s'en aller avec Vilson ; mais il s'arrête avec surprise, en apercevant toutes les personnes qui sont au fond du théâtre.*)

Mais quelle foule !... Quel tumulte !...

MADAME SONBRIGE, *à Fanni, après l'avoir relevée avec le secours de David et des autres.*

Son malheur n'est pas encore certain. Il ne faut pas...

VILSON, *s'avançant un peu vers le fond, tandis que Falkland se retire sur le côté gauche de la scène.*

Le cœur me bat. O Dieu ! si c'était...

DAVID, *regardant vers le devant du théâtre.*

J'entends du bruit ; quelqu'un vient de parler. Voilà deux hommes.

FANNI, *s'approchant vers Vilson avec les flambeaux.*

Voyons, approchons... Ah ! c'est lui ! c'est lui !

VILSON, *recevant Fanni, qui se précipite dans ses bras.*

Ciel ! c'est ma femme ! c'est vous !

(*Ils entrelacent leurs bras, et restent long-temps tous deux serrés l'un contre l'autre, sans pouvoir parler.*)

MADAME SONBRIGE, *accourant, et se jetant sur Vilson et sur Fanni.*

Vilson !... c'est lui !... ma fille !

DAVID, *dans l'excès de sa joie, embrasse Vilson, les Ouvriers, madame Sonbrige ; revient de l'un à l'autre, lève les mains au ciel, et se jette de nouveau au cou de Vilson.*

O mon maître !... le voilà !... mon pauvre maître !

FALKLAND, *sur un des côtés du théâtre, et attendri jusqu'aux larmes.*

O Dieu ! que ce spectacle est touchant ! Mes yeux, avant de se fermer, auront donc encore vu l'image du bonheur !...

(*Falkland regarde encore quelques instans Vilson et Fanni, puis se détourne avec désespoir, et appuie sa tête contre le mur d'une maison.*)

VILSON, *revenu enfin de son saisissement.*

Plus de malheurs pour nous. Mes amis, venez tous avec moi vous jeter aux pieds de mon libérateur.

(*Il prend par la main madame Sonbrige et Fanni.*)
FANNI, *à Vilson.*

Il ne t'a pas sauvé seul.

VILSON, *les menant à Falkland, vers lequel s'approchent en même temps David et tous les Ouvriers.*

Le voilà, mon digne bienfaiteur. Vie, fortune, il
veut que je lui doive tout ; il va...

MADAME SONBRIGE, *envisageant Falkland qui se retourne vers eux,*

Ciel ! que vois-je ?

FALKLAND, *la regardant et tressaillant.*

Quelle voix ! O Dieu ! serait-il possible ?...

MADAME SONBRIGE, *s'appuyant sur Vilson.*

Soutenez-moi.... Falkland !...

FANNI.

O ciel !

FALKLAND, *se précipitant vers madame Sonbrige.*

Est-ce bien vous, ma chère Sonbrige ? Est-ce vous ?
Quoi ! vous vivez !

MADAME SONBRIGE, *se penchant sur Falkland, le baignant de pleurs, puis se laissant aller dans ses
bras sans connaissance.*

Ah ! Falkland, je me meurs.

FALKLAND, *la pressant contre son sein.*

Ma chère Sonbrige, reprends tes esprits, reviens à
toi, et regarde-moi sans douleur. C'est ma femme que
j'embrasse à présent.

(*Madame Sonbrige ouvre les yeux à ces mots, et re-
prend ses esprits.*)

Oui, c'est ma femme.... Où est Fanni ? où est ma
fille ?

MADAME SONBRIGE.

Vous venez de sauver son époux... Ma fille, Vilson,
embrassez votre père.

(*Fanni et Vilson se jettent ensemble aux genoux de
Falkland.*)

FALKLAND, *retenant sa fille dans ses bras, et l'embrassant alternativement avec sa mère.*

Ah, ma fille !

FANNI.

Ah, mon père!... je vous dois deux fois la vie!

FALKLAND, *regardant Vilson qui est toujours à ses genoux.*

Quoi! c'est là ton époux?

(*Il le relève et l'embrasse.*)

O mon fils!

(*Puis se tournant vers madame Sonbrige et vers Fanni.*)

Sans lui je n'existerais plus. Sur la nouvelle de votre mort, j'allais... C'est le Ciel qui nous a fait rencontrer tous deux. La vue de son désespoir a suspendu le mien : j'ai voulu, avant que de mourir, réparer ses infortunes, faire encore un acte de bienfaisance; et voilà la récompense que le Ciel m'en accorde.

VILSON, *voulant se jeter une seconde fois aux pieds de Falkland.*

Ah, milord!

FALKLAND, *le retenant, et l'embrassant encore.*

Appelle-moi ton père... Oui, je le suis; je veux l'être. Je te charge du bonheur de ma fille, et vous vous unirez tous deux à moi, pour rendre heureuse enfin...

(*il se rejette dans les bras de madame Sonbrige.*)

une amante, une épouse, dont je causai si long-temps les peines et les douleurs.

FIN DU FABRICANT DE LONDRES.

L'HONNÊTE CRIMINEL;

OU

L'AMOUR FILIAL,

DRAME EN CINQ ACTES ET EN VERS,

DE

FENOUILLOT DE FALBAIRE,

Représenté, pour la première fois, le 4 janvier 1790.

*Illi solatium est pro honesto dura tolerare,
et ad causam à patientiâ respicit.*
SENEC., De Providentiâ.

ACTEURS.

LE COMTE D'ANPLACE, commandant des galères.

CÉCILE, veuve de M. d'Orfeuil, riche négociant.

ANDRÉ, galérien.

M. D'OLBAN.

AMÉLIE, amie de Cécile.

LISIMON, vieillard.

LA BRIE, laquais du Comte.

PICARD, laquais de Cécile.

AUTRE LAQUAIS de Cécile.

La scène est à Toulon, sur le bord de la mer.

L'HONNÈTE CRIMINEL,

DRAME.

~~~~~~

Le théâtre représente la mer dans le fond, avec la partie d'une galère dont le reste est caché. On voit à gauche la maison où logent Cécile et Amélie, et à droite celle du commandant.

~~~~~~

ACTE PREMIER.

———

SCÈNE PREMIÈRE.

ANDRÉ, *sur le rivage.*

La mer paraît tranquille, et le ciel sans nuage
Promet aux matelots un jour exempt d'orage...
Pour moi seul sur la terre il n'est plus de beaux jours :
J'ai tout perdu ; l'espoir m'est ravi pour toujours.
Dieu qui vois mes tourmens, tu sais si j'en murmure,
Si cette chaîne pèse à mon cœur innocent !
J'aime à sentir son poids. La vertu, la nature
Répandent sur mes maux un charme consolant.
Non, ce n'est pas sur moi, c'est sur vous que je pleure,
O père infortuné ! vous dont jusqu'à cette heure
J'ignore le destin... Sans doute il est affreux.
Pauvre, errant, fugitif, mon père malheureux
Traîne en quelque désert sa languissante vie...
Ou bien dans l'amertume il l'a déjà finie.
Oui, depuis que je suis enchaîné sur ce bord,
S'il n'eût pas succombé sous ses peines cruelles,
Sans doute j'aurais eu de lui quelques nouvelles :
Mais mon père n'est plus, mon pauvre père est mort !
Que fait donc à présent ma déplorable mère ?

Assise sur sa tombe, exposée au mépris,
Sans appui, sans secours, au sein de la misère,
Peut-être en ce moment elle appelle son fils.
Elle l'appelle en vain!... O regrets! ô tendresse!
Quelle main prendra soin de sa triste vieillesse?
Si j'étais sûr au moins de lui faire tenir
Le peu d'argent qu'ici, depuis mon esclavage,
J'ai, par un long travail, gagné sur ce rivage!...
A qui m'adresserai-je, et comment parvenir?...
En la compassion les malheureux espèrent,
Mais au bruit de nos fers la pitié semble fuir;
A notre approche, hélas! tous les cœurs se resserrent,
Et se font un devoir de ne point s'attendrir!
Essayons cependant si quelques mains fidelles
Daigneront...

SCÈNE II.

LE COMTE D'ANPLACE, LA BRIE, ANDRÉ.

LE COMTE, *à son laquais.*
Aussitôt qu'il fera jour chez elles,
(*à André.*)
Viens m'avertir. Et toi retourne sur ton bord,
Tu ne peux aujourd'hui travailler sur le port:
De la marine ici j'attends les commissaires.
ANDRÉ, *à la Brie, à part.*
J'aurais un mot à dire.
LA BRIE, *à André, à part.*
Il a beaucoup d'affaires.
LE COMTE.
Quoi! madame d'Orfeuil! J'en reste confondu.
Elle avec Amélie?... As-tu bien entendu,
La Brie, et se peut-il?...
LA BRIE, *au Comte.*
Oui, c'est bien elle-même.
Arrivant de Paris.
LE COMTE.
Bonheur inattendu!
Jour fortuné! je vais revoir tout ce que j'aime.
ANDRÉ, *à part.*
S'ils respirent encor, ce peu d'argent, hélas!

Pourra les soulager dans leur misère extrême.
Approchons.

LA BRIE, à André.

Tu vois bien qu'il se parle tout bas.
Attends.

LE COMTE, à part.

Oncle inhumain ! c'est son orgueil barbare
Qui seul, tant qu'il vivra, nous retient, nous sépare !

LA BRIE, à André.

Dans un autre moment il t'aurait écouté.

LE COMTE, à part.

Et qu'importent des noms au bonheur de la vie?
Quoi ! l'on me soutiendra que je me mésallie,
En épousant les mœurs, la vertu, la beauté !
Ah ! l'orgueil n'inventa la vaine qualité
Que pour y suppléer et la mettre à leur place !

LA BRIE, au Comte.

Monsieur, le pauvre André vous demande une grâce;
Il voudrait vous parler, mais il ne l'ose pas.

LE COMTE, à André.

Pourquoi donc, mon ami ? Parle avec confiance.
Tu sais, malgré ton sort, que de toi je fais cas ;
J'aime à te l'adoucir, et ta crainte m'offense.
Il est vrai qu'à présent je suis fort occupé.
　　(à la Brie.)
Mais à leurs gens, dis-moi, n'est-il rien échappé?
Font-elles à Toulon quelque séjour ?

LA BRIE, au Comte.

On doute

Qu'elles y soient long-temps. Elles vont dans l'Aunis.

ANDRÉ, à part.

O Dieu ! s'il était vrai !

LA BRIE, au Comte.

C'est, dit-on, le pays

De madame d'Orfeuil.

ANDRÉ, à part.

Et c'est le mien.

LE COMTE, à la Brie.

Écoute,

Il n'est plus trop matin, va voir... mais les voici.
Dieu ! comment modérer les transports de mon ame ?

ANDRÉ, *à part.*

Eh bien ! je les prierai, je viendrai...

LE COMTE, *à André.*

Mon ami,

(à la Brie et à André.)

Demain, un autre jour. Laissez-nous.

SCÈNE III.

LE COMTE, CÉCILE, AMÉLIE.

LE COMTE, *en baisant la main de Cécile.*

Ah ! madame,
Que ne vous dois-je point ! et quels remercîmens
Pourront... l'expression manque à mes sentimens.
C'est donc vous que je vois, c'est vous, belle Amélie !
A vos genoux enfin je puis...

AMÉLIE, *se jetant au cou de Cécile.*

O mon amie !
Cachez dans votre sein mon trouble et ma rougeur.

CÉCILE.

Pourquoi voudriez-vous lui cacher son bonheur ?
De tous les sentimens qu'inspire la nature,
L'amour est le plus beau, quand la vertu l'épure.

AMÉLIE.

Puisque vous l'approuvez, qu'il lise dans mon cœur :
Vous faites plus pour moi qu'une sœur, qu'une mère.
Indulgente, attentive à tous mes vœux, hélas !
Vos généreuses mains...

CÉCILE.

Y pensez-vous, ma chère ?
Eh quoi ! vous me louez; ne nous aimons-nous pas ?

(au Comte.)

Tout est dit. C'est pour vous que j'ai fait ce voyage.

AMÉLIE.

Qui, moi ? qu'avec le Comte à présent je m'engage ?
Sans fortune, sans nom ? par d'imprudens liens
Je le ferais encore déshériter des siens ?
Non, de grâce...

LE COMTE, *à Amélie.*

Madame, il n'est point d'avantage
Que je ne sacrifie au bonheur d'être à vous.
Mais sans bien vous ferai-je un destin assez doux ?
Pardonnez cette crainte à l'amour le plus tendre !
Mon oncle est vieux, peut-être il vaudrait mieux
    attendre.

CÉCILE.

Parens durs et cruels, qui nous tyrannisez,
Vous en voyez le prix ! Trouvez-vous donc des
    charmes
A sécher par avance, à prévenir les larmes
Dont vos tombeaux un jour devaient être arrosés !
    (*au Comte.*)
Monsieur, vous n'attendrez le trépas de personne.
Je dote mon amie, et s'il faut dire plus,
Je dote ma fille Oui, mes droits vous sont connus ;
Mon cœur en est jaloux ; et le sien me les donne.

AMÉLIE.

Que faire pour répondre à de si grands bienfaits ?

CÉCILE.

Rien que les accepter, et n'en parler jamais.

AMÉLIE.

Non, l'honneur, le devoir me défend l'un et l'autre.
C'est à mon amitié de modérer la vôtre ;
D'en arrêter l'excès, sans jamais l'oublier.
De refuser vos dons et de les publier.
Je ne recevrai point....

CÉCILE.

Arrêtez, Amélie ;
Songez que vos refus blesseraient votre amie.
Hâtons-nous d'assurer votre félicité.
    (*à part.*)
Vous savez que bientôt... Hélas ! trop tôt peut-être !
    (*à Amélie.*)
Il faudra que j'engage aussi ma liberté.
Mais avant de la perdre entre les bras d'un maître,
Je veux, selon mon cœur, en jouir une fois,
Et la faire servir au bonheur de tous trois.

AMÉLIE.

Trop généreuse amie !

LE COMTE.

　　　　　　　O femme incomparable !
Sexe toujours charmant, et souvent adorable !
(*Ils prennent chacun une main de Cécile, et la*
baisent avec transport.)

CÉCILE.

Modérez ces transports, vous ne me devez rien :
On travaille pour soi lorsque l'on fait le bien.
Aimez-vous, aimez-moi ; c'est le prix qu'ose attendre...

SCÈNE IV.

LE COMTE, CÉCILE, AMÉLIE, LA BRIE.

LA BRIE.

Ils arrivent, monsieur ; ils viennent de descendre
Au logis que pour eux on a fait préparer.

LE COMTE, *à Cécile et à Amélie.*

De vous quelques momens il faut me séparer ;
Vous me le permettez ? Ce sont des commissaires
Envoyés par la Cour. Je ne tarderai guères.

　　　(*à Cecile, en baisant la main d'Amélie.*)

Adieu, belle Amélie ! Ah ! madame, croyez
Qu'à jamais tous les deux nous sommes à vos pieds.

SCÈNE V.

CÉCILE, AMÉLIE.

AMÉLIE.

Eh quoi ! vous soupirez ! toujours triste, rêveuse,
Vous faites mon bonheur, et n'êtes pas heureuse ?
Vous avez des chagrins que vous voulez cacher.
Et pourquoi dans mon sein ne les pas épancher ?
N'est-ce que par des dons qu'on prouve sa tendresse ?
Ah ! c'est votre douleur, et non votre richesse,
Que ma vive amitié demande à partager.

CÉCILE.

Quand le cœur s'attendrit, il paraît s'affliger.
Témoin de votre amour, ma chère, à cette vue,
(Pour le cacher, hélas ! j'ai fait de vains efforts.)

Mes sens se sont troublés, mon ame s'est émue.
Ah! je ne goûterai jamais ces doux transports.
Par des devoirs cruels en tout temps entraînée,
Je fus à l'infortune, en naissant, condamnée.

AMÉLIE.

Mais si monsieur d'Olban n'est pas de votre goût,
Si vous ne l'aimez point, qui vous force, après tout,
A l'épouser? De vous n'êtes-vous pas maîtresse?

CÉCILE.

Je ne sais; je voudrais remplir les derniers vœux
D'un époux qui pour moi montra tant de tendresse.
Au moment où sa mort allait briser nos nœuds,
« De mes biens, me dit-il, je vous fais héritière :
» J'ai pourtant un neveu; mais, Cécile, j'espère
» Que peut-être à son sort unissant vos destins,
» Vous lui rendrez ces biens que je laisse en vos mains.
» Puisse mon cher d'Olban vous aimer et vous plaire! »

AMÉLIE.

Mais à vous plaire enfin s'il n'est point parvenu;
Si pour lui votre cœur ne se sent prévenu,
Vous n'êtes engagé à rien, la chose est claire.
Il est riche d'ailleurs.

CÉCILE.

                    Riche? il est en procès.
Sa fortune est douteuse, et dépend du succès.
Il a des ennemis.

AMÉLIE.

                    Oui, sa franchise austère
Révolte trop souvent, en ne déguisant rien.

CÉCILE.

Je ne hais pourtant pas en lui ce caractère :
S'il n'est homme du monde, il est homme de bien;
Je l'estime, et peut-être un sentiment plus tendre
M'eût-il enfin sans peine engagée à l'entendre,
Si mon cœur eût été libre comme le sien.

AMÉLIE.

Quoi! vous tenez encore à ce premier lien?
Et la mort d'un époux...

Fenouillot de Falbaire.

CÉCILE.

               Cesse de t'y méprendre,
Amélie, et connais l'objet de ma douleur.
Quand j'épousai d'Orfeuil, la volonté d'un père
Me fit de cet hymen un malheur nécessaire.
On ne donna ma main qu'en déchirant mon cœur.

AMÉLIE.

Voilà donc le sujet de la mélancolie
Dont le sombre nuage obscurcit vos beaux jours.
Peut-être d'autres feux votre ame alors remplie...

CÉCILE.

Ils ne sont pas éteints, et j'en brûle toujours.
Quand on aime une fois, n'est-ce pas pour la vie ?
Je ne suis point coupable. Hélas ! par mes parens
Cet amour malheureux fut approuvé long-temps.
Une religion, proscrite par le prince,
En deux partis encor divise ma province.
De la secte un ministre, appelé Lisimon,
Demeurait avec nous dans la même maison.
Imprudent, au désert, il instruisait ses frères.
Attaché par malheur à des erreurs trop chères,
S'il n'eût eu des vertus, hélas ! qu'aurions-nous fait ?
Un homme fastueux qui, dans notre patrie,
De mon père long-temps occupa l'industrie,
Lui fit perdre, en mourant, tout ce qu'il lui devait.
J'étais bien jeune alors. Réduite à la misère,
Ma mère était en pleurs. J'étais sur ses genoux,
Et je pleurais aussi de voir pleurer ma mère.
Mon père seul, debout, l'œil attaché sur nous,
Gardait, en nous fixant, un silence farouche.
Pas un mot, un soupir n'échappait de sa bouche :
On eût dit qu'il avait perdu le sentiment,
Quand Lisimon entra. « J'apprends en ce moment
» Vos malheurs, lui dit-il : consolez-vous, mon frère,
» Car vous l'êtes encore : enfans du même père,
» A nous aider l'un l'autre il nous daigne inviter ;
» Nous l'aimons, il nous aime ; il faut donc l'imiter.
» Je viens pour vous offrir ce que la Providence
» A mis en mon pouvoir, un asile et des soins :

» Venez chez moi. Mon sort est loin de l'opulence;
» Mais je peux quelque temps fournir à vos besoins,
» Et nous partagerons le peu que je possède,
» Jusqu'à ce qu'à vos maux trouvant quelque remède,
» En votre ancien état on vous ait rétablis. »
En finissant ces mots, qui m'ont été depuis
Répétés tant de fois, ses lèvres me sourirent;
Il me prit par la main, et m'emmena chez lui,
Où mon père et ma mère, en pleurant, nous suivirent.

AMÉLIE.

Ce que vous dites là me paraît inouï.
Tant de vertu m'étonne. Achevez, je vous prie,
Un récit qui déjà m'a si fort attendrie.
Que votre état, Cécile, était triste et touchant!
Parlez; que fit enfin cet homme respectable?

CÉCILE.

Quoiqu'il fût pauvre aussi, bienfaisant, charitable,
Hélas! il soulagea nos maux en les cachant.
Il fit secrètement une quête abondante,
Qui, pour tout réparer, fut plus que suffisante.
Mais de nos bienfaiteurs ne nous séparant plus,
Nous ne fîmes dès-lors qu'une même famille,
Et Lisimon sembla m'adopter pour sa fille.
Tandis que mes parens, à l'ouvrage assidus,
Travaillaient l'un et l'autre, et, par reconnaissance,
Tâchaient d'entretenir leurs hôtes dans l'aisance,
Lisimon m'élevait avec le jeune André.
C'est ainsi qu'on nommait son fils, qui de mon âge...

AMÉLIE.

J'entends. Un doux penchant...

CÉCILE.

     Fut le fatal ouvrage
Du temps qui dans nos cœurs le forma par degré.
Le ministre entre nous partageait sa tendresse.
Il n'était qu'un seul point où sa délicatesse
De m'instruire à ma mère avait laissé l'emploi,
En suivant ses erreurs, il respectait ma foi.
L'amitié, qui d'abord unissait notre enfance,
S'accrut avec les ans et fit place à l'amour.

On approuvait nos feux, et pour cette alliance
Nos parens de concert avaient fixé le jour,
Quand un soudain trépas nous enleva ma mère.
O mon Dieu ! s'il est vrai que, réprouvé du Ciel,
Cet hymen à tes yeux ait paru criminel,
N'était-ce qu'en frappant une tête si chère,
Que tu pouvais, hélas ! rompre ces tristes nœuds !
Que ce coup fut cruel ! Dans le fond de mon ame
La plaie en saigne encore, et rien jamais...

SCÈNE VI.
CÉCILE, AMÉLIE, PICARD.

PICARD, *à Cécile.*

                   Madame,
Monsieur d'Olban arrive, et je viens en ces lieux
De voir un de ses gens qui precède son maître.

          CÉCILE, *à Picard.*
Que dis-tu ?

          PICARD.
      Dans Toulon il est déjà peut-être.

          CÉCILE.
Quoi ! d'Olban ? quoi si tôt ? Son procès est fini.
Voici l'instant fatal, il faut prendre un parti ;
Le temps presse, il le faut. Rentrons, je suis trem-
     blante ;
Je ne sais que résoudre, et mon sort m'épouvante.

FIN DU PREMIER ACTE.

ACTE II.

SCÈNE PREMIÈRE.
M. D'OLBAN LE COMTE D'ANPLACE.

LE COMTE, *allant pour l'embrasser.*

Oui, le voilà lui-même... Ah ! c'est de tout mon cœur,
Mon cher et digne ami...

M. D'OLBAN, *se reculant.*

          Votre ami? moi, Monsieur?
Non, je n'ai plus d'amis.

LE COMTE.

          Que dis-tu? quel vertige?
Ne reconnais-tu pas?...

M. D'OLBAN.

          Je n'en ai plus, vous dis-je.
Je suis ruiné.

LE COMTE.

     Vous?

M. D'OLBAN.

          Ruiné tout-à-fait :
Il ne me reste rien, mon désastre est complet.

LE COMTE.

Quoi! Vous êtes jugé? Votre affaire...

M. D'OLBAN.

          Est au diable.

LE COMTE.

Vous deviez en attendre un plus heureux succès.
Pour vous de ce procès le droit indubitable...

M. D'OLBAN.

Et l'aurais-je perdu, s'il eût été mauvais?
Que je suis malheureux! j'aimai toujours les hommes :
Tout méchans qu'on les voit dans le siècle où nous
     sommes,
Je leur voulais du bien ; et de ce fol amour
Voilà quel est le prix et l'indigne retour !

LE COMTE.

Le coup est accablant ; mais la tendre Cécile
T'assure en ton naufrage un port sûr et tranquille.
Va, ne plains pas ton sort qui doit s'unir au sien ;
Elle a fait mon bonheur ; peux-tu douter du tien?

M. D'OLBAN.

Comment ?

LE COMTE, *vivement.*

          A mon amour elle accorde Amélie,
Et de ses biens en dot lui donne une partie.

M. D'OLBAN.

Il se fait donc encor quelque bonne action !

LE COMTE.

Ce jour verra sans doute une double union.

M. D'OLBAN.

Mon ami, vous voulez que j'aime encor la vie.
Mais qui sait après tout? je suis si malheureux !
Peut-être que Cécile... On vient, c'est son amie;
Je vous quitte.

LE COMTE.

Et pourquoi? quel motif à ses yeux
Te fait...

M. D'OLBAN.

De mon malheur gardez de lui rien dire.

LE COMTE.

Quoi?

M. D'OLBAN.

Je veux que Cécile apprenne tout de moi :
Jusqu'au fond de son ame alors je saurai lire.
Je veux voir quel effet...

LE COMTE.

Eh bien ! Eloigne-toi.
Elle viendra bientôt; chez moi tu peux m'attendre;
Et j'irai t'avertir.

SCÈNE II.

LE COMTE, AMÉLIE.

LE COMTE.

A l'ardeur de mes feux
Rien ne s'oppose plus, et l'amant le plus tendre
Va donc aussi, madame, être le plus heureux.
Un nœud saint doit bientôt nous unir l'un à l'autre ,
Et mon bonheur aura sa source dans le vôtre.

AMÉLIE.

Ah ! monsieur, ce bonheur que nous nous promettons,
Sera toujours pour moi bien mêlé d'amertume,
Tant que je verrai celle à qui nous le devons,
En proie à des chagrins dont l'excès la consume.

LE COMTE,

Et quel peut donc, madame, en être le sujet ?

Je vois que la fortune, ainsi que la nature,
Des plus rares bienfaits la comble sans mesure.

AMÉLIE.

Le sort sur tant de dons verse un poison secret.
Cécile de son cœur m'a confié la peine :
Votre ami s'est flatté d'une espérance vaine.

LE COMTE.

D'Olban ?

AMÉLIE.

            N'est point aimé. Dites-lui franchement
Qu'il ne doit plus songer à cet engagement.
L'honnête homme jamais ne peut trouver de charmes
A des nœuds qu'une femme arrose de ses larmes :
Dites-lui...

LE COMTE.

            Moi, madame ? Y pensez-vous, hélas !
Qu'au sein de mon ami je porte le trépas ?
Que dans le désespoir je plonge un misérable...
Que peut-être déjà trop d'infortune accable ?
Ah ! que m'apprenez-vous ? elle ne l'aime pas !
Ciel ! voilà le seul coup qui lui restait à craindre.
O malheureux ami !

AMÉLIE.

            Cécile est plus à plaindre.
Je la vois ; laissez-nous, et courez la servir.

LE COMTE, en s'en allant, tandis qu'Amélie va au
devant de Cécile.

Non, cet ordre est cruel, je ne puis le remplir.

SCÈNE III.

AMÉLIE, CÉCILE.

CÉCILE.

Je le dois, je le veux, j'y suis déterminée ;
Oui, je le suis enfin. Contre cet hyménée
Je sens plus que jamais mon cœur se révolter.
Sur le don de ma main qu'il cesse de compter :
Je lui découvrirai les secrets de mon ame.
Il verra qu'attaché à sa première flamme,

Par un charme plus fort que le temps et que moi,
Elle est, mon cher André, toujours pleine de toi !
          (*à Amélie.*)
Ecoute jusqu'au bout le malheur de Cécile.
On craignait qu'à l'erreur mon cœur ne fût docile,
Et ma mère, en mourant, exigea d'un époux
Qu'il s'opposât lui-même à des liens si doux.
Hélas ! que pour tous trois cette loi fut cruelle !
Mais mon père, en pleurant, y demeura fidèle.
Il fallut nous quitter. Juge de nos adieux.
Voulant nous séparer, nous embrassant encore...
Ce spectacle toujours est présent à mes yeux,
Et nourrit dans mon cœur l'ennui qui le dévore.

AMÉLIE.

Que devinrent enfin ces hôtes si chéris ?
En quels lieux ?...

CÉCILE.

          Lisimon, son épouse et leur fils,
Dans un hameau voisin d'abord se retirèrent,
Et du pays bientôt tout-à-fait s'éloignèrent.
Vers ce temps-là d'Orfeuil, revenant de Cadix,
Passa par La Rochelle, et s'en vint chez mon père
Commander quelque ouvrage. Il m'y vit ; je lui plus,
Quoique je fusse alors loin de songer à plaire.
On conclut mon hymen ; et je m'y résolus,
Parce que je voyais toucher à la vieillesse
Mon père dont le sort alarmait ma tendresse.
Mais de mon sacrifice, hélas ! il jouit peu.
A peine il m'avait vu former ce triste nœud,
Qu'allant dans le tombeau se rejoindre à ma mère,
Sans regrets dans mes bras il finit sa carrière.
Heureuse, si plus tôt la mort tranchant mes jours,
De mes longues douleurs eût abrégé le cours !

AMÉLIE.

O femme vertueuse autant qu'infortunée !
Quel modèle accompli le Ciel nous offre en vous !
Toujours à votre sort soumise et résignée,
Vous n'en fîtes pas moins le bonheur de l'époux
A qui vous gémissiez de vous voir enchaînée.

CÉCILE.

Ah ! tu ne conçois pas quels tourmens j'ai soufferts ;
Que l'hymen est affreux, quand, détestant nos fers,
Martyres d'une chaîne à des amans si douce,
Dans les bras d'un mari que notre cœur repousse,
Son amour nous accable, et qu'il faut par devoir
Feindre des sentimens que l'on ne peut avoir !
Oui, je puis l'attester, d'une femme sensible,
En des liens pareils, le destin est horrible ;
Et tout ce que pour nous la vertu fait alors,
C'est que dans cet enfer nous sommes sans remords.

AMÉLIE.

Et n'avez-vous depuis jamais eu de nouvelle
Du malheureux André, de ses dignes parens ?

CÉCILE.

Non. Puisse, hélas! de Dieu la bonté paternelle
Avoir versé sur eux ses bienfaits les plus grands !
Puisses-tu, cher amant, moins tendre et plus tran-
    quille,
Ne te plus souvenir de ta triste Cécile,
Et loin d'elle goûter ce repos, ce bonheur
Que jamais loin de toi ne trouvera mon cœur !

AMÉLIE.

Comment? Vous ignorez...

CÉCILE.

                    Ils ont changé d'asile.
Quand mon époux vivait, il ne convenait pas
Que j'en fusse occupée, et depuis son trépas
Mes recherches, mes soins, tout devient inutile.
Non, je n'espère pas de jamais le revoir.
A de nouveaux liens si ma main se refuse,
Ne crois pas que ce soit dans ce frivole espoir,
Ni qu'à ce point, hélas! je me flatte et m'abuse.
Mais libre maintenant, n'obéissant qu'à moi,
Sans un crime réel puis-je engager ma foi,
Lorsqu'au pied des autels je sentirais mon ame,
Démentant mes sermens, brûler d'une autre flamme ?
Non, d'Olban ; c'en est fait, il n'y faut plus songer.
Par vertu, par devoir, par égard pour vous-même,

Je ne peux... Le voici ; qu'il vienne me juger,
Qu'il voie et qu'il prononce. Ah ! s'il est vrai qu'il
    m'aime,
Répondre à ses désirs, ce serait l'outrager.

SCÈNE IV.

CÉCILE, AMÉLIE, M. D'OLBAN.

M. D'OLBAN, *à Cécile.*

Quoiqu'attiré vers vous par l'amour le plus tendre,
Madame, j'avouerai que je ne comptais pas
Moi-même de si près suivre à Toulon vos pas.
Je vous revois plus tôt que je n'osais l'attendre.

CÉCILE.

On a donc à la fin jugé votre procès,
Et vous nous en venez annoncer le succès.
Il est gagné sans doute ?

M. D'OLBAN.

        Il est perdu, madame.

CÉCILE.

Il est perdu ! Qu'entends-je ?

M. D'OLBAN.

        Epargnez à mon ame
Un détail révoltant.

CÉCILE.

    Comment ? vos ennemis
Ont pu...

M. D'OLBAN.

    Bon ! aux méchans rien n'est jamais contraire ;
Tout est pour eux.

CÉCILE.

    Vos biens ?

M. D'OLBAN.

        Madame, ils les ont pris,
Et m'ont laissé l'honneur dont ils n'avaient que faire.
Mes amis m'entouraient quand de ce jugement
On m'est venu porter la fatale nouvelle.
Aussitôt chacun d'eux m'embrasse tristement,
M'assure de nouveau d'une amitié fidelle,

Crie à l'iniquité, plaint mon sort, et s'enfuit.
Je me suis éloigné. Qu'aurais-je fait? du bruit?

CÉCILE.

Ah! monsieur, si l'on voit des gens durs, inflexibles,
Croyez qu'il est encor quelques ames sensibles,
Qui, des infortunés partageant les douleurs,
Recueillent leurs soupirs et tarissent leurs pleurs.
Dépouillé, méconnu par des hommes perfides,
Vous avez des amis, peut-être plus solides,
Qui se croiront heureux, si vous leur permettez...

M. D'OLBAN.

Madame, il est trop vrai, vous seule me restez;
Vous allez ou finir, ou combler ma misère.
Je ne vous dirai plus combien vous m'êtes chère :
Vous le savez assez. Avant ce coup fatal,
Tandis qu'à votre sort le mien était égal,
Brûlant à vos genoux de l'amour le plus tendre,
Je briguais une main, à laquelle, en mourant,
Votre mari daigna m'ordonner de prétendre.
Ma fortune est changée, et je suis maintenant
Par un revers affreux réduit à l'indigence :
Mais le sort ne m'a point fait changer avec lui.
Comme autrefois je fus riche sans insolence;
Je saurai sans bassesse être pauvre aujourd'hui.
Je viens vous déclarer qu'ici mon infortune
Ne doit auprès de vous rien faire en ma faveur;
Car votre ame n'est pas de la trempe commune,
Et je ne vous veux point devoir à mon malheur.
Oubliez qu'un époux, dont vous étiez chérie,
Souhaita cet hymen en terminant sa vie;
Oubliez qu'avec vous j'en devais hériter;
Ce n'est que votre cœur qu'il vous faut consulter :
Gardez que la pitié surtout s'y fasse entendre,
Je n'en ai pas besoin. Si vous ne trouvez point
Dans le fond de votre ame un sentiment plus tendre;
Si l'amour à l'estime en effet ne s'y joint,
A vous, à votre main, madame, je renonce.
Je reviendrai bientôt savoir votre réponse.
Adieu, consultez-vous, je vous laisse y songer.

SCÈNE V.

CÉCILE, AMÉLIE.

CÉCILE.

Eh bien! ma chère, eh bien ! suis-je assez malheureuse?
Vois l'abîme où le sort vient de me replonger.

AMÉLIE.

A vous persécuter sa constance est affreuse ;
Mais....

CÉCILE.

  Il est ruiné !

AMÉLIE.

    Dans son adversité
On peut le secourir, sans qu'il faille....

CÉCILE.

       Que faire ?
Il n'a plus rien ; je suis sa ressource dernière.

AMÉLIE.

J'aperçois un forçat qui vient de ce côté:
Retirons-nous, madame.

CÉCILE.

    O ma chère Amélie !
Pense, pense à d'Olban ; le voilà ruiné :
Veux-tu qu'en cet état il soit abandonné?

AMÉLIE.

Non, il est des moyens... Mais rentrons, je vous prie.
Voyez, cet homme approche, il a quelque dessein.
Nos gens sont éloignés. Pardonnez ma faiblesse ;
De ma frayeur ici je ne suis pas maîtresse.

CÉCILE.

Oui, rentrons. Ah! quel coup! quel étrange destin !
O Ciel ! est-ce donc peu du malheur qui m'opprime !
Et des malheurs d'autrui dois-je être encor victime?

SCÈNE VI.

ANDRÉ.

Les voilà qui s'en vont. Elles semblent me fuir.
L'épouvante à ma vue a paru les saisir,
Et mon abord ici fait qu'elles se retirent.

Je ne puis les blâmer : leur crainte est juste, hélas !
Enchaîné, confondu parmi les scélérats,
Je partage l'horreur et l'effroi qu'ils inspirent...
Ah ! je m'y suis mal pris. Près d'elle je devais
Par quelqu'un de leurs gens tâcher d'avoir accès.
Leur pays est le mien. Cette raison peut-être
Les intéressera pour moi plus vivement.
Pour les sentimens doux leur sexe paraît naître,
Et, formé pour aimer, s'attendrit aisément.
O digne et triste objet d'une funeste flamme !
Vous dont le souvenir vit toujours dans mon ame,
Pour qui je brûle encor de cette même ardeur,
De ce feu qui jadis nous charmait l'un et l'autre,
Quand nous pensions toucher au comble du bonheur ;
Que ne puis-je en ces lieux trouver dans quelque cœur
La sensibilité qui régnait dans le vôtre,
Sa bonté généreuse et son humanité !
L'auriez-vous dit, hélas! vertueuse Cécile !
Pardonnez, si ce nom si cher, si respecté,
M'échappe dans un lieu par l'opprobre habité ;
L'auriez-vous dit qu'un jour la chaîne la plus vile?...
Sort injuste et barbare ! avais-je mérité?...
Mais que dis-je ? à présent sur ce même rivage
Mon père gémirait, si pour lui mon amour
Ne m'eût fait librement demander l'esclavage.
C'est pour lui qu'enchaîné dans ce triste séjour...
Hélas ! en mes malheurs j'aurais plus de constance,
Si le Ciel sur moi seul épuisait sa vengeance.
Peut-être l'infortune accable mes parens.
Soulagez-les, mon Dieu !... s'ils sont encor vivans.
Je mouille en vain ces bords de mes larmes amères,
Et l'heure me rappelle au vaisseau détesté,
A ce séjour de honte et de calamité.
Allons : mais si je vois sortir ces étrangères,
J'irai prier alors quelqu'un de leurs valets
De vouloir à leurs pieds conduire un misérable ;
J'y mettrai ma douleur, mes peines, mes souhaits ;
Elles auront pitié du destin qui m'accable.

FIN DU SECOND ACTE.

ACTE III.

SCÈNE PREMIÈRE.

CÉCILE, AMÉLIE.

CÉCILE.

Viens me féliciter du triomphe pénible
Que je remporte enfin sur ce cœur trop sensible.
J'épouserai d'Olban. Je l'ai fait avertir ;
Pour avoir ma réponse il doit bientôt venir :
Oui, qu'il vienne, je vais lui donner ma parole.
Une seconde fois, ma chère, je m'immole.

AMÉLIE.

Hélas ! qu'un tel parti doit vous avoir coûté !

CÉCILE.

J'ai combattu beaucoup, j'ai long-temps résisté.
J'étais au désespoir ; et d'un effort semblable
Je n'aurais jamais cru que mon cœur fût capable.
Je sens de la vertu l'enthousiasme heureux.
Suivons, puisqu'il le faut, un devoir rigoureux.
Nous n'avons qu'un instant à rester sur la terre ;
Dans cet instant du moins au Ciel tâchons de plaire.
Qu'une si courte vie a pourtant de douleurs,
Et qu'elle paraît longue à passer dans les pleurs !

AMÉLIE.

Vous n'en verserez plus : non, ma chère Cécile,
Et le Ciel...

CÉCILE.

       Je ne sais, mais je l'ose espérer.
Il me semble déjà que je suis plus tranquille ;
Mon cœur, moins agité, commence à respirer ;
De ce calme imprévu moi-même je m'étonne.

AMÉLIE.

Tel est de la vertu le favorable effet.

Au plus grand sacrifice , alors qu'elle l'ordonne,
Elle attache toujours un charme , un prix secret.
Vous avez triomphé d'une inutile flamme :
Libre enfin...

CÉCILE.

Que dis-tu ? moi ? je n'ai plus d'amour ?
André ne m'est plus cher ? Ah ! peut-être mon ame
Jamais de tant de feux n'a brûlé qu'en ce jour.
Avec le même excès je l'aime , je l'adore.
Je trouve du plaisir , en me sacrifiant ,
A penser que de lui je suis plus digne encore.
A ma place , me dis-je , il en ferait autant ;
Et cette douce idée en secret m'encourage ,
Console mon esprit , l'affermit davantage.
Tu ne l'as pas connu , cet amant généreux ;
Tu ne sais pas combien il était vertueux.
Jamais...

AMÉLIE.

Voici d'Olban ; Cécile , je vous quitte.
Souffrez que sans tarder le Comte apprenne aussi
Que vous allez enfin rendre heureux son ami.
Je cours l'en informer.

SCÈNE II.
CÉCILE , M. D'OLBAN.

CÉCILE.

Quoi ! je suis interdite !
En le voyant déjà je commence à trembler...
Remettons-nous : il n'est plus temps de reculer.

M. D'OLBAN.

A vos ordres , madame , empressé de me rendre ,
Plein de crainte et d'espoir , de vous je viens apprendre
Ce que vous daignerez ordonner de mon sort.

CÉCILE.

Si ma main en effet peut le rendre propice...
Elle est à vous , monsieur ; que l'hymen nous unisse.

M. D'OLBAN , *lui baisant la main avec transport.*

Ah! que je la reçois , madame , avec transport!
De ma félicité mon ame est enivrée.

Mes destins sont changés. Cette main adorée
Efface tous les maux que les hommes m'ont faits.

CÉCILE.

Vous savez l'amitié que j'ai pour Amélie.
Je l'engage à vouloir accepter mes bienfaits,
Afin qu'avec le Comte elle puisse être unie :
Ma fortune permet...

M. D'OLBAN.

           Eh ! que me parlez-vous
De fortune, de biens ! Je les méprise tous.
Par ce don généreux, en faveur d'une amie,
A mes regards encor vous êtes enrichie.
Je suis l'ami du Comte, et sans doute il m'est doux
De voir que nous allons tous être heureux ensemble.
Ah ! puisqu'ici du Ciel la bonté nous rassemble,
Daignez céder, madame, à notre empressement,
Et qu'à jamais béni par les uns et les autres,
Ce jour fixe à la fois leurs destins et les nôtres.

CÉCILE.

Vous avez ma parole ; il faut dès ce moment
Que je règle mes vœux, mes désirs sur les vôtres.

M. D'OLBAN.

Je vais pourvoir à tout, et reviens à l'instant.
Voyons de mon malheur si ce jour me délivre,
    (à part.)
Si le sort dans ses bras osera me poursuivre.

SCÈNE III.

CÉCILE , seule.

Dans mes bras !... Quoi ! pour lui ces bras vont donc
    s'ouvrir !
Un nœud indissoluble avec lui va m'unir !
On a pu m'arracher cette promesse affreuse !
Qu'ai-je fait ? qu'ai-je dit ? est-il vrai, malheureuse ?...
Eh bien ! oui, cher amant, il recevra ma foi ;
Mais l'amour, mais le cœur seront toujours à toi.
Je vais dans les regrets finir ma triste vie.
Me punisse le Ciel, si jamais je t'oublie !
Ma consolation, mon unique plaisir,

Mon emploi le plus doux jusqu'à ce que je meure,
Seront de conserver ton tendre souvenir ;
De m'occuper de toi, d'y songer à toute heure ;
De gémir en secret sur la fatalité
Qui trompa si long-temps ma recherche inquiète.
Ah ! toi-même pourquoi me cacher ta retraite ?
Que ne viens-tu ?... Mais non, non, reste désormais ;
En quel lieu que tu sois... ah ! ne reviens jamais ;
Tu reviendrais trop tard... Où donc est Amélie ?
D'où vient que... Mais c'est elle.

SCÈNE IV.

CÉCILE, AMÉLIE.

CÉCILE, *courant se jeter dans les bras d'Amélie.*
                              Il est fait, mon amie,
Ce cruel sacrifice ; il est fait, j'ai promis.
Peux-tu m'abandonner dans l'état où je suis ?

AMÉLIE.
Eh quoi ! je vous retrouve affligée, abattue :
Cécile, en vous quittant, me serais-je attendue
A ce prompt changement ? Tout à l'heure à vous voir
On eût dit...

CÉCILE.
                    Je tâchais de m'aveugler moi-même ;
J'espérais, fol espoir d'une douleur extrême,
Me donner de la force, en feignant d'en avoir.
Je m'étais étourdie, et ce moment d'ivresse
M'a mieux livrée ensuite à toute ma faiblesse.
Je l'épouse ce soir !... Nous irons toutes deux
Former en même temps ces redoutables nœuds.
Mais quelle différence, hélas !

AMÉLIE.
                              O mon amie !
Que ne puis-je pour vous, aux dépens de ma vie...

CÉCILE.
Je serai près de toi. L'aspect de ton bonheur,
Quand je tendrai mes mains à cette chaîne affreuse,
De ce moment peut-être affaiblira l'horreur.

AMÉLIE.

Espérez plus ; le Ciel vous fit trop vertueuse
Pour ne pas à la fin devoir vous rendre heureuse.
Vous estimez d'Olban. L'habitude, le temps
Feront naître pour lui de plus doux sentimens ;
Et l'on vient quelquefois à trouver mille charmes
Aux suites d'un hymen commencé dans les larmes :
Peut-être pourrez-vous oublier...

CÉCILE.

      Non, jamais.
De cet amant chéri je vois toujours les traits ;
Je ne peux un moment écarter son image.
Veux-tu que je te dise encore davantage ?
A présent même, hélas ! il me semble le voir,
Me reprochant déjà mon nouveau mariage,
Mettre à mes pieds ici ses pleurs, son désespoir.
Je ne sais quelle voix dans le fond de mon ame
Semble crier : « Arrête ! il vient, il est tout prés ;
« L'éclat de la vertu reléve ses attraits :
« Garde-toi d'achever, et de trahir sa flamm ! »
Oui, tu peux me blâmer, mais ce pressentiment
Me tourmente avec force, il me trouble et m'accable.
Je crois qu'il sera vrai. Tu verras sûrement,
Dès que j'aurai formé ce lien déplorable,
Tu verras le destin me ramener André ;
Je le retrouverai, te dis-je, et j'en mourrai.

AMÉLIE.

Eh ! pourquoi voulez-vous accroître ainsi vos peines
Par des illusions si tristes et si vaines ?

SCÈNE V.

CÉCILE, AMÉLIE, PICARD.

PICARD, *à Cécile.*

Madame, un des forçats qui sont là sur le bord,
Demande à vous parler. Il m'a vu près du port,
Et m'est venu prier d'une façon touchante
De tâcher d'obtenir cette grâce de vous.
Il a dans son malheur l'air honnête et bien doux.

Je m'en suis informé, tout le monde le vante,
On dit que dans la ville il est considéré ;
Et, si vous le permettez, je vous l'amenerai.
C'est un galérien d'une espèce nouvelle.

CÉCILE.

Qu'il vienne.

AMÉLIE, *au laquais qui sort.*

Cependant tenez-vous près d'ici ;
Ne vous éloignez point, au cas qu'on vous appelle.

SCÈNE VI.

CÉCILE, AMÉLIE, ANDRÉ.

AMÉLIE.

Que veut donc ce forçat ? Quel est... Mais le voici.
C'est lui qui ce matin...

CÉCILE.

Sa démarche est timide ;
Il s'avance à pas lents.

ANDRÉ, *s'arrêtant dans le fond du théâtre.*

A l'espoir qui me guide,
Quelle frayeur se mêle ! Ah ! que je suis troublé !
Non, la honte jamais ne m'a tant accablé,
Et jamais la fierté qu'inspire l'innocence,
Pour soutenir mon cœur n'eut si peu de puissance.

CÉCILE, *tirant sa bourse et y prenant de l'argent.*

C'est un infortuné. Faut-il être inhumain
Parce qu'il fut coupable ? Il n'est que plus à plaindre,
Et je veux l'assister.

AMÉLIE, *à André qui se tient éloigné.*

Approchez sans rien craindre.

CÉCILE, *lui présentant de l'argent.*

Tenez ; que ce secours soulage vos destins !

ANDRÉ, *se reculant sans prendre l'argent, et levant les
mains au ciel.*

Vous m'exaucez, mon Dieu ! je trouve enfin une ame
Sensible à mes douleurs.

(*Puis s'avançant vers Cécile, les yeux baissés et dans
une posture suppliante.*)

Oui, sans doute, madame,

Vous les pouvez finir... Je suis trop malheureux
Pour qu'à mes maux ici l'argent puisse rien faire.
Ce sont d'autres bontés, madame, que j'espère ;
Et je viens implorer des soins plus généreux.

CÉCILE, *à part, fixant les yeux sur le galérien avec un*
mouvement de surprise.

Quel son de voix ! quels traits !

ANDRÉ.

J'eus un père... une mère...
Hélas ! les ai-je encore !... Un silence profond
Me laisse dès long-temps ignorer ce qu'ils font.

CÉCILE, *à part.*

O dieu !

ANDRÉ.

S'ils sont vivans, leur misère est extrême.
Vous êtes, m'a-t-on dit, de la province même
Où depuis mon malheur ils ont pu retourner.
Madame, daignez prendre et leur faire donner
Cet argent amassé par un travail pénible.
Faites-leur dire...

CÉCILE.

Quoi ?

ANDRÉ.

Qu'à son sort peu sensible,
Leur fils ne pleure ici, ne gémit que sur eux,
Et qu'au milieu des fers...

CÉCILE, *à part.*

Si j'en croyais mes yeux...
J'en rougis.

AMÉLIE.

Il me touche.

CÉCILE, *se retournant vers Amélie.*

O ciel ! ô mon amie !

AMÉLIE.

Comment concilier des sentimens si grands
Avec ces fers honteux, ces marques d'infamie !

CÉCILE.

(*à part.*)   (*à André.*)
Non, il n'est pas possible... Eh bien donc ! vos parens,

En quels lieux étaient-ils lorsque vous les quittâtes ?
Dites-moi dans quel temps vous vous en séparâtes.
Si je peux vous servir, je m'en applaudirai.
Depuis quand n'avez-vous reçu de leurs nouvelles ?

ANDRÉ, *toujours les yeux baissés.*

Depuis plus de sept ans que des chaînes cruelles
Me retiennent.

CÉCILE.

Sept ans !

ANDRÉ, *toujours les yeux baissés.*

Quand je m'en séparai
Pour venir habiter ce rivage funeste,
A peine en Languedoc nous établissions-nous.
Nous quittions La Rochelle, où la bonté céleste
Nous avait fait long-temps jouir d'un sort plus doux.

CÉCILE, *vivement.*

Que dis-tu ? La Rochelle ?... Et c'est votre patrie ?

ANDRÉ.

Oui, madame.

CÉCILE.

Achevez.

AMÉLIE.

Que je suis attendrie !

CÉCILE *à André.*

Vos parens ?

ANDRÉ.

Sont sans nom, dans un rang ignoré.

CÉCILE.

Chaque mot qu'il me dit est un trait de lumière.
Connais-tu Lisimon ?

ANDRÉ, *levant alors les yeux sur Cécile avec étonnement.*

Lisimon ? c'est mon père,
Madame.

CÉCILE, *en se reculant et poussant un grand cri.*

C'est ton père !... Ah ! malheureux André !
(*Elle tombe évanouie entre les bras d'Amélie.*)

ANDRÉ, *avec saisissement.*

Ciel ! quel nom m'a frappé ? Que vois-je ? Est-ce bien elle ?

AMÉLIE, *soutenant Cécile.*

Elle est sans connaissance... Holà! Picard, Lucelle,
Accourez, venez tous. Dieu! quel événement!

ANDRÉ, *fixant les yeux sur Cécile.*

Quel coup de foudre, ô ciel! Ah, Cécile! Cécile!

AMÉLIE, *aux laquais qui arrivent avec précipitation.*

Venez donc; hâtez-vous : il la faut promptement
Emporter au logis. Il sera plus facile
De lui donner alors tous les secours qu'il faut.

     (*Puis collant sa bouche sur celle de Cécile.*)

O malheureuse amie!

CÉCILE, *revenant de son évanouissement, et regardant*
        autour d'elle avec inquiétude.

        Est-il loin? Quoi! sitôt!
Où donc est-il allé? Quelle raison soudaine....
Ah!... je le vois enfin!... En quel état, mon Dieu!
Mais que veulent ces gens?

       AMÉLIE.

      Souffrez qu'on vous emmène.

       CÉCILE.

Moi?

       AMÉLIE.

     Vous avez besoin de vous remettre un peu.
Votre saisissement vient d'être tout-à-l'heure
Si violent, qu'il faut...

       CÉCILE.

      Il faut que je demeure.
Oui, je veux lui parler. Qu'ils se retirent tous.
Eloignez-vous, vous dis-je; allez...

       (*Les laquais se retirent.*)

       ANDRÉ.

        Est-ce donc vous,
Est-ce vous, ma Cécile? Amante toujours chère,
Permettez qu'à vos pieds...

(*Il s'avance vivement pour se jeter aux pieds de Cécile;*
   mais à peine a-t-il mis un genou en terre, que, se
   relevant soudain, il se détourne avec effroi.)

        Que fais-tu, malheureux?
Où t'allait emporter une ardeur téméraire?
Ah! j'oubliais... Voici l'instant affreux.

Où je sens tout le poids du destin qui m'accable.
  (*Il va s'appuyer contre un mur, dans l'attitude
    d'un homme accablé de douleur, et en poussant
    de longs sanglots.*)

AMÉLIE.

C'est donc là cet André!... Rencontre épouvantable !
Puisqu'il était ainsi, fallait-il le revoir ?

CÉCILE, *regardant tristement André.*

Il paraît agité d'un sombre désespoir.
Allons à lui... Mais Dieu ! que pourrai-je lui dire ?
  (*elle s'avance vers André.*)
Malheureux, devant qui mon ame se déchire,
Modère ta douleur ; reconnais une voix
Qui sut, en d'autres temps, la calmer tant de fois.
Ah ! que ces temps sont loin ! Quel changement ter-
    rible
Leur a pu succéder !... Hélas ! comment mes yeux
L'auraient-ils reconnu dans ces indignes lieux,
Sous cet infâme habit, en cet état horrible !

ANDRÉ.

Que dire ? où me cacher ! O terre, entr'ouvre-toi !
A sa vue, à ses pleurs, terre, dérobe-moi !

CÉCILE.

Le fils de Lisimon !... d'un si vertueux père !...
Celui dans qui jadis j'eus un amant, un frère !...

ANDRÉ, *ayant quitté sa première attitude, et levant
les yeux au ciel.*

Vous entendez, mon Dieu ! ce reproche accablant ;
Vous voyez que j'en bois l'amertume effroyable ;
Et pourtant vous savez de quoi je suis coupable !

CÉCILE, *paraissant rêver profondément.*

Plus je songe au passé, moins je conçois comment...

AMÉLIE.

Quelque écart... une faute... un oubli d'un moment...
Lorsque de son malheur nous apprendrons la cause,
Peut-être dirons-nous qu'on eût dû le punir
Avec moins de rigueur.

CÉCILE, *à André.*

              Je voudrais, et je n'ose

T'interroger... Je crains de te faire rougir.

ANDRÉ.

Rougir ? Ah ! ma Cécile , il est donc véritable,
A vos regards enfin je parais méprisable !
Vous croyez en effet que c'est le crime...

CÉCILE.

Hélas !
Si j'en pouvais douter, que je serais heureuse !

ANDRÉ.

Votre ame a pu s'ouvrir à cette idée affreuse !
Qu'un autre l'eût pensé, je ne m'en plaindrais pas :
Mais vous !

CÉCILE.

Eh ! malheureux , que veux-tu que je pense ?

ANDRÉ.

J'avais cru qu'on devait davantage estimer
Un cœur qui, sans vertu, n'eût osé vous aimer,
Qui vous adore encor.

CÉCILE, *en tressaillant.*

Quoi ! malgré l'apparence !...
Ah , j'en mourrais de joie ! et tous mes sens d'avance...
Mais ces chaînes, ce séjour plein d'horreur !.

ANDRÉ.

Je n'ai point de remords. Plût à Dieu que mon cœur
Ne me tourmentât pas plus que ma conscience !

CÉCILE , *avec transport.*

Le mien avidement reçoit cette espérance.
Parle donc , hâte-toi de me tirer d'erreur.
De quoi t'accusait-on ? Quel complot détestable
T'a pu faire traiter comme un vil criminel ?
Explique ce mystère horrible , inconcevable.

ANDRÉ.

Je ne le puis.

CÉCILE.

Comment ? Tu ne le peux , cruel !
Te justifier ?

ANDRÉ.

Non , sans me rendre coupable.

CÉCILE, *en pleurant.*

Va , tu ne l'es que trop. Laisse-moi , malheureux.

Tu te tais, mais j'entends ce silence odieux.
Toi, des secrets pour moi ! des secrets !... Ah ! par-
      jure,
En avais-tu jadis quand ton ame était pure ?

ANDRÉ.

J'en ai si peu pour vous, que sur ces tristes bords
Si le crime en effet eût conduit ma jeunesse,
Dans votre sein moi-même, en pleurant ma faiblesse,
J'en aurais déposé la honte et les remords.
Mais je suis innocent. C'est un secret terrible,
Un secret que m'impose un devoir inflexible :
Il ne m'appartient pas, et vous le trahiriez.

CÉCILE.

Moi ?

ANDRÉ.

         Plus je vous suis cher, moins vous le garderiez.
Vous céderiez, Cécile, au malheur qui m'accable;
Je serais libre alors, et je serais coupable.
Vous pleurez, chère amante!... Ah! si je vous disais...
Pleurez mon infortune, et non pas mes forfaits.
Je sais que tout m'accuse... Eh bien ! tout vous égare.
La vertu nous unit, le malheur nous sépare.
Ne demandez plus rien. Adieu, Cécile, adieu.
Pour ne me voir jamais, quittez ce triste lieu.
Tâchez de m'oublier ; mais je vous en conjure,
Pensez à mes parens.

SCÈNE VII.

CÉCILE, AMÉLIE, M. D'OLBAN,
LE COMTE.

M. D'OLBAN, à Cécile.

                    Madame, on a fini ;
Les contrats sont dressés, et pour la signature
Nous venons... Me trompé-je ? O ciel ! que vois-je ici ?
Cécile, vous pleurez ?

LE COMTE, à Amélie.

                    Et vous, madame, aussi ?

AMÉLIE.

Eh ! qui ne pleurerait ?

Fenouillot de Falbaire.   9

CÉCILE, *portant la main à son front.*
Ma tête s'embarrasse.

(*à Amélie.*)
Ma chère, allons-nous-en ; viens, donne-moi ton bras.

M. D'OLBAN.

Que vient-il d'arriver ?

LE COMTE.
Apprenez-nous, de grâce...

AMÉLIE.
Respectez sa douleur , et ne nous suivez pas.

M. D'OLBAN.
Ma surprise est extrême.

CÉCILE, *en s'en allant..*
O quelle destinée !
Qu'ai-je donc fait au sort, et pourquoi suis-je née ?

SCÈNE VIII.

M. D'OLBAN, LE COMTE.

M. D'OLBAN.

Quel retour ! je m'y perds, et je n'y conçois rien.
Elle se plaint du sort ; elle pleure, soupire :
Qu'a-t-elle ? qui l'afflige ? et que veut-elle dire ?
Quel accident soudain ?... Quoi ! se pourrait-il bien
Que ce fût encor moi ?... Viens ; quoi qu'il en puisse
    être ,
Quel que soit son malheur, je prétends le connaître.

FIN DU TROISIÈME ACTE.

ACTE IV.

SCÈNE PREMIÈRE.

M. D'OLBAN, *seul.*

JE reconnais bien là mon étoile maudite :
Vainement je la fuis, jamais je ne l'évite ;
Elle me suit partout. Son ascendant fatal
Vient parmi des forçats me chercher un rival.

Mais suis-je ici le seul et le plus misérable?
Quoi ! je connais Cécile, et c'est moi que je plains !
Plaignons , plaignons plutôt cette femme adorable.
Méritait-elle , ô ciel ! d'aussi cruels destins ?
Quels sentimens ! quelle ame et noble généreuse !
Elle allait s'immoler pour finir mes malheurs ,
Me taisait ses combats, et me cachait ses pleurs.
Hélas ! que je la perde , et qu'elle soit heureuse.
Mais non, le même coup nous écrase tous deux.
La voici. Sa démarche incertaine , égarée,
Montre le désespoir où son ame est livrée :
On entend ses sanglots; la mort est dans ses yeux.
Quel cœur ne se fendrait à ce spectacle affreux ?
Oui, la vie à présent est un poids qui m'accable ;
Je ne sais comme on peut se souffrir ici-bas.
Ah ! la terre est vraiment un séjour effroyable ,
Puisque tant de vertu , de mérite et d'appas ,
N'y sont pas à l'abri d'un sort si déplorable.

SCÈNE II.

M. D'OLBAN , CÉCILE.

*(Cécile, l'air abattu, les yeux humides , et tenant un
mouchoir à la main, s'avance à pas lents, s'arrête
souvent, et n'aperçoit point M. d'Olban, qui se
retire un peu à l'écart, en regardant tristement.)*

CÉCILE.

Où vais-je ?... quel désordre agite tous mes sens !...
Où porté-je mon trouble et mes pas chancelans !...
Une pente secrète... une force invincible
Malgré moi me ramène à ce rivage horrible...
Quel espoir m'y conduit, et qui viens-je chercher ?
C'est dans ces lieux cruels que j'ai trouvé ma perte ;
C'est ici que tantôt ma tombe s'est ouverte.
Ah ! pourquoi donc encor ne m'en puis-je arracher ?
Quel pouvoir étonnant, quel charme enfin m'attire ?
O cœur faible et sanglant, tu ne fais sur ce bord
Qu'enfoncer plus avant le trait qui te déchire !
Tu reviens sur le coup qui t'a donné la mort.

(apercevant M. d'Olban qui s'avance vers elle.)
Mais que vois-je? d'Olban?
(Elle se détourne d'abord, en se couvrant le visage
de son mouchoir; puis elle lève enfin les yeux sur
lui, le regarde en pleurant, et ils restent quelques
momens l'un et l'autre en silence.)

M. D'OLBAN.

Je vous entends, madame;
Oui, c'est m'en dire assez, et je lis dans votre ame:
Mais j'en ai su trop tard les secrets sentimens.
Croyez que, si plus tôt j'avais pu les connaître,
Je vous eusse épargné quelques larmes peut-être.
Ce n'est pas pour vouloir, en ces affreux momens,
M'armer de vos bontés pour croître vos tourmens:
Non, madame, je viens vous rendre une promesse
Dont je ne me pourrais prévaloir sans bassesse.
Instruit et pénétré de ce que je vous dois,
Sur votre exemple ici je règle ma conduite:
Par un sublime effort vous vous donniez à moi:
En renonçant à vous il faut que je l'imite;
Et je ne peux, hélas! m'acquitter qu'à ce prix.
Que dis-je? y renoncer? Nous resterons unis
Par un lien moins doux, mais aussi respectable.
Le sort fût-il pour moi cent fois plus implacable,
Malgré mon infortune et le sort ennemi,
N'étant point votre époux, je serai votre ami.

CÉCILE.

Si d'adoucir mes maux quelque chose est capable,
C'est vraiment la pitié, la générosité
Que vous daignez montrer pour une infortunée...
Par quels forfaits, mon Dieu! puis-je avoir mérité
Qu'à de si rudes coups vous m'ayez condamnée?...
Ah! d'Olban, voyez donc quelle est ma destinée:
Ce n'est qu'après huit ans que je le trouve, hélas!
Et je le trouve.... Non, je n'y survivrai pas.

(Elle porte son mouchoir sur ses yeux.)

M. D'OLBAN.

Ne cachez pas vos pleurs, ils sont trop légitimes;
J'en mêlerai moi-même à ceux que vous versez:
Mes malheurs m'aigrissaient, et vous m'attendrissez.

CÉCILE.

O Dieu !

M. D'OLBAN.

Vous n'avez pu savoir encor quels crimes...

CÉCILE.

Il affirme, il soutient qu'il n'est pas criminel ;
Je ne sais rien de plus : il se tait sur le reste,
Et s'obstine à garder un silence funeste.
Qu'imaginer, que croire en cet état cruel ?
Maintenant Amélie est à presser le Comte
De faire là-dessus une recherche prompte.
Nous nous éclaircirons, je crois, par ce moyen.

M. D'OLBAN.

Vous allez être instruite ; ils reviennent ensemble.

CÉCILE.

Ah ! que m'apprendront-ils ? je désire et je tremble.
Peut-être il valait mieux tout ignorer...

SCÈNE III.

CÉCILE, M. D'OLBAN, AMÉLIE, LE COMTE.

CÉCILE, *regardant le Comte avec embarras.*

Eh bien !
Que venez-vous enfin m'annoncer ?

LE COMTE.

J'ai moi-même
Cherché partout, madame, avec un soin extrême ;
Mais mon zèle, mes soins ont été sans succès.
Il faut que l'on n'ait point apporté son procès.
Voyant de ce côté mon espérance vaine,
J'ai demandé celui qui conduisait la chaîne
A l'époque où je sais qu'André vint sur ce bord.
En effet, c'était là ma ressource dernière,
Et sans doute on en eût tiré quelque lumière ;
Mais depuis l'an passé ce conducteur est mort.
Ainsi, c'est d'André seul, ce n'est que de sa bouche
Que l'on peut aujourd'hui savoir ce qui le touche.
Nous devons nous résoudre à toujours l'ignorer,
S'il persiste à vouloir ne le point déclarer.

CÉCILE.

Il se dit innocent.

LE COMTE.

Cela n'est pas croyable ;
Son état le dément, et prouve contre lui.
Est-ce que dans les fers il serait aujourd'hui ?
L'aurait-on condamné ?...

M. D'OLBAN.

Je te trouve admirable ;
Comme si dans ce monde, où tout va de travers,
L'homme n'était jamais faible, aveugle ou pervers.

LE COMTE.

Avouons cependant qu'il n'est pas ordinaire
Que des juges...

M. D'OLBAN.

Tu peux t'en rapporter à moi ;
Va, j'en sais, Dieu merci, quelque nouvelle.

CÉCILE.

Eh quoi !
Il n'est plus vertueux... il est encor sensible !
Je n'imaginais pas que cela fût possible.
Est-ce qu'en y versant ses poisons corrupteurs,
Le crime en même temps n'endurcit pas les cœurs ?
J'avais cru que le vice étouffait la nature,
Que toujours l'ame tendre était honnête et pure.

LE COMTE.

Ah ! madame, il ne faut qu'un instant malheureux ;
Et pour nous l'innocence est un dépôt des cieux,
Qui dans nos faibles mains facilement s'altère.

CÉCILE.

Encore pour ses parens plein d'un tendre intérêt,
Il cherchait les moyens d'adoucir leur misère ;
Il venait m'implorer pour son père et sa mère,
Et ce soin généreux près de nous l'attirait.

LE COMTE.

Pour moi, je l'avouerai, l'équité le demande,
Depuis près de deux ans qu'en ces lieux je commande,
Il s'est toujours conduit comme un homme de bien.

AMÉLIE.

Quel contraste inouï !

M. D'OLBAN.

Moi, je n'y comprends rien.

LE COMTE.

Du reste des forçats on le distingue, on l'aime ;
Chacun veut l'employer. Je lui donne moi-même
Toute la liberté que son état permet,
Et rends son esclavage aussi doux qu'il peut l'être.

M. D'OLBAN.

J'entrevois là-dessous quelque étonnant secret
Qu'il faut absolument parvenir à connaître :
Mon ami, fais venir cet homme singulier ;
Je veux le voir. S'il garde avec moi le silence ,
Au défaut de la voix, l'air et la contenance
Disent la vérité.

LE COMTE.

Je vais vous l'envoyer.

SCÈNE IV.

CÉCILE, AMÉLIE, M. D'OLBAN.

M. D'OLBAN, *à Cécile.*

Sur tout ce que j'entends je gagerais d'avance
Qu'il n'est pas criminel : je le souhaite au moins.
Laissez-moi débrouiller ce chaos.

CÉCILE.

A vos soins
Que ne devrai-je pas , monsieur? et que j'admire
La grandeur de votre ame en cet événement!
Jamais elle n'a mieux paru qu'en ce moment.
Mon cœur en est touché plus que je ne puis dire.
Je penche comme vous à le croire innocent :
Si je m'abuse, hélas! mon erreur m'est bien chère.

AMÉLIE.

Le voici qui s'avance.

D'OLBAN , *à Cécile.*

Il faut vous retirer.
Je le pénétrerai ; mais il est nécessaire
Que je lui parle seul.

CÉCILE.

Oui, nous allons rentrer.
Je me confie aux soins que vous voulez bien prendre.
Quel qu'en soit le succès, revenez me l'apprendre.
Ce que vous aurez fait décidera mon sort ;
Vous me rapporterez ou la vie ou la mort.

(*Elles sortent.*)

SCÈNE V.

M. D'OLBAN, ANDRÉ.

M. D'OLBAN.

Approche, mon ami : l'on dit qu'à La Rochelle
De madame d'Orfeuil tu fus jadis l'amant.
Je suis instruit de tout.

ANDRÉ.

Est-ce ainsi que s'appelle
Celui qui de Cécile est le mari ?

M. D'OLBAN.

Comment !
Ignorais-tu son nom ?

ANDRÉ.

Oui, j'ai su seulement
Qu'avec un homme riche elle s'était unie :
C'est tout ce que j'appris en quittant ma patrie.
Est-elle heureuse au moins ? l'est-elle ? et son époux
Connaît-il bien le prix du trésor qu'il possède ?

M. D'OLBAN.

Son époux ne vit plus.

ANDRÉ, *vivement.*

Il est mort, dites-vous ?

M. D'OLBAN.

Et dans de très-grands biens Cécile lui succède ;
Il l'a faite héritière.

ANDRÉ.

O ciel ! qu'ai-je entendu ?
De ce fatal hymen le nœud serait rompu !
Cécile est libre !... Hélas ! malheureux, que t'importe !
Quel délire insensé t'agite et te transporte ?

Oublieras-tu toujours ton état?

M. D'OLBAN.

                              Mon ami,
Tu le peux oublier, si tu n'en es pas digne.
Du crime cependant tes chaînes sont le signe,
Et c'est par les forfaits que l'on arrive ici.
Quelle autre voie eût pu t'y conduire?

ANDRÉ.

                              Les hommes
Sont-ils justes toujours?

M. D'OLBAN.

                    Toujours? Non, sur ma foi,
Et rien n'est moins commun dans le temps où nous
    sommes.

ANDRÉ.

Eh bien?

M. D'OLBAN.

    En serais-tu victime, ainsi que moi?

ANDRÉ.

Je suis innocent.

M. D'OLBAN.

                    Va, sans peine je le croi;
Et, si tu me dis vrai, tu ne m'étonnes guères.
Puisque tant de fripons évitent les galères,
A leur place il faut bien... Mais revenons à toi.
Nous sommes donc tous deux compagnons d'infortune!
Je viens d'avoir un sort presque pareil au tien;
Et contre les méchans notre cause est commune.
Achève de m'instruire, et ne me cache rien;
Apprends-moi quel sujet...

ANDRÉ.

                    Monsieur, je dois le taire;
Et je mériterais en effet mon malheur,
Si je vous en osais dévoiler le mystère.
C'est un secret trop saint; il mourra dans mon cœur.
Ne le demandez plus : déjà tantôt Cécile
A fait pour l'arracher un effort inutile;
Jugez après cela si vous réussirez.
Ah! vous ne savez pas, jamais vous ne saurez
A quel point j'adorai cette femme accomplie,

Combien je l'aime encor. J'aurais donné ma vie,
Pour qu'il me fût permis de contenter mes vœux,
Et d'arrêter les pleurs qui coulaient de ses yeux.

M. D'OLBAN.

Ecoute, je te vais causer de la surprise ;
Mais le ciel est témoin de ma sincérité :
Je suis vrai, tu te peux fier à ma franchise.
Ne crois point que ce soit par curiosité
Que je te presse ainsi ; ma vue est différente.
Sache enfin mes motifs : j'aime aussi ton amante.

ANDRÉ.

Vous l'aimez !

M. D'OLBAN.
Et j'allais devenir son mari...

ANDRÉ.

Cécile !

M. D'OLBAN.
A m'épouser elle avait consenti...

ANDRÉ.

J'étais donc oublié !

M. D'OLBAN.
Lorsque la destinée
T'a fait trouver ici pour rompre un hyménée
Dont au fond de son cœur Cécile gémissait.
Ce n'est que mon malheur qui la déterminait
A me donner la main.

ANDRÉ, *avec enthousiasme.*
Ah ! voilà bien son ame !
C'est ainsi qu'elle pense, et je la reconnais.

M. D'OLBAN.

Elle m'avait caché ses sentimens secrets ;
Mais dès que j'ai connu sa douleur et sa flamme,
J'ai renoncé moi-même à former des liens
Qui, terminant mes maux, auraient comblé les siens.
Je veux, si tu n'y mets un obstacle invincible,
Vous rendre heureux tous deux.

ANDRÉ.
O ciel ! est-il possible ?
Moi, monsieur, je serais...

M. D'OLBAN.

                  Tu tiens entre tes mains
Le sort de ton amante et tes propres destins.
S'il est vrai que tu sois encore digne d'elle,
A la vertu toujours si tu restas fidelle,
Explique tes malheurs, dis qui les a causés ;
Parle, l'autel t'attend, et tes fers sont brisés.

ANDRÉ, *avec transport.*

C'en est trop. Eh bien! non, je ne suis point coupable:
Apprenez tout : ces fers n'ont rien que d'honorable ;
Ces fers qui devant vous paraissent m'avilir,
La vertu les avoue ; et, loin de me flétrir ,
Ce sont... Ah! malheureux ! tremble; que vas-tu faire?
Grand Dieu ! qu'allais-je dire ?... O mon père ! mon
    père !

M. D'OLBAN.

Achève. Qui t'arrête ? et pourquoi te troubler ?
Quel est donc ce secret ? hâte-toi de parler.

ANDRÉ, *marchant d'un air égaré.*

Je ne me connais plus... Cécile!... chère amante !...
Mon père!... Je frémis : mon trouble m'épouvante.
Le penchant, le devoir , la nature , l'amour
Combattent mon esprit , l'entraînent tour-à-tour.

M. D'OLBAN.

Je ne t'abuse point par un espoir frivole.

ANDRÉ.

Ah! qui l'emportera ? Juste ciel! quel parti !...
Je voudrais...

M. D'OLBAN.

    Eh bien ! quoi ?

ANDRÉ.

             Me voir anéanti.

M. D'OLBAN.

Mais je te l'ai promis, compte sur ma parole.
Un mot va te tirer de cet état d'horreur,
Pour te faire passer au comble du bonheur.

ANDRÉ, *avec abattement.*

Non, non, je n'en dois plus attendre sur la terre :
Tant de félicité n'est pas faite pour moi ;

Et du sort qui m'opprime il faut subir la loi.
Le ciel veut qu'au tombeau j'emporte ma misère.
A quelle épreuve, hélas! met-on ce triste cœur!
Mais, quoi! je pourrais être à celle que j'adore!
Je pourrais... Loin de moi cet espoir séducteur!
Ah! j'allais succomber, et j'en rougis encor.
(à *M. d'Olban.*)
Monsieur, votre bonté redouble mon tourment;
Elle a mis ma vertu dans un péril bien grand.
Je fuis; de mon amour je crains la violence.
Daignez tous désormais m'épargner ces combats;
De grâce, laissez-moi du moins mon innocence,
Le seul bien qui me reste, et le seul dont, hélas!
Il m'est encor permis de jouir ici-bas.

(*Il s'en va.*)

SCÈNE VI.

M. D'OLBAN.

Cet homme est innocent; l'on ne peut s'y méprendre:
Il a l'ame élevée autant que le cœur tendre;
Sa conscience est pure; et, je n'en doute pas,
Il n'est qu'infortuné.
(*Il se promène en rêvant sur le devant du théâtre.*)

SCÈNE VII.

M. D'OLBAN, LISIMON.

LISIMON, *dans le fond.*
　　　　　　　　Voici donc le rivage
Où mon fils est venu languir dans l'esclavage.
Votre bras, ô mon Dieu! l'aura-t-il soutenu
Au milieu des horreurs d'un destin si funeste?
Le reverrai-je? ou bien dans le séjour céleste
Lui payez-vous déjà le prix de sa vertu?
M. D'OLBAN, *sur le devant de la scène.*
Ce silence pourtant.... ce silence m'étonne.
A quoi l'attribuer? Quels motifs si puissans...
LISIMON, *avançant un peu.*
Comment m'y prendre? ici je ne connais personne!

Qui daignera vers lui guider mes pas tremblans?
M. D'OLBAN.
Sûrement ce n'est pas le remords ni la honte
Qui le force au silence : il le garde à regret ;
Et son père est, je crois, mêlé dans ce secret.
Mais Cécile m'attend, allons lui rendre compte.
Que je la plains !

LISIMON, l'abordant.

    Je suis étranger dans ces lieux ;
Monsieur, ayez pitié d'un vieillard malheureux :
C'est la nature, hélas ! c'est l'amour paternelle
Qui m'arrache au tombeau d'une épouse fidelle,
Et me fait de bien loin, par un dernier effort,
Malgré le poids des ans, chercher ce triste bord.
J'y viens d'un devoir saint remplir les lois sévères ;
Mais ce devoir m'est cher. J'ai mon fils aux galères :
Je viens avec transport reprendre en ces momens
Des fers qu'il n'a pour moi portés que trop long-temps.
M. D'OLBAN.
A ta place, dis-tu, pour soulager tes peines,
Ses généreuses mains...

LISIMON.

    Ses mains ont pris mes chaînes,
Et pour l'en dégager j'arrive maintenant.
Si j'arrive assez tôt, je mourrai trop content.
M. D'OLBAN.
Et le nom de ce fils ?
LISIMON.
   C'est André qu'il s'appelle.
M. D'OLBAN.
André ?

LISIMON.

  M'en pourriez-vous donner quelque nouvelle?
Serait-il par hasard connu de vous ici ?
M. D'OLBAN, avec transport.
André ! lui, c'est ton fils ? c'est ta chaîne qu'il porte?
Oui, oui, je le connais... Tout cela se rapporte ;
J'avais bien présumé... Que mon cœur est ravi !
Allons, courons vers elle. Ah ! qu'elle aura de joie !..

Mais non, il faut avant que je sois éclairci.
Viens, suis-moi, bon vieillard, c'est le ciel qui t'envoie;
Viens, tu m'apprendras tout : tu t'es bien adressé,
Et je te servirai; j'y suis intéressé.
Quoi que le sort m'ait fait et me garde d'outrage,
Si leur félicité peut être mon ouvrage,
L'existence m'est chère, et j'en rends grâce aux cieux :
Il n'est point de malheur pour qui fait des heureux.

FIN DU QUATRIÈME ACTE.

ACTE V.

SCÈNE PREMIÈRE.

M. D'OLBAN, LE COMTE, LISIMON.

M. D'OLBAN, au Comte.

Vous ne me croiriez pas, et vous auriez raison;
Je ferais comme vous : une telle action
Est trop belle aujourd'hui pour être vraisemblable.
Mais tenez, le voilà ce vieillard respectable;
Il le faut écouter lui-même.

LISIMON.

                 C'est toujours
Avec ravissement que ma bouche répète
L'histoire des malheurs répandus sur mes jours.
Tout horribles qu'ils sont, mon ame satisfaite
Trouve à les raconter une douceur secrète :
C'est faire en même temps l'éloge de mon fils,
Parler de ses vertus, dignes d'un autre prix;
De ce que je lui dois rappeler la mémoire,
Et m'honorer moi-même en publiant sa gloire.
       (au Comte.)
Peut-être que déjà d'André vous l'aurez su :
A sa conduite au moins on l'aura reconnu;

Et je l'avoue aussi, nous sommes l'un et l'autre
D'une religion que réprouve la vôtre.
Ne peut-on se tromper sans être criminel?
Vertueux et soumis, si dans l'erreur nous sommes,
Nous osons espérer en la bonté du ciel,
Et croyons mériter l'indulgence des hommes.
La Rochelle long-temps nous avait dans son sein
Vu jouir d'un obscur et tranquille destin,
Quand, suivi de mon fils et de sa triste mère,
J'allai remplir vers Nîmes un secret ministère.
J'y croyais vivre encor dans un repos heureux;
Mais Dieu qui jusqu'alors, daignant m'être propice,
M'avait environné d'une ombre protectrice,
Dieu laissa découvrir mes travaux dangereux,
Et l'on me condamna pour toujours aux galères.

LE COMTE, *à M. d'Olban.*

Il avait tort : tu sais les défenses sévères...

LISIMON.

On me traînait déjà vers ce séjour affreux ;
J'y marchais, en poussant des sanglots douloureux.
Voici que tout-à-coup je vois sur mon passage,
Mon fils, mon cher André précipiter ses pas.
La nature éperdue animait son courage;
Pâle et tremblant, les pleurs inondaient son visage.
Il jette un cri, s'élance, et me serre en ses bras :
« Arrêtez, me dit-il; non, non, vous n'irez pas;
» Courez vers votre épouse: hélas! elle est mourante;
» Courez rendre la vie à ma mère expirante,
» Et fuyez avec elle au milieu des déserts.
» Vous êtes libre, allez, je viens prendre vos fers. »
Étonné, confondu, je respirais à peine;
Je ne pouvais parler. Mon fils au même instant
Tombe aux pieds de celui qui conduisait la chaîne,
Le presse, le conjure, enfin, l'attendrissant,
Par ses pleurs, par ses cris obtient qu'en esclavage
Il soit, au lieu de moi, conduit sur ce rivage.

M. D'OLBAN, *au Comte.*

Eh bien! qu'en penses-tu, mon cher? Tu ne dis rien?

LE COMTE.

Ah! je suis pénétré.

M. D'OLBAN.

Vraiment, je le crois bien.

LISIMON.

Transporté d'obtenir cette funeste grâce,
Fier de m'ôter mes fers, André prit donc ma place ;
Et moi, je l'avouerai, moins généreux que lui,
Je souffris, en pleurant, cet échange inouï ;
Je cédai, dans l'espoir que peut-être à la vie
Je pourrais rappeler une épouse chérie.
Ma présence en effet, mon amour, mes secours
L'empêchèrent alors de terminer ses jours :
Mais elle en a passé le reste dans les larmes,
Au sein de l'indigence et parmi les alarmes.
Sans cesse nous pleurions notre malheureux fils.
Je voulais quelquefois, du milieu des Cévennes,
La quitter, pour venir reprendre ici mes chaînes ;
Elle me retenait, en redoublant ses cris.
Enfin, le mois dernier, ses forces s'épuisèrent,
En me nommant son fils je la vis expirer ;
Et seul, sans nul secours, réduit à l'enterrer,
Je lui creusai sa fosse, et mes mains l'y placèrent.
Hélas! en m'acquittant de ce lugubre emploi,
J'aurais dans le tombeau désiré de la suivre ;
Mais un autre devoir aussi sacré pour moi
Me restait à remplir, et m'ordonnait de vivre.
A ma place en ces lieux mon cher fils gémissait ;
Ma mort dans l'esclavage à jamais le laissait ;
Et j'ai voulu du moins terminer sa misère,
Avant d'aller enfin me rejoindre à sa mère.

LE COMTE, *à M. d'Olban.*

Nous en savons assez.

M. D'OLBAN.

Oui, c'est à vous d'agir.

LE COMTE.

Comment?

M. D'OLBAN.

N'êtes-vous pas l'ami des commissaires?

LE COMTE.

J'entends ; oui, je le suis. A des preuves si claires
S'ils résistaient, ma voix peut du moins les fléchir ;
Ils voudront m'obliger.

M. D'OLBAN.

Tu te moques, je pense :
T'obliger ? Ce sont eux, je le dis hautement,
Qui te devront ici de la reconnaissance.
C'est rendre à l'homme en place un service important
Que d'éclairer ses yeux sur le bien qu'il peut faire.

LISIMON, *regardant la galère.*

Sans doute la voilà cette triste galère !
      (*à M. d'Olban.*)
Ne tardons plus, monsieur ; menez-moi vers mon fils ;
Que j'aille...

M. D'OLBAN.

Il n'est pas temps.

LISIMON.

Ah ! vous m'avez promis...

M. D'OLBAN.

Je te promets encor ; mais fais ce que j'exige.
Tu le verras bientôt ; j'ai mes raisons, te dis-je.
      (*au Comte.*)
Nous allons de vos soins attendre le succès.
            (*Il sort et emmène Lisimon.*)

SCÈNE II.

LE COMTE.

J'espère qu'il sera conforme à mes souhaits.
Il faut m'en assurer. A ses douleurs en proie,
Cécile, en ce moment, est digne de pitié :
Mais ne hasardons point, par une fausse joie,
De lui rendre cruels les soins de l'amitié.
(*Il veut sortir, et il est rencontré par Cécile, qui
      entre avec Amélie.*)

SCÈNE III.

LE COMTE, CÉCILE, AMÉLIE.

CÉCILE, *au Comte.*

Monsieur, envoyez-moi ce malheureux ; qu'il vienne ;
Je veux encor le voir.

LE COMTE.

Je vais vous obéir.

AMÉLIE.

O Dieu! dans ses douleurs daigne la secourir.

LE COMTE, *vivement à Amélie.*

Madame, il le fera; que l'espoir vous soutienne.
Je ne m'explique point. Adieu, consolez-la;
Peut-être que bientôt son malheur finira.

SCÈNE IV.

CÉCILE, AMÉLIE.

*(Cécile, plongée dans une profonde rêverie, ne semble
faire aucune attention à ce que dit le Comte, et
Amélie, au contraire, en est transportée.)*

AMÉLIE.

Ah! madame, écoutez ce fortuné présage :
Ce n'est pas sans sujet qu'il nous tient ce langage;
Non, ils ont découvert quelque chose d'heureux.
Une secrète joie éclatait dans ses yeux...
Vous ne m'écoutez point. Immobile et glacée,
Sous le poids des douleurs vous semblez affaissée.
Le Comte me l'a dit, vos malheurs vont finir.

CÉCILE, *d'une voix faible et sans changer d'attitude.*

Qui, sans doute... au tombeau.

AMÉLIE.

                    Vous me faites frémir.

CÉCILE.

Je le sens, oui, je touche à la fin de ma vie,

AMÉLIE, *lui prenant tendrement la main.*

Cruelle, songez-vous que c'est à votre ami,
A votre amie, à moi, que vous parlez ainsi?
Vous ne m'aimez donc plus?

CÉCILE.

                    O ma chère Amélie!
Pardonne au désespoir; c'est lui qui parle ici.
Sous l'excès de mes maux il faut que je succombe :
La mort va les finir, je dois la souhaiter,
Et pourtant je me trouble à l'aspect de ma tombe;
Je ne puis sans terreur songer à te quitter,

Car je n'ai que toi seule à regretter au monde.
Ah! du moins, en mourant, je ne te laisse pas
Dans un triste abandon, sans secours ici-bas.
J'avais déjà tantôt, en ma douleur profonde,
De d'Olban en secret assuré le destin ;
Mais depuis que je crois approcher de ma fin,
J'ai disposé de tout, et de mon héritage
Je viens entre vous deux d'ordonner le partage.
        (*ici Amélie fond en larmes.*)
Tu pleures ; je ne puis te blâmer de pleurer,
Tu n'as pas tort ; tu perds une bien bonne amie,
        (*la pressant tendrement contre son sein.*)
Et dont tu fus toujours bien tendrement chérie.
Tu ne l'oublieras pas, j'ose m'en assurer.
        AMÉLIE, *avec un transport de douleur.*
Vous déchirez mon cœur.
                CÉCILE.
                        Ecoute une prière
Qui t'est de ma tendresse une preuve dernière.
Tiens ma place, prends soin de cet infortuné ;
Je te le recommande. Hélas ! quoiqu'il soit né
                (*apercevant André.*)
Pour être... Dieu ! c'est lui ! défaillante, éperdue,
Ah ! je sens que je vais expirer à sa vue.

SCÈNE V.

CÉCILE, AMÉLIE, ANDRÉ.

(*Amélie pleure amèrement ; André s'avance à pas
lents ; Cécile baisse les yeux à son approche, et
demeure quelque temps sans parler.*)
        CÉCILE, *à André.*
Ne pense pas qu'ici, par un second effort,
Je cherche à t'arracher le secret de ton sort ;
Je sais trop que sur toi je n'ai plus de puissance.
Garde, garde à jamais ton barbare silence ;
Tu le veux, j'y consens. Près du terme fatal,
Sur le bord du cercueil, tout devient presque égal.
Cependant je n'ai pu me refuser encore

Pour la dernière fois... dirai-je le plaisir
Ou l'horreur de te voir, avant que de mourir ?
Ah ! tout me dit en vain qu'il faut que je t'abhorre :
Tu fis tous mes malheurs, tu m'arraches le jour,
Et tu ne peux, cruel, m'arracher mon amour !
Mon trépas rend enfin cet aveu pardonnable ;
Il l'expiera du moins : innocent ou coupable,

(à Amélie.)

Je meurs en t'adorant. Puissé-je... Soutiens-moi.

AMÉLIE, la soutenant, et tout effrayée.

Cécile !

CÉCILE, se laissant aller dans ses bras.
Je succombe.

ANDRÉ, avec saisissement.

Ah ! qu'est-ce que je vois ?

AMÉLIE, à André.

Ton ouvrage, barbare ! il faut bien qu'elle meure.
Regarde-la,

CÉCILE, à moitié évanouie dans les bras d'Amélie.

Mon Dieu ! hâte ma dernière heure ;
Abrège mes douleurs.

ANDRÉ, courant à Cécile, prenant avec transport une
de ses mains, et la collant à sa bouche.

Non, vivez pour m'aimer ;
Ma Cécile, vivez ; vivez pour m'estimer :
J'en suis digne toujours. Voyez-moi...

CÉCILE, le regardant languissamment, sans retirer la
main qu'il presse toujours contre ses lèvres.

Que je vive ?
Ah ! tu ne le veux pas.

ANDRÉ.

O ciel ! tu m'y réduis :
Je n'y résiste plus, et, quoi qu'il en arrive,
Il faut parler.

CÉCILE.

Ingrat ! nous qui n'avions jadis
Que les mêmes plaisirs et que les mêmes peines !

ANDRÉ.

Eh bien ! vous l'emportez. C'en est fait, je me rends ;
Vous allez tout savoir.

CÉCILE *cessant de s'appuyer sur* Amélie, *et semblant*
reprendre des forces à ces mots.

Tu ranimes mes sens :
Mais ne me donne pas des espérances vaines.
Mon ami, tes secrets, ne le sais-tu pas bien,
En entrant dans mon cœur, ne sortent pas du tien.
Poursuis donc : que crains-tu ? parle, je t'en conjure
Par tout ce qu'ont de saint l'amour et la nature ;
Par ce feu dont toujours je brûle malgré moi ;
Par mes pleurs, qui jamais n'ont coulé que pour toi.

ANDRÉ.

Ils ne tariront pas. Non, femme infortunée,
A des larmes de sang vous êtes condamnée :
Vous pleurerez bien plus dès que j'aurai parlé,
Quand ce secret fatal vous sera révélé.
Quelle épreuve, grand Dieu ! pour le cœur d'une amante !
Ah ! Cécile, tremblez ; songez bien que vos yeux
Vont me voir innocent... peut-être vertueux,
Et condamné pourtant à l'horreur accablante
De vivre et de mourir en ces indignes lieux.
Vous m'en pourrez tirer en rompant le silence ;
Mais si vous l'osez faire, à vos pieds à l'instant
Je punirai sur moi ma coupable imprudence,
Et mon sang...

CÉCILE.

Je frémis, tout mon corps est tremblant ;
Achève, ou je me meurs.

ANDRÉ.

Eh bien donc, c'est mon père
Qui jusqu'à ce moment m'a contraint à me taire ;
C'est lui, s'il vit encore...

SCÈNE VI.

CÉCILE, AMÉLIE, ANDRÉ, LISIMON,
M. D'OLBAN, LE COMTE.

LISIMON, *s'élançant dans les bras de son fils.*

Oui, ton père est vivant,

Mon cher fils... mais il va mourir en t'embrassant.

ANDRÉ.

Mon père !

CÉCILE.

Lisimon !

ANDRÉ.

O ciel ! par quelle grâce !..

CÉCILE, *sautant au cou de Lisimon.*

Voyez votre Cécile.

LISIMON, *l'embrassant.*

Et toi, ma fille, aussi ?

CÉCILE, *avec vivacité.*

Il est donc innocent ?

ANDRÉ.

Que mon cœur est saisi !
Ah ! mon père, est-ce vous, est-ce vous que j'embrasse ?
Je ne suis plus à plaindre. A présent votre fils
De ce qu'il a souffert reçoit un digne prix.

CÉCILE.

C'est lui ! c'est Lisimon ! ô rencontre imprévue !
(*Elle prend une des mains du vieillard, et la baise*
avec des tranports de tendresse.)
Jamais à ce bonheur me serai-je attendue ?
Mon respectable ami ! mon père !

LISIMON, *entre André et Cécile, et leur rendant*
tour-à-tour leurs caresses.

Mes enfans,
Je crois que je mourrai dans vos embrassemens.
Ah ! mon cœur oppressé ne bat plus qu'avec peine.
(*Il s'appuie sur André.*)

CÉCILE.

Grâce au Ciel, maintenant j'en suis enfin certaine,
André n'est pas coupable. Oh ! non, il ne l'est pas ;
Je n'en peux plus douter, puisqu'il est dans vos bras
C'est en vain que ses fers...

LISIMON, *avec enthousiasme.*

Respectez-les, ma fille

L'or qui couvre le grand, et dont l'opulent brille,
Leur donne moins d'éclat que ces fers glorieux
N'en répandent ici sur ce fils généreux.
Ils sont de sa vertu le libre et cher partage,
L'honneur de la nature, et l'effort du courage.

ANDRÉ, *d'un air effrayé.*

Ah! de grâce, arrêtez.

CÉCILE, *à Lisimon.*
Quoi! ses fers...

LISIMON.
Sont les miens.

Il se chargea pour moi de ces honteux liens;
Mais je viens les reprendre.

CÉCILE, *levant les bras avec un transport de joie qui
la met tout hors d'elle-même.*

Ah! d'Olban! Amélie!

(*au Comte.*)

Monsieur, entendez-vous? Entends-tu, mon amie?

ANDRÉ, *à son père.*

Ne perdez point de temps, et fuyez de ces lieux;
Fuyez, vous dis-je, allez, retournez vers ma mère.

LISIMON.

Hélas! elle n'est plus.

ANDRÉ.
Qu'entends-je? Justes cieux!

Ma mère...

CÉCILE, *avec saisissement.*
Elle est morte! elle, à qui je fus si chère!

LISIMON, *à son fils.*

Ce n'était, tu le sais, que pour la secourir,
Qu'à te céder mes fers j'avais pu consentir.
Mais dès qu'elle a fini sa pénible carrière,
Privé du nom d'époux, je ne suis plus que père.
Quitte envers elle, il faut m'acquitter envers toi,
Et j'aurai satisfait à tout ce que je doi.
(*Il se tourne vers le Comte, et va se jeter à ses pieds.*)
C'est de vous que dépend la grâce que j'espère;
Je l'implore à vos pieds.

ANDRÉ, *se précipitant aussi aux genoux du Comte.*
            Ne le croyez pas, non.

LISIMON.

Monsieur, ayez pitié de mon affliction ;
Entendez les sanglots d'un vieillard déplorable ;
Regardez ces cheveux blanchis dans les douleurs,
Ce front ridé, flétri ; voyez couler mès pleurs,
Et ne les voyez pas d'un œil impitoyable :
Ah ! rendez-moi mes fers.

ANDRÉ.

            Monsieur, je vous l'ai dit,
C'est l'amour paternel, hélas ! qui le conduit ;
Qui le porte à venir, pour un enfant qu'il aime,
S'offrir à l'infortune, et s'accuser lui-même ;
Mais ces fers sont à moi ; le fardeau m'en est doux.
    (*Se tournant vers son père, les mains jointes.*)
Et vous, de grâce encor, mon père, éloignez-vous ;
Souffrez...

LISIMON, *embrassant de nouveau les genoux du Comte.*

    (*à André.*)   (*Au Comte.*)
    Jamais. Monsieur, que ma douleur vous touche !
La pure vérité vous parle par ma bouche.
Ah ! tant d'autres ici pleurent à vos genoux
Pour sortir d'esclavage, et voir finir leurs peines ;
Moi, j'embrasse vos pieds pour obtenir des chaînes.
    CÉCILE, *se renversant dans les bras d'Amélie.*
Mon cœur se brise.

M. D'OLBAN.

            O Dieu ! vois ces nobles combats,
Baisse un moment ici tes regards sur la terre :
Ce spectacle en est digne.

    LE COMTE, *les relevant et les embrassant.*

                O vrai fils d'un tel père !
Bon vieillard, mes amis, venez tous dans mes bras.
Ah ! que vos cœurs sont grands, sont au-dessus des
    nôtres !
Vous étiez à mes pieds, c'est à moi d'être aux vôtres.

Mais, encore un moment, à nos yeux j'ai voulu
Vous laisser déployer toute votre vertu :
Elle honore la terre ; et votre délivrance
Doit de tant d'héroïsme être la récompense.
Aussi j'en viens pour vous d'obtenir la faveur,
Sûr qu'elle aura l'aveu d'un roi dont la clémence
De la loi, quand il faut, tempère la rigueur.
Il prise la vertu, quelque part qu'elle brille ;
Et demandant au ciel d'éclairer vos esprits,
Il vous traite en enfans égarés, mais chéris,
Qu'il se plaît à compter toujours dans sa famille.

LISIMON.

Ah ! pour l'aimer aussi nos cœurs vraiment français
Bénissent son empire avec tous ses sujets.
Oui, si sur quelques points, où nous errons peut-être,
Une fausse raison nous sépara de vous,
Servir notre patrie, adorer notre maître,
Sont des sentimens saints qui nous rejoignent tous.

CÉCILE.

O jour ! jour fortuné ! quel retour favorable !
L'aurions-nous pu prévoir ?
M. D'OLBAN, *prenant André par la main, et le pré-
sentant à Cécile avec qui il l'unit.*

                    Cécile, c'est ma main
Qui vous doit présenter cet amant respectable :
Il est digne de vous ; soyez unis enfin.
    (*à André.*)
André, reçois de moi cette femme adorable.
Quoiqu'on ne puisse trop admirer tes vertus,
Le prix qui les couronne est peut-être au-dessus.

ANDRÉ, *voulant se jeter aux pieds de M. d'Olban,
qui l'en empêche.*

Moi, monsieur, son époux ?

CÉCILE, *voulant se jeter sur le bras de M. d'Olban,
avec un transport de reconnaissance.*

                    Ah ! vous serez mon frère.
Soyez de la famille, et ne nous quittons plus.
    Fenouillot de Falbaire.   11

(*à Lisimon.*)
Bénissez vos enfans.

LISIMON, *bénissant André et Cécile.*

Puisse un hymen prospère
Vous faire aimer toujours le tendre nom d'époux !
Puissiez-vous, comme moi, dans des momens si doux,
Remercier le Ciel du bonheur d'être père !

FIN DE L'HONNÊTE CRIMINEL.

TABLE DES MATIÈRES.

FIN DE FENOUILLOT DE FALBAIRE.

THÉATRE

DE

DESFAUCHERETS,

Édition-Touquet.

PARIS.

Chez l'Éditeur, rue de la Huchette, n°. 18.

1821.

LE MARIAGE SECRET,

COMÉDIE

EN TROIS ACTES ET EN VERS

DE

DESFAUCHERETS,

Représentée, pour la première fois, le 10 mars 1786.

> . . . . Ne songez qu'au plaisir.
> (Mme. DE VOLMARE,
> *dernier vers du premier acte.*)

Desfaucherets.

ACTEURS.

M. DE BESSONCOUR.
PERMAVILLE.
MERVAL.
LE CHEVALIER DISTELLE.
WILLIAMS, jockey.
ÉMILIE.
MADAME DE VOLMARE.

La scène est dans le château de M. de Bessoncour. Le théâtre représente un salon où répondent plusieurs appartemens.

LE MARIAGE SECRET,
COMÉDIE.

ACTE PREMIER.

SCÈNE PREMIÈRE.

ÉMILIE, MADAME DE VOLMARE.

MADAME DE VOLMARE.

Peut-on, comme un enfant, se dépiter ainsi?

ÉMILIE.

Eh bien! oui, laissez-moi.

MADAME DE VOLMARE.

Vous me boudez aussi?

ÉMILIE.

J'ai besoin d'être seule.

MADAME DE VOLMARE.

Eh! non, mon Emilie,
Vous avez besoin d'être avec moi.

ÉMILIE.

Je vous prie...

MADAME DE VOLMARE.

Soyez heureuse et calme, et je vous obéis.
Le bonheur aisément peut se passer d'amis;
Mais un profond chagrin trouble en secret votre ame:
Ce moment m'appartient, et mon cœur le réclame.

ÉMILIE.

Toujours la même.

MADAME DE VOLMARE.

Oh! oui, toujours vous aimant bien.
Mais quittez cet air sombre et ce triste maintien.
Trouve-t-on dans ses pleurs un remède à ses peines?
Les vôtres aujourd'hui sont d'ailleurs...

Desfaucherets. 2

ÉMILIE.

Très-certaines.

MADAME DE VOLMARE.

Et très-promptes surtout. Le plaisir, ce matin,
Répandait son éclat sur votre front serein ;
Prêtant à vos discours un charme plus aimable,
La gaieté vous conduit, et vous anime à table.
Enchanté du bonheur qu'il croit fixé chez lui,
Notre oncle, de la ville exagérant l'ennui,
Veut prendre, cet hiver, son château pour asile ;
L'officieux Merval et l'adroit Permaville,
De ses moindres désirs louangeurs aguéris,
A ce nouveau projet répondent à grands cris.
Vous gardez le silence, et sur votre visage
De degrés en degrés se répand un nuage.

ÉMILIE.

Vous l'avez vu,.cruelle !

MADAME DE VOLMARE.

Et j'ai servi vos vœux.

ÉMILIE.

En louant ce projet cent fois encor plus qu'eux ;
C'est fort bien.

MADAME DE VOLMARE.

C'est le mieux dans la place où nous sommes ;
Ce sont de grands enfans que la plupart des hommes.
Obstiné s'il combat, dégoûté s'il obtient,
Ma chère, qui peut tout, ne veut bientôt plus rien.
Mais parlons vrai : sensible, et dans l'âge ou vous êtes,
Paris n'entre pour rien dans vos douleurs secrètes.
On ne me trompe pas : l'ennni rend sérieux ;
Les pleurs viennent du cœur, et j'en vois dans vos yeux.

ÉMILIE, *troublée.*

Moi ! point.

MADAME DE VOLMARE.

De les cacher, allons, soyez moins vaine ;
Offensez l'amitié, redoublez votre peine.
Beau calcul ! pour nous deux faites-en un moins faux.
Mettez, à m'avouer la cause de vos maux,
Le courage qu'ici vous mettez à les feindre.

L'effort sera plus doux, et l'effet moins à craindre :
Contre votre chagrin alors nous serons deux,
Et, souffrant beaucoup moins, nous agirons bien mieux.

ÉMILIE.

Non, non ; c'est sans espoir.

MADAME DE VOLMARE.

      Propos de la tristesse ;
Elle est comme la peur, elle accroît la faiblesse.
Parions qu'un seul mot, dans votre sort affreux,
De ce triste destin fait un état heureux.

ÉMILIE.

Mais, oui.

MADAME DE VOLMARE.

    Je vous entends : au sein de cette ville,
Dont notre oncle aujourd'hui pour l'hiver nous exile,
Est un homme sensible, aimable, doux, charmant ;
Enfin, ce qu'en un mot on appelle un amant...
Vous détournez les yeux ! N'est-ce pas, je devine ?

ÉMILIE.

A peu près.

MADAME DE VOLMARE.

En quoi donc me trompai-je, cousine ?

ÉMILIE.

Ce n'est pas un amant.

MADAME DE VOLMARE.

Eh ! quoi ?

ÉMILIE.

       C'est un mari.

MADAME DE VOLMARE.

C'était un peu trop fort à deviner aussi.
Comment ! sans nul aveu, sans le dire à personne !

ÉMILIE.

Mon silence avec vous vous blesse et vous étonne...

MADAME DE VOLMARE.

Parlons de vos tourmens, vos torts viendront après.

ÉMILIE.

De mon premier mari les désordres secrets
De mon oncle jadis excitèrent la haine ;
Liée à son destin, j'en partageai la peine ;

Et bientôt l'infortune où me plongea sa mort,
Au loin, dans un couvent, fixa long-temps mon sort.
Là, par tous les moyens qu'un vrai regret suggère,
Je cherchais, veuve et libre, à fléchir la colère
De l'homme qui lui seul pouvait calmer mes maux.
L'amour dans mon désert m'en forgea de nouveaux :
Il m'offrit des mortels le plus vrai, le plus tendre...
Des feux que j'inspirais je ne pus me défendre ;
Mais notre peu de biens, le besoin de l'aveu
D'un oncle encore aigri contre un premier neveu,
Sur l'hymen qu'il m'offrit soutinrent mon courage.
Enfin...

MADAME DE VOLMARE.

L'amour parla : je connais son langage.

ÉMILIE.

Au-delà de la mer, l'ordre du souverain
Envoyait tout son corps. Pour exiger ma main
Il me peint ses malheurs et sa crainte et sa flamme ;
Tout l'orgueil dont ce titre échauffera son ame ;
En vain, balbutiant quelques refus légers,
Je veux de ce projet lui montrer les dangers :
Ses pleurs...

MADAME DE VOLMARE.

Au fait, que peut la raison la meilleure,
Au moment d'un départ, contre un amant qui pleure ?

ÉMILIE.

Oh ! vraiment la raison, elle était bien pour moi ;
Mais l'amour était contre.

MADAME DE VOLMARE.

Il reçut votre foi ?

ÉMILIE.

Avec tout le secret que demandait ma crainte ;
Et pour que rien alors n'y pût porter atteinte,
Il sortit de l'autel pour suivre ses drapeaux.

MADAME DE VOLMARE.

Sans vous être revus ?

ÉMILIE.

A peine ses vaisseaux
L'éloignaient de nos ports, pardonnant mes offenses,

Vaincu par ses amis, le temps et mes instances,
Mon oncle près de lui m'appelle, sous la loi
Qu'aucun hymen jamais n'engagera ma foi,
Pour sauver les chagrins que le premier lui donne.

MADAME DE VOLMARE.

Ah! la précaution était alors bien bonne.

ÉMILIE.

J'attendais: ce matin, une lettre m'instruit
Qu'en France, mon mari, par la paix reconduit,
Après quelques momens de séjour dans la terre
D'un parent riche et vieux qui lui tient lieu de père,
Dans huit jours à Paris doit être de retour:
Mon oncle à ce moment y revient à son tour.
J'entrevois le bonheur ; point du tout: pour l'année
Dans ce maudit château me voilà confinée,
Et tout espoir me fuit.

MADAME DE VOLMARE.

Il n'est donc pas connu ?

ÉMILIE.

Lui? son nom même ici n'est jamais parvenu.

MADAME DE VOLMARE.

En ce cas, au plutôt cherchons à l'introduire.

ÉMILIE.

Je vous reconnais bien : trouvant sur tout à rire.

MADAME DE VOLMARE.

Non, vraiment ; je veux voir mon petit cousin, moi:
Il doit être charmant.

ÉMILIE.

Vous me glacez d'effroi :
Vous voulez...

MADAME DE VOLMARE.

Quel obstacle ?

ÉMILIE.

Il en est d'invincibles.

MADAME DE VOLMARE.

Pour une femme.

ÉMILIE.

Ah! ciel !

MADAME DE VOLMARE.

Voilà nos gens sensibles ;

Forts pour faire une faute, et s'en désespérer ;
Morts d'effroi, quand pour eux on veut la réparer.
Je veux qu'il vienne ici.

ÉMILIE.

                 Voyez ce qu'il m'en coûte.
Si mon oncle...

MADAME DE VOLMARE.

       Vraiment, c'est bien sans qu'il s'en doute.

ÉMILIE.

Comment ?

MADAME DE VOLMARE.

      Par ses amis : n'est-ce pas leur devoir ?

ÉMILIE.

Oh ! ils le voudront bien !

MADAME DE VOLMARE.

               Nous leur ferons vouloir.
Voilà le nôtre à nous.

ÉMILIE.

         Oui, monsieur Permaville
Qui, né jaloux de tout, et pour lui seul utile,
De mon oncle qu'il flatte et qu'il mène aujourd'hui,
Ecarte ceux qu'il croit plus aimables que lui ;
Qui de son tendre amour m'offrit cent fois l'hommage,
Dès que vous le voudrez, avec ardeur, je gage,
Viendra dans le château présenter mon mari.

MADAME DE VOLMARE.

Si je le voulais bien, cela serait ainsi :
Mais le temps presse ; il faut un moyen plus rapide.

ÉMILIE.

Prenez monsieur Merval, mal-adroit, intrépide,
Qui sait tout, qui fait tout, et fait toujours tout mal.

MADAME DE VOLMARE.

Il agit, c'est assez, le reste m'est égal.

ÉMILIE.

Bavard.

MADAME DE VOLMARE.

Tant mieux ; il dit ce qu'on veut.

ÉMILIE.

                   Imbécille..
Vous-même...

MADAME DE VOLMARE.

Je l'ai dit ; mais il peut être utile.
Qu'importe ? dans ce monde, avec tout homme il faut
Estimer ce qu'il peut et jamais ce qu'il vaut.
Il vient, vous allez voir comme on traite une affaire.

ÉMILIE.

Madame de Volmare, ah, ciel ! qu'allez-vous faire ?

MADAME DE VOLMARE.

Votre bonheur, enfant.

(Elle l'embrasse.)

SCÈNE II.

EMILIE, MADAME DE VOLMARE, MERVAL.

MERVAL.

J'arrive toujours bien.

MADAME DE VOLMARE.

C'est ce que nous disions.

MERVAL.

J'étais de l'entretien ?

MADAME DE VOLMARE.

Nous parlions de vos soins, surtout de votre adresse.

MERVAL.

Chez moi c'est habitude.

MADAME DE VOLMARE.

Ah, ah !

MERVAL.

Dès ma jeunesse
J'eus le goût d'être utile, et quand j'agis d'abord
Je trouve le plus court et le mieux sans effort.
Aussi j'oblige avant qu'on le demande même :
Voilà pourquoi je vois que tout le monde m'aime.

ÉMILIE, *à part.*

C'est bien voir.

MADAME DE VOLMARE.
(à Emilie.) (à Merval.)
Paix ! Surtout monsieur de Bessoncour.

MERVAL.

Oh ! lui, sans me vanter, me doit quelque retour :

Dès qu'il veut quelque chose, à toute heure il me
    trouve.
Je ne me défends pas du plaisir que j'éprouve ;
Il a le cœur si bon !

MADAME DE VOLMARE.

          L'esprit si doux !

MERVAL.

                    Charmant.
S'il se moque de moi, c'est toujours si gaiement !

MADAME DE VOLMARE.

Fait en tout pour le monde.

MERVAL.

         Ah ! bien mieux que personne,
Opulent comme il est.

MADAME DE VOLMARE.

          Aussi ce qui m'étonne,
C'est qu'un cercle choisi, je suppose par vous,
Animant sa gaieté, multipliant ses goûts,
De plaisirs plus nombreux n'occupe pas sa vie.
Le spectacle, à mon gré, le plus digne d'envie,
C'est un vieillard aimable et chez lui caressé.

MERVAL.

Ce que vous dites là, je l'ai toujours pensé.
Mais dit-on quelque chose, aussitôt Permaville
Du sarcasme avec vous prend le rire et le style ;
Amenez-vous quelqu'un, il trouve à vos amis
Quelques défauts toujours pour n'être pas admis.
Pour peu qu'on ait d'esprit, sa rigueur est extrême :
C'est au point que j'ai craint quelquefois pour moi
    même.

MADAME DE VOLMARE.

Pour vous, monsieur Merval ! tout le monde aura
    peur.

MERVAL.

Il rend déjà votre oncle et farouche et grondeur :
Bientôt tout souffrira de son humeur chagrine.

MADAME DE VOLMARE.

Voit-on mieux que Monsieur ? Vous trompai-je,
    cousine ?

MERVAL.

Il serait un moyen pour nous en garantir,
Si l'aimable Emilie y voulait consentir.

MADAME DE VOLMARE.

D'avoir recours à vous elle avait bien envie ;
Mais elle est si timide.

ÉMILIE.

Achevez, je vous prie ;
Que puis-je à tout ceci ?

MERVAL.

Quand on est comme vous,
Qu'on a le cœur sensible et des regards si doux,
L'ennui d'un long veuvage est lourd pour une femme.

ÉMILIE.

Que veut-il ?

MADAME DE VOLMARE.

Mais je crois qu'il a lu dans notre ame.

MERVAL.

Oh ! je vois juste.

MADAME DE VOLMARE.

Eh bien ?

MERVAL.

En prenant un mari,
De vous et de votre oncle également chéri ,
Vous reprenez l'empire ici.

MADAME DE VOLMARE.

C'est admirable !
Un mari ?

MERVAL.

N'est-ce pas ? Il faut qu'il soit aimable,
Surtout vous aimant bien. N'en connaissez-vous pas ?

ÉMILIE.

Mais j'entrevois encor de bien grands embarras.

MADAME DE VOLMARE.

Avec lui? Vous voyez qu'il les fait disparaître.

MERVAL.

Tout d'un coup.

ÉMILIE.

Je sens bien, si cela pouvait être...

MERVAL.

Pouvait ! Epousez-moi , je vous réponds de tout..

ÉMILIE.

Comment ?

MADAME DE VOLMARE.

Je n'entends pas.

MERVAL.

L'oncle a pour moi du goût ;
Pour elle dès long-temps j'ai l'amour le plus tendre.

MADAME DE VOLMARE.

Ah ! oui : vous commencez à vous faire comprendre.

MERVAL.

Je l'épouse, et tous deux ramenant les plaisirs ,
Exécutons le plan que traçaient vos désirs.

MADAME DE VOLMARE.

En y changeant pourtant quelque petite chose.

MERVAL.

Qu'à son gré librement de tout elle dispose.

ÉMILIE, *bas, à madame de Volmare.*

Cousine , vous avez joliment réussi.

MERVAL.

Mais pourquoi réfléchir ? Vous vouliez rendre ici
Tout le monde content ; vous en voilà maîtresse.

MADAME DE VOLMARE.

Oh ! c'est que nous songions à la défense expresse
Que mon oncle nous fit de suivre un autre choix.

MERVAL.

De peur qu'un étourdi ne vînt, comme autrefois,
Porter dans sa maison et le trouble et l'orage ;
Mais quand il apprendra que c'est un homme sage ,
Qui fait tout ce qu'on veut, d'un esprit... enfin , moi,
Il en sera charmé comme vous.

MADAME DE VOLMARE.

Je le crois.

MERVAL.

D'ailleurs, puisque c'est là la peur qui vous agite,
De la faire cesser occupons-nous bien vîte.

ÉMILIE.

Quoi donc encore ?

MERVAL.

Je vais le trouver ; finement
Je le pressentirai sur notre arrangement.

ÉMILIE.

Eh ! non, c'est trop de soin.

MERVAL.

Je n'en saurais trop prendre ;
Parbleu ! je sens très-bien que c'est à moi de rendre
Notre projet facile, et j'y cours de ce pas.
Vous me connaissez bien ; ne vous tourmentez pas.
De ce que j'aurai fait je viendrai vous instruire.

SCÈNE III.

EMILIE, MADAME DE VOLMARE.

MADAME DE VOLMARE, *riant.*

Fort bien.

ÉMILIE.

Vous en riez.

MADAME DE VOLMARE.

De quoi pourra-t-on rire ?

ÉMILIE.

Prenez-le donc encor pour servir mon mari.

MADAME DE VOLMARE.

Mais est-on comme vous ? Deux hommes sont ici ;
Vous leur tournez la tête.

ÉMILIE.

Et vous, est-ce sagesse
De souffrir qu'à mon oncle un indiscret s'adresse ?

MADAME DE VOLMARE.

Bon ! n'avez-vous pas peur ? Pour le perdre au-
　　　jourd'hui,
A qui pouvions-nous mieux nous adresser qu'à lui ?
Puis, à ce mot d'hymen, fâcheux dans notre bouche,
Il accoutumera son oreille farouche.
C'est toujours un pas fait ; de ce premier effort
Nous aurons le profit quand il aura le tort.

ÉMILIE.

Oui, vous avez toujours une manière heureuse
De voir tout.

MADAME DE VOLMARE.

Comme vous, une triste et fâcheuse,
Et tout n'en va pas moins.

ÉMILIE.

Mais j'entends approcher
Quelqu'un.

MADAME DE VOLMARE.

C'est un valet ; il a l'air de chercher.

ÉMILIE.

Je ne le connais pas.

SCÈNE IV.

ÉMILIE, WILLIAMS, *en jockey anglais,* MADAME DE VOLMARE.

MADAME DE VOLMARE.

Que voulez-vous ?

WILLIAMS.

Un tame.

MADAME DE VOLMARE.

Eh bien ! en voilà deux.

WILLIAMS.

Je vois ; mais sur mon ame,
Vous mettez diablement du trouble en mon esprit.
Celle que je viens pour l'être, à ce qu'on m'a dit,
Avec des yeux bien beaux , une mine jolie.
A laquelle de vous m'adresser , je vous prie ?

ÉMILIE.

Comment ! il est galant.

MADAME DE VOLMARE.

Mais enfin dites-nous
Son nom ?

WILLIAMS.

C'est Emilie.

MADAME DE VOLMARE.

Ah ! cousine, c'est vous.

ÉMILIE.

Eh bien ! que voulez-vous ?

WILLLIAMS.

Matame, c'est une lettre
Que mon maître à vous-même il m'a dit dé rémettre.

ÉMILIE.

Quel est-il?

WILLIAMS.

Moi, surtout défendu de nommer,
Lé lettre, il lé dira.

(*Émilie prend la lettre et se trouble.*)

MADAME DE VOLMARE.

Qui peut vous alarmer ?

ÉMILIE.

Ah! c'est de mon mari! qu'est-ce donc qu'il m'an-
nonce ?

MADAME DE VOLMARE.

Lisez vîte.

WILLIAMS.

Monsieur, il voudrait lé réponse.

ÉMILIE.

Je vous la remettrai dans un petit moment.

WILLIAMS.

Ce monsieur il attend fort mal patiemment.

ÉMILIE.

Ah, ma cousine !

MADAME DE VOLMARE.

Eh bien?

ÉMILIE.

Jugez de ma tristesse...

(*Elle lit.*)

« Ma chère Emilie, n'ayant pas trouvé le parent
» que je comptais voir dans sa terre, je m'achemine
» vers Paris; me voilà au bout de l'avenue du château
» que vous habitez : ma prudence m'y retient ; et je
» dépêche mon postillon, qui est un homme sûr et
» adroit, pour vous en informer. S'il était possible...
» mes vœux sont peut-être insensés; mais songez que
» depuis un an je suis séparé de vous, et qu'on n'ai-
» ma jamais comme j'aime ma chère et tendre
» Emilie. »
Il est à cinq cents pas.

MADAME DE VOLMARE.

Et nous avons sans cesse
Des amis pour nous suivre, et des yeux pour nous voir.
Vous vous perdez.

ÉMILIE.

Je vais le mettre au désespoir.

MADAME DE VOLMARE.

Calmez-le en écrivant. Surtout soyez bien tendre ;
Cela trompe les maux. On pourrait nous surprendre.
Allez, je vais ici garder le postillon ;
Si l'on vient, c'est pour moi qu'il est dans la maison.

ÉMILIE, *en s'en allant.*

Ciel ! ne pouvoir qu'écrire !

SCÈNE V.

MADAME DE VOLMARE, WILLIAMS.

MADAME DE VOLMARE.

Après un an d'absence,
Un époux... un amant... à si peu de distance ;
Et rester sans le voir... Ah ! c'est un peu fâcheux...
Mais qui s'opposerait ?... Ils se verraient bien mieux...
Le moyen est hardi... l'idée en est bouffonne...
Et tant mieux, les soupçons n'en viendront à per-
    sonne...
Ecoute, mon ami.

WILLIAMS.

Quoi ?

MADAME DE VOLMARE.

Ton maître est resté
Là-haut dans sa voiture ?

WILLIAMS.

Oh ! point : il s'est jeté,
En arrivant, dehors ; puis grimpé lé montagne,
D'où mé montrer de loin cé maison dé campagne :
Là marcher beaucoup fort et de gauche et de droit.

MADAME DE VOLMARE.

C'est toi qui le mène ?

WILLIAMS.
Yes.

MADAME DE VOLMARE.
On te dit fort adroit.

WILLIAMS.
Dans les plus forts chemins, moi courir comme un tiable.

MADAME DE VOLMARE.
As-tu jamais versé?

WILLIAMS.
Moi, montame, incapable.

MADAME DE VOLMARE.
Tant pis. Adroitement, sans qu'on soupçonne rien,
Il faudrait renverser ta voiture, mais bien.

WILLIAMS.
Mon voiture adret'ment?

MADAME DE VOLMARE.
Oui.

WILLIAMS.
Montame il veut rire.

MADAME DE VOLMARE.
Non, non.

WILLIAMS.
N'entendre pas ce qu'matame il veut dire.

MADAME DE VOLMARE, *tirant sa bourse.*
Je vais m'expliquer mieux. Tiens, ces vingt-cinq louis
Sont à toi, si tu fais tout ce que je te dis.

WILLIAMS.
Que matame il répète, et jé comprends, jé pense.

MADAME DE VOLMARE.
Tu vas rendre à ton maître en toute diligence
La lettre qu'il attend; et très-certainement
Il sera de la lire occupé seulement.
Tourmente tes chevaux; mène-les de manière
Qu'il vienne un accident qui jette tout par terre.
Sois plus adroit encor, brise une roue; enfin,
Fais qu'il ne puisse plus poursuivre son chemin.
Tu le peux.

WILLIAMS.

Fort beaucoup; mais sait-il ça mon maître?

MADAME DE VOLMARE.

Qu'il ne s'en doute pas.

WILLIAMS.

Il mé pattra.

MADAME DE VOLMARE.

Peut-être;
Même il le faudrait.

WILLIAMS.

Point.

MADAME DE VOLMARE.

Crois qu'il s'apaisera,
Et que lui-même après te récompensera.

WILLIAMS.

Lui, mé récompenser aussi?

MADAME DE VOLMARE.

Je te l'assure.
Enfin, veux-tu ma bourse?

WILLIAMS.

En jetant sa voiture?

MADAME DE VOLMARE.

Oui.

WILLIAMS.

Brisant sa roue?

MADAME DE VOLMARE.

Oui.

WILLIAMS.

Mon maître il s'ra content?
Et les vingt-cinq louis sont à moi dans l'instant,
Vous dites, n'est-ce pas?

MADAME DE VOLMARE.

Oui. Tu sais bien m'entendre.

WILLIAMS.

Jé n'vois pas cé qui peut m'empêcher de les prendre.

MADAME DE VOLMARE, *lui donnant la bourse.*

Je compte donc sur toi?

WILLIAMS, *tendant l'autre main.*

Pendánt que vous cassez,
La roue y être deux.

MADAME DE VOLMARE.

Oh ! une, c'est assez.

WILLIAMS.

Matame, il n'a qu'à tire.

MADAME DE VOLMARE.

A ce que je te donne
J'ajoute une autre loi ; c'est que jamais personne
Ne saura que cela vient de moi.

WILLIAMS.

Tout le mal,
N'ayez pas peur, matame, il viendra d'la cheval.
C'est nous autres com'ça, qué nous fésons sans cesse.

MADAME DE VOLMARE.

Ton maître avait raison de vanter ton adresse.
Mais la lettre est écrite, on vient te l'apporter.
Sois exact et discret.

WILLIAMS.

Matame, il peut compter.

SCÈNE VI.

MADAME DE VOLMARE, EMILIE, WILLIAMS.

ÉMILIE, *à Williams en lui donnant la lettre.*
Tiens, rends cela.

WILLIAMS.

Je vole où matame il commande.

ÉMILIE.

Ajoute, mon ami, que je lui recommande
De se bien ménager ; et toi qui le conduis,
Apporte à le servir les soins les plus suivis :
Ton zèle, sois-en sûr, aura sa récompense.

MADAME DE VOLMARE.

Elle a raison : pour lui redouble de prudence ;
Prends bien garde qu'il soit hors de tout accident.

WILLIAMS.

Matame, je férai que chacun est content.

(*Williams sort.*)

Desfaucherets.   3

SCÈNE VII.

MADAME DE VOLMARE, EMILIE.

ÉMILIE.

Quelle lettre !

MADAME DE VOLMARE.

Peut-être, après l'avoir finie,
Aura-t-il le plaisir le plus doux de sa vie.

ÉMILIE.

Oui, d'ignorer l'instant qui doit nous réunir.

MADAME DE VOLMARE.

Il viendra.

ÉMILIE.

Parlez-moi toujours de l'avenir.

MADAME DE VOLMARE.

C'est qu'il est ce qu'on veut, et qu'il rend tout possible.
Voyez-y le moment où ce mari sensible
S'offre à vos yeux tremblant de surprise et d'amour.
Et vous ?...

ÉMILIE.

Pour augmenter mes ennuis en ce jour,
Des plaisirs que je prends augmentez donc les charmes,
Cruelle !

MADAME DE VOLMARE, *riant.*

Quel bonheur vous promettent ces larmes !

ÉMILIF.

Mon désespoir vous plaît : je ne puis concevoir...

MADAME DE VOLMARE.

Merval revient.

ÉMILIE.

Je fuis.

MADAME DE VOLMARE.

Je vais le recevoir.

SCÈNE VIII.

MADAME DE VOLMARE, *seule.*

Vous êtes personnel, quand il faut être utile :
Ah ! non, monsieur Merval... je vous rendrai docile.
Les armes de l'esprit sont les défauts d'un sot.

SCÈNE IX.

MADAME DE VOLMARE, MERVAL.

MERVAL.

Je viens d'agir, madame; et dès le premier mot,
Bessoncour, souriant, prenait très-bien la chose.
Permaville qu'il craint, et que tout indispose,
S'est mis entre nous deux, a voulu tout savoir.
Il n'en a pas ri, lui; car mon plan, mon espoir,
Il a tranché sur tout avec une amertume...
Savez-vous sur l'humeur qui toujours le consume
Ce que je pense, moi? C'est que notre fâcheux
Pourrait de la cousine être fort amoureux.

MADAME DE VOLMARE.

Vous êtes à le voir?

MERVAL.

La chose est donc certaine?

MADAME DE VOLMARE.

Pour preuve, il n'en faudrait qu'une pareille scène.

MERVAL.

Là, je ne m'y suis pas trompé; mais en tout cas
Je lui pardonne fort, car je ne le crains pas.
Prenant alors un ton de raison, de sagesse,
Votre oncle a demandé si dans ceci sa nièce
Était pour quelque chose; et moi j'ai répondu
Que cet hymen était entre nous convenu.
J'ai bien fait?

MADAME DE VOLMARE.

Comme en tout.

MERVAL.

Car j'ai, par cette adresse,
Si bien sur notre compte éveillé sa tendresse,
Qu'il doit se rendre ici pour l'en entretenir.
Mais je ne la vois point, il faut la prévenir.

MADAME DE VOLMARE.

Elle vient de sortir.

MERVAL.

Son absence est cruelle;
Voilà l'affaire en train, et la fin dépend d'elle.

MADAME DE VOLMARE.

Oui, de l'aller chercher il faudrait prendre soin.

MERVAL.

Si je savais où c'est...

MADAME DE VOLMARE.

Elle n'est pas bien loin.

MERVAL.

Dites-le-moi, j'y cours.

MADAME DE VOLMARE.

Votre adresse est connue,

Et fonde mon espoir. Allez dans l'avenue.

MERVAL.

Bien avant ?

MADAME DE VOLMARE.

Tout au bout.

MERVAL.

Cela suffit ; j'y vais.

MADAME DE VOLMARE.

N'allez pas vous tromper.

MERVAL.

Me trompai-je jamais ?

MADAME DE VOLMARE.

Cherchez, vous trouverez.

MERVAL.

Bientôt je vous l'amène.

MADAME DE VOLMARE.

Et vous nous tirerez d'une bien grande peine.
Voyez jusqu'au chemin.

MERVAL.

Oh ! je l'aurai.

MADAME DE VOLMARE.

J'entends

Monsieur de Bessoncour, ne perdez pas de temps.

MERVAL.

Cela rend sa présence encor plus nécessaire ;
Gardez-le ici jusqu'à...

MADAME DE VOLMARE.

Bon ! vous n'aviez que faire

De me le dire.... Oui, cours... Ah ! encore un moment,
Mon aimable Emilie, et ton cœur est content.

SCÈNE X.

PERMAVILLE, M. DE BESSONCOUR.
MADAME DE VOLMARE.

M. DE BESSONCOUR.

Cela commence-t-il ? De demandes pareilles
Va-t-on incessamment m'étourdir les oreilles ?
J'avais bien défendu qu'il en fût jamais rien.

PERMAVILLE.

Ils sont tous deux d'accord.

M. DE BESSONCOUR.

Je l'empêcherai bien.

MADAME DE VOLMARE.

Quelque chose, mon oncle, aujourd'hui vous chagrine.

M. DE BESSONCOUR.

J'ai cru dans le salon trouver votre cousine.

MADAME DE VOLMARE.

Elle vient de passer dans son appartement.

M. DE BESSONCOUR.

Je voudrais lui parler, dites-lui promptement.

MADAME DE VOLMARE.

Vous êtes si fâché !

M. DE BESSONCOUR.

C'est égal, qu'elle vienne.

SCÈNE XI.

PERMAVILLE, M. DE BESSONCOUR.

M. DE BESSONCOUR.

En m'isolant, j'ai cru me sauver cette scène :
Il faut que ce Merval vienne ici m'alarmer.

PERMAVILLE.

Mais vraiment vous croyez qu'elle pourrait l'aimer ?

M. DE BESSONCOUR.

Non pas, mais l'épouser, et par ses défauts même,

Acquérir aisément ce que toute femme aime :
L'entière indépendance et le plus grand pouvoir.

PERMAVILLE.

Il est sûr que bientôt Merval vous ferait voir
Cet essaim d'importuns que Paris voit renaître.

M. DE BESSONCOUR.

Et tous ceux de la cour, ou qui feignent d'en être ;
Qui pour singer les grands gâtent tout ce qu'ils font ;
Savent tout à vingt ans, hors les dettes qu'ils ont,
Et dans l'oisiveté qui rétrécit leurs ames,
S'établissent un nom sur les pleurs de vingt femmes ;
Regardent les parens, les oncles, les maris,
Comme des trésoriers dont l'or fait tout le prix.
Qu'entendrai-je chez moi ? Le babil incommode
D'hommes parlant chevaux, de femmes causant mode ;
De cinquante étourdis, nommés gens comme il faut,
Qui s'assemblent bien tard pour se quitter bientôt,
Et jugeant par le jeu si la maison est bonne,
Se moquent au souper du maître qui le donne.
Je crains trop cet ennui, c'est le plus cher de tous.

PERMAVILLE.

Et c'est le retrouver qu'unir Merval à vous :
Car enfin, à l'amour que mérite Émilie,
S'il joignait ces projets que la raison allie,
S'il voyait dans ces nœuds un titre heureux et doux
Qui met un ami tendre encor plus près de vous,
Et qui, multipliant ses moyens de vous plaire,
Assure à vos vieux jours un appui nécessaire ;
S'il savait vous créer, en comblant ses désirs,
De nouveaux sentimens et de nouveaux plaisirs,
Riche et sans héritiers, avec un cœur sensible,
Ne pas y consentir, vous serait bien pénible.

M. DE BESSONCOUR.

Je ne le sais que trop, et c'est précisément
Parce que je suis bon, que je fais le méchant.
Faible comme je suis, si je prends cette entrave,
D'abord je serai maître, et puis bientôt esclave.
Eh ! jamais ai-je su me défendre long-temps ?
Ma nièce et son mari m'ont désolé deux ans :

J'ai juré de la fuir dans ma colère extrême :
Eh bien ! elle est chez moi ; ce serait tout de même.
Pour prévenir l'attaque et parer ce malheur,
Il faut crier bien haut ; cela peut faire peur.
Vous sauriez....

PERMAVILLE.

J'entends.

M. DE BESSONCOUR.

Je vois venir ma nièce.
Je vais faire un beau train.

SCÈNE XII.

PERMAVILLE, M. DE BESSONCOUR,
ÉMILIE, MADAME DE VOLMARE.

M. DE BESSONCOUR.

Malgré votre promesse,
Vous êtes donc déjà lasse d'être avec moi,
Madame ? Eh bien ! partez.

ÉMILIE.

Moi, mon oncle ? et pourquoi ?

M. DE BESSONCOUR.

Pourquoi ? Malgré la loi que j'avais prononcée,
Oubliant mes bienfaits et sa peine passée,
Voilà d'un autre choix votre cœur occupé !...

MADAME DE VOLMARE.

Elle ! d'un autre choix ! On vous a bien trompé.

ÉMILIE.

Mon oncle, vous aimer, vous consacrer ma vie,
Rester ce que je suis, voilà ma seule envie.

M. DE BESSONCOUR.

Qu'est-ce donc que Merval à l'instant m'a conté ?

MADAME DE VOLMARE.

Tout ce qu'il a voulu.

PERMAVILLE.

Je m'en étais douté.
Serait-il digne, lui, d'un cœur comme le vôtre ?

ÉMILIE.

Je ne veux épouser ni Merval ni tout autre.

M. DE BESSONCOUR.

Parlez-lui donc bien net : car, rempli d'un beau feu
Il s'est à moi tantôt vanté de votre aveu.
Vous voyez la colère où ce soupçon me jette ;
Je vous l'ai toujours dit, et je vous le répète,
N'allez pas là-dessus faire le moindre essai ;
Car, dès le premier mot, je vous parle très-vrai,
Je vous tiens ma parole et de vous me sépare.

ÉMILIE, *bas, à madame de Volmare.*

Voilà de beaux succès que Merval nous prépare !
Il est plus animé sur ce point que jamais.

MADAME DE VOLMARE, *bas, à Émilie.*

Ne blâmons point les gens qu'il faut louer après.

M. DE BESSONCOUR.

Si vous me préférez un homme qui vous aime,
Libre à vous, vous pouvez disposer de vous-même :
Mais pour l'avoir ici je n'entends pas raison ;
Et votre époux et moi dans la même maison,
Jamais, j'en jure bien, nous ne serons ensemble.

SCÈNE XIII.

PERMAVILLE, MERVAL, LE CHEVALIER,
M. DE BESSONCOUR, ÉMILIE, MADAME
DE VOLMARE.

MERVAL, *amenant le Chevalier, et lui montrant M. de
Bessoncour.*

Le voilà.

ÉMILIE, *à part.*

C'est lui ! Ciel !

MADAME DE VOLMARE, *bas, à Émilie.*

Du courage.

LE CHEVALIER, *à part.*

Je tremble.

MERVAL.

Mon ami, vous voyez un fort brave garçon
Dont j'ai connu jadis le père en garnison,
Que j'ai trouvé là-haut dans la plus grande peine.

ÉMILIE.

Quoi !

MADAME DE VOLMARE.

Paix !

PERMAVILLE.

Il a toujours quelqu'un qu'il nous amène.

M. DE BESSONCOUR.

Mais en effet monsieur me paraît fort ému.

MERVAL.

C'est qu'il est inouï qu'il ne soit pas moulu :
Sa roue est en éclats, sa voiture en cannelle.

ÉMILIE.

Ah, Dieu !

PERMAVILLE.

C'est singulier ; cette route est si belle !

LE CHEVALIER.

De l'indiscrétion que je commets ici
L'excuse est mon malheur ; monsieur est votre ami.

MERVAL.

D'abord il refusait constamment de me suivre ;
Mais on n'a point là-haut de quoi coucher ni vivre ;
Je l'ai bien assuré qu'il trouverait chez vous
Les secours les plus prompts et l'accueil le plus doux.

M. DE BESSONCOUR.

Oui, monsieur, et c'est moi, dans cette circonstance,
Qui dois à mon ami de la reconnaissance.

ÉMILIE.

Monsieur n'est pas blessé ?

MERVAL.

                    Non, sans doute, il n'a rien.
C'est là premièrement, comme vous croyez bien,
Ce que j'ai demandé.

LE CHEVALIER.

                    Lors de mon aventure
J'étais à lire à pied, fort loin de ma voiture.

PERMAVILLE.

L'accident est étrange autant qu'il est heureux.

MERVAL.

On l'aurait fait exprès, qu'on n'aurait pas fait mieux.
Parbleu ! si quelque jour je veux briser la mienne,
Je vous demanderai le jockey qui vous mène,

Desfaucherets.   4

Il s'en acquitte bien.

LE CHEVALIER.

Oui ; c'est un étourdi.

MERVAL.

Il faut lui pardonner.

MADAME DE VOLMARE.

Nous tâcherons ici
De vous faire oublier toute sa maladresse.

LE CHEVALIER.

Quelle serait l'humeur qui dans ces lieux ne cesse ?
D'après ce que j'éprouve et tout ce que je vois ,
C'est une récompense à présent que je dois.

MERVAL.

Il est aimable au moins.

PERMAVILLE.

Mais de monsieur, sans doute,
Les gens et les chevaux sont encor sur la route.

M. DE BESSONCOUR.

Il faudrait y songer.

PERMAVILLE , *du ton le plus poli.*

Et tâcher que demain
Monsieur fût en état de suivre son chemin.

MERVAL.

Est-il pressé ?

LE CHEVALIER.

Mais, non.

M. DE BESSONCOUR.

Je vais voir qu'on assemble
Mes gens ; et suivez-moi, nous irons tous ensemble.

LE CHEVALIER.

Mais...

MERVAL.

Je vais avec vous, ce sera bientôt fait.

PERMAVILLE , *en s'en allant.*

Notre étranger m'a l'air bien jeune et bien distrait.

SCÈNE XIV.
ÉMILIE, MADAME DE VOLMARE.

MADAME DE VOLMARE.

Merval a-t-il toujours tant de torts que vous dites ?...

ÉMILIE.

Vraiment de ses hasards faites-lui des mérites.

MADAME DE VOLMARE, *riant.*

Ah! des hasards pareils, il en a quand on veut.

ÉMILIE.

Ah, méchante! c'est vous...

MADAME DE VOLMARE.

Vous voyez ce que peut
Un sot bien employé, surtout par une femme.

ÉMILIE.

Qui vous résisterait! Tant d'esprit et tant d'ame!
Mais n'avez-vous pas vu? Permaville, inquiet,
Nous dévorait des yeux, et soupçonne un secret;
Il va, si nous restons, le croire davantage.

MADAME DE VOLMARE, *riant.*

Si nous les rejoignions, cela serait plus sage,
N'est-ce pas?

ÉMILIE!

Mais...

MADAME DE VOLMARE.

Eh bien?

ÉMILIE.

Je crains de me trahir.

MADAME DE VOLMARE.

Moi, je songe au danger; ne songez qu'au plaisir.

FIN DU PREMIER ACTE.

ACTE II.

SCÈNE PREMIÈRE.

LE CHEVALIER, MADAME DE VOLMARE.

MADAME DE VOLMARE.

Ah! monsieur mon cousin, nous aurons du tapage.

LE CHEVALIER.

N'ai-je donc pas été bien tranquille et bien sage?

MADAME DE VOLMARE.

Comme un amant heureux.

LE CHEVALIER.

Quelle méchanceté!

J'ai de moi-même été surpris...

MADAME DE VOLMARE.

En vérité!

Cet effort nous promet une belle prudence.

LE CHEVALIER.

N'ai-je pas à Merval parlé reconnaissance ;
A votre oncle, respects ; à son ami, combats ?
De tout le monde enfin ne m'occupais-je pas,
Si ce n'est de ma femme ?

MADAME DE VOLMARE.

Oh! oui, sur qui sans cesse
Vos regards se portaient avec une... tendresse
Plus bête!...

LE CHEVALIER.

Eh bien ! voyez ; au silence réduit,
J'ai mis dans mes regards tout ce que j'ai d'esprit.

MADAME DE VOLMARE.

Deux ou trois fois encore ayez par aventure
De cet esprit, cousin ; et bientôt, je vous jure,
Et votre femme et vous vous serez loin d'ici.

LE CHEVALIER.

Il faut donc n'y rien dire et n'y rien voir aussi ?

MADAME DE VOLMARE.

Il faut voir les dangers, et sans humeur attendre
Ma cousine, qui seule au salon doit se rendre.

LE CHEVALIER.

Il fallait commencer par-là votre leçon...
Je la verrai! Dieux ! Seule!...

MADAME DE VOLMARE.

Etourdi! la raison...

LE CHEVALIER.

J'en ai depuis un an.

MADAME DE VOLMARE.

En un jour, indocile,
Perdez-en donc le fruit.

LE CHEVALIER.
                    Non ; l'espoir rend tranquille.
L'amour qu'on tyrannise est souvent maladroit ;
Mais mon bonheur est sûr : comptez sur mon sang-froid.

MADAME DE VOLMARE.
Il est peint dans vos yeux, vos discours, votre geste ;
En pourrais-je douter ? restez-là.

LE CHEVALIER.
                    Que je reste !
Là ! seul, long-temps encor !

MADAME DE VOLMARE.
                    Mais elle va venir.
Si cela vous plaît mieux, vous pouvez en sortir.

LE CHEVALIER.
Allons, vous le voulez ; m'en faut-il davantage ?
Je reste, et ne dis mot.

MADAME DE VOLMARE.
                    Vous devenez trop sage.

LE CHEVALIER,
Vous voyez !...

MADAME DE VOLMARE.
Oui, je vois comment je dois agir.

SCÈNE II,

LE CHEVALIER, *seul.*

Bon ! elle rit de moi. D'honneur, c'est un plaisir
De voir ces gens sensés qui, dans leur paix profonde,
Prennent leur cœur pour règle, et jugent tout le monde.
On est sûr avec eux d'avoir toujours des torts.
Oh ! que je voudrais bien voir tous ces esprits forts
Pris d'une passion bien conditionnée,
Par la peine et l'absence encore aiguillonnée,
Et les entendre alors !.. Quelqu'un vient... c'est Merval.
Un importun déjà : ne me voilà pas mal.

SCÈNE /III.

LE CHEVALIER, MERVAL.

MERVAL.
Ah ! c'est vous, Chevalier. Seul !

LE CHEVALIER.

Je sais me suffire.

MERVAL.

Tant mieux, nous causerons ; j'en ai long à vous dire.

LE CHEVALIER.

(à part.)   (haut.)

Ah ! me voilà perdu. Dans un autre moment,
Je vous écouterais avec empressement ;
Mais c'est que j'attendais...

MERVAL.

Eh bien ! c'est à merveille.

Je viens attendre aussi quelqu'un sur qui je veille :
Nous pouvons être ensemble, et c'est nous arranger.

LE CHEVALIER, *feignant de s'en aller.*

Je vais...

MERVAL.

Si vous sortez, vous pouvez m'obliger.

LE CHEVALIER, *à part.*

Quel homme ! pour le fuir on ne sait quel tour prendre.

MERVAL.

Ce monde est un échange, et tout est de s'entendre.
Tantôt dans vos malheurs je vous ai bien servi.

LE CHEVALIER.

Mieux que je n'espérais.

MERVAL.

Servez-moi donc aussi.

LE CHEVALIER.

Oh ! mon dieu, dans l'instant : parlez, dites-moi vîte ;
Je vole.

MERVAL.

Quelle ardeur !...

LE CHEVALIER.

Oh ! c'est pour être quitte.

MERVAL.

Trop bon : mais calmez-vous, et restons là tous deux.
Car sans nous déplacer vous m'obligerez mieux.

LE CHEVALIER, *à part.*

Ciel !

MERVAL.

Votre œil attentif observait Emilie.

LE CHEVALIER, *à part.*

Où veut-il en venir ?

MERVAL.

Vous la trouvez jolie ?

LE CHEVALIER.

Sa cousine a l'œil vif et le sourire fin.

MERVAL.

Mais son air de bonté cache un esprit malin.
Bien fou qui s'y fierait ! Egale, douce et bonne,
Sans efforts, Emilie à son cœur s'abandonne.
Sa cousine fait rire : elle, il faut l'adorer.
Ne le trouvez-vous pas ?

LE CHEVALIER, *à part.*

Veut-il me pénétrer ?

MERVAL.

A quoi rêvez-vous donc ?

LE CHEVALIER.

Je n'ai parlé qu'à l'autre.

MERVAL.

Emilie a toujours l'esprit qu'il faut au vôtre.

LE CHEVALIER.

Vraiment vous en parlez avec une chaleur...

MERVAL.

Telle qu'elle l'inspire et qu'elle est dans mon cœur.

LE CHEVALIER.

Vous l'aimez ?|

MERVAL.

Comme un fou. Mon aveu vous étonne ?
Mon amitié...

LE CHEVALIER.

Je sens la preuve qu'il m'en donne.

MERVAL.

Aussi j'attends vos soins.

LE CHEVALIER.

Sur ce point-là ?

MERVAL.

Beaucoup.

Vous voyez bien qu'il faut que je vous dise tout.

LE CHEVALIER.

Si quelqu'un a des droits à cette confidence,
Je puis vous assurer que c'est moi.

MERVAL.

Je le pense.

LE CHEVALIER.

Sans doute. Et vos amours, comment vont-ils?

MERVAL.

Fort bien.

LE CHEVALIER.

Bien!

MERVAL.

Tout est entre nous d'accord; je lui conviens.

LE CHEVALIER.

D'accord : c'est fort heureux.

MERVAL.

Vous en voyez ma joie.

LE CHEVALIER.

Vous pouvez donc y croire?

MERVAL.

Il faut bien que j'y croie;
Car je vais l'épouser.

LE CHEVALIER.

Vous allez l'épouser?
Ah! ce mot-là suffit pour me tranquilliser.

MERVAL.

Il est bien quelque obstacle.

LE CHEVALIER.

Oui, cela pourrait être.

MERVAL.

Mais faible, et que bientôt j'aurai fait disparaître.

LE CHEVALIER.

Ce sera bien à vous.

MERVAL.

C'est le consentement
De l'oncle. Avec le temps je l'aurai sûrement :
Il m'aime tout-à-fait.

LE CHEVALIER.

Je le conçois sans peine.

MERVAL.

Pour terminer l'affaire et la rendre certaine,
Elle m'avait tantôt vers son oncle envoyé :
Il m'a souri d'abord ; mais il m'a rudoyé,
Tout-à-l'heure en rentrant, d'une forte manière.
Je viens voir quels efforts à nous deux il faut faire.

LE CHEVALIER.

C'est au mieux.

MERVAL.

                  Vous voyez qu'il faut absolument
Que je lui parle seul, êt cela promptement.

LE CHEVALIER.

Oui.

MERVAL.

        Pour qui que ce soit ne s'ouvre cette porte ;
Mais je me fixe ici jusqu'à ce qu'elle sorte,
Et j'attrape au passage un moment d'entretien.

LE CHEVALIER.

Moi, je m'en irai donc ?

MERVAL.

                  Vraiment, j'y compte bien ;
Vous êtes mon ami. Mais ce qui me chiffonne,
C'est monsieur Permaville et sa triste personne,
Que l'on trouve partout, et qui toujours, toujours,
Étourdit Emilie avec ses plats amours.

LE CHEVALIER.

Quoi ! Permaville aussi l'aime ?

MERVAL.

                  L'aime à la rage.

LE CHEVALIER, *à part.*

Et de deux.

MERVAL.

        Son amour est, comme lui, sauvage,
Humoriste, grondeur et jaloux à tel point,
Qu'il est sans cesse au guet et ne vous quitte point.
Vous ne pouvez jamais ou rien dire ou rien faire,
Que mon fâcheux n'arrive : alors il faut se taire.

LE CHEVALIER.

Un fâcheux, c'est gênant.

MERVAL.

Je vous laisse à penser :
Aussi j'espère en vous pour m'en débarrasser.

LE CHEVALIER.

Ce sont donc là les soins qu'il faut que je vous rende ?

MERVAL.

Amusez l'importun.

LE CHEVALIER.

Moi ?

MERVAL.

Je ne vous demande
Qu'un seul petit quart-d'heure.

LE CHEVALIER.

Ah! j'entends; dans ces lieux,
Tandis que librement s'épancheront vos feux,
Pour servir votre amour et vous laisser près d'elle,
Dehors, tranquillement, je ferai sentinelle :
Il est gai.

MERVAL.

C'est aisé.

LE CHEVALIER.

Pas pour moi : car vraiment,
Si pour m'en délivrer j'avais quelque talent,
Dès long-temps, croyez-moi, j'en aurais fait usage.

MERVAL.

On les fait promener, on parle argent, voyage...
Eh bien ! ne vient-il pas ! je vous l'avais bien dit.
Vous savez où j'en suis, vous avez de l'esprit :
Quand ici vous verrez arriver Emilie,
Emmenez-le dehors.

LE CHEVALIER, *d'un ton d'ironie et d'impatience.*

Oui.

MERVAL.

Je vous remercie.

LE CHEVALIER, *à part.*

Au lieu d'un, maintenant j'en ai deux contre moi.

SCÈNE IV.

LE CHEVALIER, MERVAL, PERMAVILLE.

PERMAVILLE, *dans le fond du théâtre.*
Décidons Emilie... Ah! qu'est-ce que je voi?.
Ils étaient à causer; un peu de patience :
Ils sortiront sans doute.
                    MERVAL, *au Chevalier.*
                              Il faut que je commence;
Vous me seconderez. Je vais imaginer
Quelque prétexte adroit pour l'y déterminer.
                    LE CHEVALIER, *à part.*
Je garde le salon; si quelqu'un l'abandonne ,
Ce ne sera pas moi.
                    PERMAVILLE.
                    Pour une fin d'automne
La soirée est bien belle, il faut en convenir;
On se promenerait avec un vrai plaisir.
                    LE CHEVALIER.
Que n'en jouissez-vous?
                    MERVAL, *au Chevalier.*
                    Fort bien.
                    PERMAVILLE.
                              Depuis une heure
Je cours et suis si las. (*Il s'assied.*) Vous permettez ?
                    LE CHEVALIER, *à part.*
                                        Demeure
Jusqu'à demain matin.
                    MERVAL, *au Chevalier.*
                    Il s'assied !
                    LE CHEVALIER, *à part.*
                              Le bourreau !
     (*à Merval.*)
Je le vois bien.
                    MERVAL.
                    D'ailleurs; ce séjour est si beau !
La maison , les jardins , l'aspect qui les décore...
                    PERMAVILLE.
Oui : peut-être monsieur ne connaît pas encore

Tout cela ; c'est charmant.

MERVAL.

Je lui disais aussi.

LE CHEVALIER.

J'ai bien remarqué tout en arrivant ici.

MERVAL.

De votre appartement, je lui vantais la vue :
Oh ! mais, c'est qu'elle est là riche et d'une étendue...
Vous devriez, monsieur, l'y mener pour la voir.

LE CHEVALIER.

Non, non ; c'est déranger...

PERMAVILLE.

Il est trop tard ce soir :
Il faut, pour en juger, le plus grand jour.

LE CHEVALIER.

Sans doute :
Et le premier plaisir, après dix jours de route,
C'est le repos. (*Il s'assied.*)

MERVAL, *au Chevalier.*

Eh bien ?

LE CHEVALIER.

J'en use comme vous.

MERVAL, *au Chevalier.*

Comment, si vous restez, le congédierons-nous ?

PERMAVILLE, *bas.*

J'ai l'air de trop ici : ce n'est pas moi qu'on chasse.

LE CHEVALIER, *à part.*

Nous verrons de nous trois qui cédera la place.

MERVAL, *bas, au Chevalier.*

Parlez donc.

LE CHEVALIER, *bas, à Merval.*

Parlez, vous ; moi, j'ai pris mon parti.

MERVAL, *bas, au Chevalier.*

Enfin...

LE CHEVALIER, *bas, à Merval.*

Je sortirai quand il sera sorti.

MERVAL, *à part.*

Fort bien, d'aucun des deux je ne puis me défaire,

(haut.)

Notre ami Bessoncour est, de cette manière,
Resté seul.

PERMAVILLE.

J'ignore où ; je viens l'attendre ici.

LE CHEVALIER.

Pour attendre, en effet, l'endroit est bien choisi.

PERMAVILLE , *à part.*

Merval a des projets, et l'on cherche à m'exclure !
Messieurs, vous partirez avant moi, je vous jure.

(*Il se lève.*)

MERVAL , *au Chevalier.*

Il se lève !

LE CHEVALIER , *à Merval.*

Voyons.

PERMAVILLE, *prenant un métier à tapisserie.*

Achevons ce bouquet.

LE CHEVALIER , *bas.*

Pas mal !

MERVAL , *au Chevalier.*

Voilà mon homme établi tout-à-fait

PERMAVILLE, *travaillant.*

Causez , je vous suivrai tout comme à l'ordinaire ;
Cet ouvrage léger occupe sans distraire.

LE CHEVALIER , *prenant un livre.*

Le titre de ce livre est fort intéressant,
Je vais le parcourir : moi , j'écoute en lisant.

MERVAL.

Ah ! les charmans plaisirs que ceux de la campagne !

LE CHEVALIER.

Et cette liberté qui surtout l'accompagne.

PERMAVILLE.

On travaille.

LE CHEVALIER.

On y lit.

PERMAVILLE.

Chacun n'a qu'à vouloir.

MERVAL.

Il me semble qu'aussi je peux fort bien m'asseoir.

(*Il s'assied.*)

LE CHEVALIER, *à part.*

On m'y tuera plutôt.

PERMAVILLE, *à part.*

Au moins je pourrai nuire.

MERVAL, *à part.*

Attendons du moment comme il faut me conduire.

SCÈNE V.

LE CHEVALIER, MADAME DE VOLMARE, MERVAL, PERMAVILLE.

MADAME DE VOLMARE, *de la coulisse.*

Non, non.

LE CHEVALIER.

Ce n'est pas elle.

PERMAVILLE.

On vient.

MADAME DE VOLMARE.

Quoi ? là tous trois

Assis sans vous parler ! je vous gêne, je crois.

MERVAL.

Non. L'un a travaillé, l'autre s'est mis à lire,

Et moi, je me suis mis...

MADAME DE VOLMARE.

A penser sans rien dire.

Je vous reconnais bien.

LE CHEVALIER, *à madame de Volmare.*

Elle ne viendra pas ?

MADAME DE VOLMARE.

Que dit monsieur ?

LE CHEVALIER.

Comment ?

MADAME DE VOLMARE.

Oui, vous parliez tout bas.

LE CHEVALIER, *troublé.*   (*à part.*)

Je parlais sans penser. La voilà qui me gronde.

PERMAVILLE.

La nuit dans le château ramène tout le monde ;

J'attendais au retour monsieur votre oncle ici.

MADAME DE VOLMARE.

Mon oncle !

MERVAL.

Moi de même.

MADAME DE VOLMARE, *au Chevalier.*

Et vous, monsieur, aussi !
A l'air que vous aviez aisément on soupçonne
Que vous attendiez tous, et la même personne.

PERMAVILLE.

Mais puisque le hasard vous présente à nos yeux,
Il ne pouvait jamais nous dédommager mieux.

MADAME DE VOLMARE.

J'ai donc bien fait d'avoir, quoiqu'elle s'en chagrine,
Refusé constamment de suivre ma cousine.

MERVAL.

Elle ! n'est-elle pas dans son appartement ?

MADAME DE VOLMARE.

J'y serais avec elle.

PERMAVILLE.

Eh ! mais, dans ce moment
La nuit vient.

MERVAL.

Où va-t-elle ?

MADAME DE VOLMARE.

A sa place ordinaire ;
Donnant la fin du jour aux soins de sa volière.

MERVAL, *à part.*

Bon !

PERMAVILLE, *à part.*

Est-ce un rendez-vous ?

MADAME DE VOLMARE.

Tout trouble ce séjour.
D'un ménage nouveau qu'avait formé l'amour
Deux jaloux sont venus interrompre le charme ;
Il faut les éloigner, prévenir le vacarme ;
Elle m'a proposé, pour l'aider, d'aller là ;
Mais moi je ne m'entends en rien à tout cela.

MERVAL.

C'est pourtant bien aisé.

PERMAVILLE.

Beaucoup moins qu'on ne pense :

SCÈNE VII.

LE CHEVALIER , MADAME DE VOLMARE.

MADAME DE VOLMARE.

Non... Il est déjà loin.

LE CHEVALIER.

Vous avez bien, j'espère,
Fait pour l'en empêcher tout ce qu'il fallait faire.

MADAME DE VOLMARE.

Eh! ne craigniez-vous pas qu'il restât? Pauvre esprit!
Des efforts que j'ai feints s'augmentait son dépit.
Notre importun parti, le jaloux devait suivre :
C'est ainsi qu'un fâcheux d'un autre vous délivre.

LE CHEVALIER.

O femme ! devant vous je reste prosterné ;
Que le plus fin de nous près de vous est borné !
Et la volière encor , gageons que je devine...

MADAME DE VOLMARE.

Vous allez jusque-là ?

LE CHEVALIER , *avec transport.*

Trop aimable cousine !
Incomparable amie !

MADAME DE VOLMARE.

Eh ! là , là , doucement.

LE CHEVALIER.

Mon Emilie ?

MADAME DE VOLMARE.

Ici sera dans un moment.
Jouissez du bonheur qu'à tous deux il ménage :
Mais n'allez pas d'un mot détruire mon ouvrage.

LE CHEVALIER.

Vous me craignez toujours : à qui , de bonne foi ,
C'est-il dans l'univers plus important qu'à moi !

MADAME DE VOLMARE.

Oui, mais beaucoup d'amour, de jeunesse et d'absence,
Voilà trois ennemis bien forts pour la prudence.

LE CHEVALIER.

La mienne y suffira.

MADAME DE VOLMARE.

          Vous voyez : ce salon
Offre mille dangers, s'il ôte le soupçon :
Chacun y peut venir. Songez...

LE CHEVALIER.

                Songez vous-même
Qu'un temps heureux se perd; que je l'attends, je l'aime;
Que, jouet de l'espoir, mon cœur n'est plus à lui,
Et que de moi l'amour vous répond aujourd'hui.

MADAME DE VOLMARE.

Voilà chasser les gens d'une manière étrange;
Vous allez voir, monsieur, comme un ami se venge.

SCÈNE VIII.

LE CHEVALIER, *seul.*

Jours trop longs, aux regrets, à souffrir employés,
Que par ce moment-ci vous êtes bien payés!
Du souvenir du mal le bien s'accroît encore.

SCÈNE IX.

(Il fait nuit.)

ÉMILIE, LE CHEVALIER.

LE CHEVALIER.

Ah ! c'est elle. Emilie ! ah ! vous, vous que j'adore,
Après tant de tourmens, enfin je vous revois.
Ces sermens que ma main vous traça tant de fois,
Ma bouche, libre enfin, peut vous les faire entendre.

ÉMILIE.

Je tremble, mon ami : si l'on vient nous surprendre...

LE CHEVALIER.

Eh quoi ! pour le bonheur nous n'aurons pas un jour !
L'amitié sous sa garde a mis ici l'amour.
Respirons à la fin. Depuis cette journée
Où l'hymen à la vôtre a joint ma destinée,
Quel prix ai-je trouvé de la plus vive ardeur ?
Un exil et des jours comptés par la douleur.
Quel terme à tant d'ennuis faut-il donc que j'espère ?

ÉMILIE.

Je l'ignore.

LE CHEVALIER.

Et c'est là , lorsque tout m'est contraire,
L'espoir qu'à mes chagrins offre votre pitié ?
L'amour ose et veut moins que ne fait l'amitié.

ÉMILIE.

Vous savez si mon cœur à vos larmes résiste ;
Un seul mot nous condamne au destin le plus triste ;
N'importe , ce secret vous cause tant d'ennuis ;
Je vous rends vos sermens , dites tout , je vous suis.

LE CHEVALIER.

Non , commande à mon sort et règle mon absence ;
Garde , si tu le veux , un éternel silence ;
Sois heureuse et tranquille , et je ne m'en plains pas.
Ma chère , quel effort , quel sacrifice , hélas !
Coûte , quand ton bonheur en est la récompense ?

SCÈNE X.

M. DE BESSONCOUR , ÉMILIE , LE CHEVALIER.

M. DE BESSONCOUR , *à part , dans le fond du théâtre.*
On parle vivement... C'est un amant, je pense.
Voyons.

LE CHEVALIER.

Mon cœur soupire.

M. DE BESSONCOUR. ,

Ah ! c'est notre étranger !

Quoi ! déjà !

LE CHEVALIER.

De mes maux cesse de t'affliger.
Laisse-m'en tout le poids ; ne sens que mon ivresse.

M. DE BESSONCOUR , *s'approchant un peu.*
Je ne reconnais pas à qui cela s'adresse.

LE CHEVALIER.

Ah ! ne livre ton cœur qu'à ces transports si doux
Qu'éprouve , en te voyant , un amant , un époux.

M. DE BESSONCOUR.

Un époux ! avançons.

LE CHEVALIER.

Quel charme porte à l'ame

Ce titre, quand l'amour le prononce ! Ah ! ma femme.
(*Il lui baise la main.*)

M. DE BESSONCOUR.

Sa femme !... Je veux voir.

(*Il heurte une chaise.*)
ÉMILIE, *fuyant.*

Quelqu'un... C'est fait de nous.
(*Le Chevalier la suit.*)

SCÈNE XI.

M. DE BESSONCOUR, *seul.*

Sa femme ! je ne puis retenir mon courroux.
On me joue à ce point ! Quoi ! c'est à l'instant même
Que contre tout mari ma colère est extrême,
Que l'on m'en amène un !... Mais laquelle était là ?
Malheur à la coupable ! Holà ? quelqu'un , holà ?

SCÈNE XII.

M. DE BESSONCOUR, PERMAVILLE, VALET
apportant de la lumière.

M. DE BESSONCOUR.

Ah ! c'est vous ?

PERMAVILLE.

Qu'avez-vous à crier de la sorte ?

M. DE BESSONCOUR.

Oh ! j'en ai grand sujet : la fureur me transporte.

PERMAVILLE.

Et pourquoi ? qu'a-t-on fait ?

M. DE BESSONCOUR.

Ce chevalier charmant,
Que l'on amène ici, dont on plaint l'accident,
Savez-vous ce que c'est, avec ses politesses ?

PERMAVILLE.

Non : quoi donc ?

M. DE BESSONCOUR.
Le mari de l'une de mes nièces.

PERMAVILLE.

Le mari !

M. DE BESSONCOUR.

Très mari.

PERMAVILLE.

Qui vous a dit cela ?

M. DE BESSONCOUR.

Moi qui viens de l'entendre, et tout-à-l'heure là.
La nuit sur les objets répandait quelque doute,
J'entre ; j'entends parler très-vivement ; j'écoute :
Seul avec une femme, et d'un ton attendri,
Ce monsieur chevalier s'expliquait en mari.

PERMAVILLE.

Et cette femme ?...

M. DE BESSONCOUR.

Au bruit que j'ai fait est partie :
J'ai cru pourtant au cri reconnaître Emilie.

PERMAVILLE.

Emilie ! Elle aurait un époux ! Ah, grands dieux !

M. DE BESSONCOUR.

N'est-ce pas révoltant ? Qu'en dites-vous ?

PERMAVILLE.

Affreux !

M. DE BESSONCOUR.

Merval, qui va chercher son mari, le présente,
Lorsqu'à la lui donner il veut que je consente !
L'entendez-vous ?

PERMAVILLE.

Qui diable entend cet homme-là ?

M. DE BESSONCOUR.

Est-ce une erreur, un jeu ? Qu'est-ce donc que cela ?

PERMAVILLE.

'Ce qu'il fait et fera toujours, quoi qu'on lui dise.

M. DE BESSONCOUR.

Il vient avec cet air...

PERMAVILLE.

Qu'a toujours la sottise.

SCÈNE XIII.

MERVAL, M. DE BESSONCOUR, PERMAVILLE.

M. DE BESSONCOUR.

Eh bien ! monsieur, encor venez-vous, par plaisir,
De nous chercher quelqu'un ?

MERVAL.

Je suis las de courir,
Et de chercher partout, pour ne trouver personne.

PERMAVILLE.

C'est fâcheux , car toujours le succès vous couronne.

M. DE BESSONCOUR.

Vous devez, par exemple, être content de vous
Aujourd'hui ?

MERVAL.

Mais pas trop.

M. DE BESSONCOUR.

Réunir deux époux ,
Servir leurs feux secrets, vraiment peut-on mieux faire ?

MERVAL.

Que peut signifier cette ironie amère ?

M. DE BESSONCOUR.

Que votre chevalier, ce passant malheureux ,
Et qui reçut de vous des soins si généreux ,
Est l'époux de ma nièce.

PERMAVILLE.

Oui, l'époux d'Emilie.

MERVAL.

D'Emilie ! allons donc : quelle est cette folie ?

PERMAVILLE.

Monsieur les a surpris, et le fait est certain.

MERVAL.

Emilie !

M. DE BESSONCOUR.

Oui, c'est elle, ou sa cousine enfin :
Car je ne puis, au vrai, bien affirmer laquelle.

MERVAL.

Allez dans le jardin ; vous verrez si c'est elle.

M. DE BESSONCOUR.

Quoi ?

MERVAL.

Je viens d'y trouver en grand particulier
Madame de Volmare avec le chevalier.

M. DE BESSONCOUR.

Je ne pardonne pas plus à l'une qu'à l'autre.

PERMAVILLE.

Elle, prendre un mari ! quelle erreur est la vôtre !
Avec le cœur, l'esprit et la tête qu'elle a !

MERVAL.

Le cœur, l'esprit, ce sont de beaux témoins ceux-là,
Bien conséquens surtout. Des faits ; voilà mes preuves.
Tantôt, sur le chemin laquelle de nos veuves
M'a bien vîte envoyé ?... Depuis qu'il est venu,
Qui d'elles deux toujours l'a seul entretenu ?...
Qui là laissâmes-nous avec lui tête à tête ?...
Madame de Volmare. Ah ! je ne suis pas bête.

PERMAVILLE.

Vous avez bien raison de le dire, ma foi.

MERVAL.

Rapprochez tous les faits, vous verrez comme moi.

PERMAVILLE.

Mais la voix était bien...

M. DE BESSONCOUR.

         Oui, celle d'Émilie.
Mais l'une ou l'autre enfin, elle sera punie.
Je veux que le galant d'abord parte aujourd'hui.

PERMAVILLE.

Lui ! bien.

M. DE BESSONCOUR.

         J'y vais mettre ordre ; et ce soir avec lui,
Puisque mon amitié, mes soins, rien ne la flatte,
Puisqu'elle m'a trompé, qu'il emmène une ingrate.

                 (*Il sort.*)

FIN DU SECOND ACTE.

ACTE III.

SCÈNE PREMIÈRE.

ÉMILIE, MADAME DE VOLMARE, LE CHEVALIER.

MADAME DE VOLMARE.

Eh bien! douter de vous, c'était donc une offense?

LE CHEVALIER.

Je suis un malheureux.

MADAME DE VOLMARE.

    Jugeant votre prudence,
Je cours chercher mon oncle et l'arrêter chez lui.
En rentrant du jardin, il passe par ici,
Et vous ne voyez rien.

LE CHEVALIER.

    "Eh! je ne voyais qu'elle :
Que j'aime, que je perds, que ma faute cruelle
Prive d'un protecteur que rien ne peut fléchir.
Je sens trop à quel point vous devez me haïr.

ÉMILIE.

Vous haïr, mon ami! vous avez pu le craindre!

MADAME DE VOLMARE.

N'êtes-vous pas déjà tous deux assez à plaindre?
Pourquoi charger vos maux du poids de la douleur?
En égarant l'esprit, elle flétrit le cœur.

LE CHEVALIER.

S'il restait quelque espoir dans ce moment d'orage....

MADAME DE VOLMARE.

Tout finit.

LE CHEVALIER.

   Mais voyez : qu'avons-nous?

MADAME DE VOLMARE.

      Le courage
Et moi : conservez l'un ; et l'autre, j'en réponds.

Desfaucherets.   6

ÉMILIE.

Ah, mon amie !

LE CHEVALIER.

Hélas !

MADAME DE VOLMARE.

Plus de larmes, voyons :
Tout ceci, c'est ma faute.

ÉMILIE.

Ah ! la chose...

MADAME DE VOLMARE.

Est très-sûre.
Si je ne l'avais pas, en brisant sa voiture,
Forcé de s'arrêter et de venir ici,
Nous n'en serions pas tous au point où nous voici.

LE CHEVALIER.

Otez donc à mon cœur le remords qui l'accable,
Charmante femme ! Oh ! oui, vous seule êtes coupable.

MADAME DE VOLMARE.

Non, je suis la première : il faut mettre nos torts
En commun tous les trois, ainsi que nos efforts.

LE CHEVALIER.

Ce que j'ai fait...

MADAME DE VOLMARE.

Est fait. Voyons ce qu'il faut faire.
Mon oncle est vif, mais bon.

LE CHEVALIER.

Au moins si sa colère
Me laissait d'un seul jour espérer le délai !
Mais, tombant à ses pieds, j'ai fait un vain essai,
Et voulu par mes pleurs toucher son cœur sensible :
Hélas ! au premier mot, encor plus inflexible,
Il m'a fermé la bouche avec une rigueur...

MADAME DE VOLMARE.

Qui n'est pas toute à lui ; j'en connais bien l'auteur.
Vous seriez moins coupable, elle étant moins jolie :
Mais vos ennemis, grâce aux charmes d'Emilie,
Sont un oncle amoureux de son autorité,
Qu'irritent deux jaloux, qu'a joués ma gaieté :
Ainsi, c'est le temps seul qui permet l'espérance.

Maintenant vos devoirs sont dans l'obéissance.
Partez.

LE CHEVALIER.

Auprès de lui que nous restera-t-il ?

MADAME DE VOLMARE.

Un cœur qui plus que vous souffre de votre exil ;
Une amie, une sœur dont toujours la fortune,
Quel que soit l'avenir, vous deviendra commune.

ÉMILIE.

Vous créez des plaisirs même au sein des tourmens.

MADAME DE VOLMARE.

Surtout fuyez mon oncle en ces premiers momens.
Il se croit offensé : c'est en vain qu'on l'implore ;
Le cœur s'aigrit de tout, quand l'orgueil parle encore.
On vient : séparez-vous. Vous êtes malheureux,
Et trop faibles ensemble : attendez-moi tous deux.

ÉMILIE, *en s'en allant.*

Disposez de mon sort ; à vous je le confie.

MADAME DE VOLMARE.

Vous me verrez bientôt.

LE CHEVALIER, *voulant suivre Émilie.*

Ma chère et tendre amie !

MADAME DE VOLMARE, *les séparant.*

Mais sortez donc, on entre.

LE CHEVALIER.

Ah, grand Dieu !

MADAME DE VOLMARE.

C'est Merval.

SCÈNE II.

MERVAL, MADAME DE VOLMARE.

MERVAL.

Encore eux ! C'est trop clair : ne nous voilà pas mal :
Vous vous accoutumez sans doute au tête à tête ;
Vous en aurez le temps : car le départ s'apprête,
Et l'oncle vient de tout arranger pour le mieux.

MADAME DE VOLMARE.

Vous, connaissant l'amour, les pleurs d'un malheureux
Peuvent-ils vous donner une gaieté pareille ?

SCÈNE III.

MADAME DE VOLMARE, *seule.*

Ah ! messieurs les amans, que vous voilà bien tous !
Prêchant les procédés que vous craignez pour vous.

SCÈNE IV.

MADAME DE VOLMARE, PERMAVILLE.

MADAME DE VOLMARE.

Mais voici l'autre : allons, donnons-nous l'air coupable.

PERMAVILLE, *à part.*

Je veux ne pas le croire, et le soupçon m'accable.
Je vois l'une des deux, tâchons de m'éclaircir.

(*haut.*)

Qui seule dans ces lieux peut donc vous retenir ?

MADAME DE VOLMARE.

L'espoir qu'y laisse un oncle à ma douleur mortelle,
De le voir, le fléchir.

PERMAVILLE, *à part.*

Quel ton triste ! C'est elle...

(*haut.*)

Pour affaire chez lui votre oncle est retiré.

MADAME DE VOLMARE.

A la même colère est-il toujours livré ?

PERMAVILLE.

En est-il de plus juste ? Avec autant d'étude
Joignit-on plus de ruse à plus d'ingratitude ?
Il n'a qu'un seul désir ; peut-on l'offenser mieux ?
En secret mariée !

MADAME DE VOLMARE.

Oui, le crime est affreux ;
J'en conviens avec vous.

PERMAVILLE, *à part.*

Eh mais ! quand on l'accuse,
Un coupable toujours sait trouver une excuse.
C'est l'autre.

MADAME DE VOLMARE.

Mais du tort rapprochez le malheur.

Sans ressources , sans biens , en proie à la douleur,
Rejetés et proscrits par le meilleur des hommes,
Voyez pour l'avenir dans quel état nous sommes.

PERMAVILLE.

Nous sommes ! Que vous fait le sort de deux époux ?

MADAME DE VOLMARE.

Comment ?

PERMAVILLE.

Vous en parlez comme si c'était vous.

MADAME DE VOLMARE.

Il le faut bien , hélas !

PERMAVILLE, *vivement.*

Ce n'est pas Emilie !

MADAME DE VOLMARE.

Elle ou moi , c'est toujours...

PERMAVILLE.

Une grande folie,
Je le sais ; mais enfin, pour vous conduire ainsi,
Peut-être vous aviez une raison aussi ?

MADAME DE VOLMARE.

Une seule , l'amour.

PERMAVILLE.

Oh ! c'est bien la plus forte.

MADAME DE VOLMARE.

Que votre cœur prononce ; à lui je m'en rapporte,
Objet de tous vos vœux , si quelque femme un jour,
Je suppose Emilie , offrait à votre amour
Un bonheur aussi doux , sous la loi du mystère,
Le refuseriez-vous ? Parlez , soyez sincère.

PERMAVILLE.

Oh ! Bessoncour bientôt couronnerait nos vœux.

MADAME DE VOLMARE.

A quel titre ? Par lui si l'un de ses neveux
Est ainsi maltraité, que peut espérer l'autre ?

PERMAVILLE.

Tout ; car j'ai son secret sur mon sort et le vôtre :
Tout ce bruit n'est au fait que pour vous faire peur.

MADAME DE VOLMARE.

Comment donc ?

PERMAVILLE.

L'indulgence est au fond de son cœur.

MADAME DE VOLMARE.

Ah ! que me dites-vous ?

PERMAVILLE.

Ce qu'il m'a dit lui-même.

MADAME DE VOLMARE, *à part.*

Ils seront donc heureux !

PERMAVILLE.

Quoiqu'au fond il vous aime,
Son cœur, plein du passé, redoute votre choix ;
Il craint qu'un neveu jeune, abusant de ses droits,
Et voulant tout régler sur les goûts de son âge,
N'apporte un jour chez lui le trouble et l'esclavage.

MADAME DE VOLMARE.

Ah ! s'il était connu de vous comme de moi,
Qu'aisément vous pourriez dissiper cet effroi !

PERMAVILLE.

Mais, oui, son air engage et son maintien rassure.

MADAME DE VOLMARE.

N'est-ce pas ?

PERMAVILLE.

Si son ame est comme sa figure,
Il doit mettre partout le bonheur et la paix.

MADAME DE VOLMARE.

Ce qu'ont vos jugemens, c'est qu'ils sont toujours vrais.

PERMAVILLE.

Son âge, quel est-il ?

MADAME DE VOLMARE.

Mais à peu près le nôtre.

PERMAVILLE.

Cela serait fort bien.

MADAME DE VOLMARE.

Un goût comme le vôtre,
Détestant le grand monde, et vivant pour son cœur,

PERMAVILLE.

Mais vous m'intéressez : même goût, même humeur ;
Rien de notre union n'altérerait les charmes.

MADAME DE VOLMARE.

Oui, mon oncle en plaisirs d'un mot change nos larmes.

PERMAVILLE.

Eh bien ! il faut l'avoir : réunissons nos droits ;
Par les pleurs, la raison, attaquons-le à la fois ;
Tout seul contre son cœur, ses amis et sa nièce,
Combattra-t-il long-temps ? comptez sur sa faiblesse.

MADAME DE VOLMARE.

Ah ! que vous m'enchantez !

PERMAVILLE.

                    Mais plaisir pour plaisir:
Vous heureux, aidez-moi tous à le devenir.

MADAME DE VOLMARE.

Eh ! comment, s'il vous plaît ?

PERMAVILLE.

                    Par l'hymen d'Emilie

MADAME DE VOLMARE.

Vous en demandez plus que ne peut une amie.

PERMAVILLE.

Du moins parlez pour moi.

MADAME DE VOLMARE.

                    Je m'y peux engager.

PERMAVILLE.

Pour exclure Merval daignez me protéger.

MADAME DE VOLMARE.

Mon oncle dans son cœur tantôt vous a fait lire ;
Moi, j'ai lu dans celui d'Emilie, et puis dire
Que sûrement Merval ne l'épousera pas.

PERMAVILLE.

Vous me rendez l'espoir ; et je vais de ce pas,
Pour vous rendre la paix, mettre tout en usage.

MADAME DE VOLMARE.

J'entends mon oncle.

PERMAVILLE.

                    Allons, madame, du courage,
Et nous l'emporterons.

SCÈNE V.

MERVAL, MADAME DE VOLMARE, M. DE BESSONCOUR, PERMAVILLE.

M. DE BESSONCOUR, *en entrant*, *à Merval.*
　　　　　　　Non, qu'ils partent ce soir:
Ils m'ont trompé tous deux, je ne veux plus les voir...
（ *à madame de Volmare.* ）
Madame, c'est donc vous qui, bravant ma défense,
Voulez m'embarrasser d'un homme qui m'offense ?
Suivez-le, puisque seul ce monsieur vous convient.

MADAME DE VOLMARE.
Mon oncle !

M. DE BESSONCOUR, *lui remettant un porte-feuille.*
　　　Allez : voilà ce qui vous appartient.

MADAME DE VOLMARE.
A moi ?

M. DE BESSONCOUR.
　　　Prenez : je sais quelle est votre fortune ;
Que le chevalier sert, et n'en possède aucune :
Ad'éternels besoins vous seriez condamnés ;
Vous ne les craindrez plus avec cela : prenez,
Mais laissez-moi tranquille.

MADAME DE VOLMARE.
　　　　　　　Homme trop respectable,
Vous me comblez de biens en me croyant coupable.

M. DE BESSONCOUR.
Vous l'êtes, et beaucoup : je le sais ; mais mon cœur
Désire son repos, et non votre malheur.

MADAME DE VOLMARE.
En est-il de plus grands que ceux de vous déplaire,
De vivre loin de vous, à votre ame étrangère ?

M. DE BESSONCOUR.
Vous eussiez, le pensant, agi différemment.

MERVAL.
Le pouvaient-ils au fait ? Parlons sincèrement :
On ne peut être franc avec ceux qu'on redoute.

M. DE BESSONCOUR.
J'ai tort.

MERVAL.

Mais écoutez...

M. DE BESSONCOUR.

Que faut-il que j'écoute ?
Depuis une heure au moins que vous parlez pour eux ,
Vous n'avez fait, monsieur, que m'aigrir un peu mieux.

MADAME DE VOLMARE.

Mon oncle, je conçois quel courroux vous anime :
Après tant de bontés une faute est un crime ;
Mais d'un juge sévère écartez la rigueur ;
N'écoutez que l'arrêt que dicte votre cœur :
Ce cœur si bon , pour qui voir des heureux, en faire ,
Est, depuis qu'il respire , un plaisir nécessaire.
Importuné des pleurs que vous feriez couler...

M. DE BESSONCOUR.

Je n'ai qu'un mot : en vain vous voulez m'ébranler.

MADAME DE VOLMARE.

Repoussant de vos bras votre triste famille...

M. DE BESSONCOUR.

Il me reste une nièce , elle sera ma fille...

MADAME DE VOLMARE.

Vous perdez la plus tendre, et sur qui vos bienfaits
Vont rendre tous vos droits plus sacrés que jamais ;
Le regret , malgré vous , vous atteindra loin d'elle.
Un mot , et vous verrez votre nièce fidelle ,
A vous complaire en tout instruisant son époux ,
Vous rendre le bonheur qu'elle tiendra de vous ;
Un neveu doux, soumis , dont la reconnaissance
Va d'un père sur lui vous donner la puissance.
Vous rendez tout heureux , nos maux sont effacés ,
Et c'est un cœur de plus que vous asservissez.

M. DE BESSONCOUR.

Oh ! oui , sur l'avenir le passé rend tranquille ;
L'un et l'autre m'apprend comme il sera docile.

PERMAVILLE.

Allons , mon bon ami, c'est d'un trop long courroux
Fatiguer votre cœur contre eux et contre vous :
Sans doute ils ont des torts, mais l'amour les leur donne;
Il en a tous les jours de plus grands qu'on pardonne.

M. DE BESSONCOUR.

Vous me parlez pour eux, vous qui dans ce moment
Accusiez la lenteur de mon ressentiment !

PERMAVILLE.

Oui, ne voyant que vous, exagérant l'offense,
J'ai d'un premier transport suivi la violence ;
Mais un peu de justice et de réflexion,
Leur amour et l'excès de la punition,
Enfin ce que j'ai vu, ce que m'a dit madame,
D'un sentiment plus juste a pénétré mon ame.
Imitez-moi.

M. DE BESSONCOUR.

Non, non.

MADAME DE VOLMARE.

Mon oncle.

PERMAVILLE.

Mon ami.

MERVAL.

Monsieur.

M. DE BESSONCOUR, *à part.*

Que je m'en veux !

MADAME DE VOLMARE.

Vous êtes attendri.

PERMAVILLE.

Je connais le motif qui vous rend si sévère ;
D'une fausse terreur repoussez la chimère.
Maître de votre sort, vos goûts seront leurs lois ;
Votre repos, leur bien ; et dociles par choix,
L'amour fera pour vous ce que faisait la crainte.

MADAME DE VOLMARE.

Jamais, je vous le jure, aucun sujet de plainte...

MERVAL.

Nous sommes leurs garans.

MADAME DE VOLMARE.

Je tombe à vos genoux.

MERVAL.

Pardonnez.

PERMAVILLE.

Votre cœur vous le dit plus que nous,
Cédez.

M. DE BESSONCOUR.

Contre eux toujours vous deviez me défendre,
Et vous me trahissez, ami fidèle et tendre !

PERMAVILLE.

Je vous sers, je vous force à faire des heureux.

M. DE BESSONCOUR.

Puisque contre moi seul tout le monde est pour eux,
Il faut sur la raison que l'amitié l'emporte.
Je m'en repentirai, c'est certain ; mais n'importe.
Restez.

PERMAVILLE.

Bien, mon ami.

MADAME DE VOLMARE.

Le chevalier aussi ?

M. DE BESSONCOUR.

Se peut-il autrement ? Puisqu'il est le mari,
Punir l'un maintenant, ce serait punir l'autre.

MERVAL, *à part.*

Bon ! Ce premier succès est le garant du nôtre.

M. DE BESSONCOUR.

Qu'on le fasse venir.

MADAME DE VOLMARE.

Moi-même, dans son cœur
Je vole ramener le calme et le bonheur,
Le conduire à vos pieds, et mériter sa grâce...

M. DE BESSONCOUR.

Non, plus de ce mot-là; qu'il vienne, qu'il m'embrasse:
En pardonnant les torts, j'en perds le souvenir :
Empêchez-le du moins de jamais revenir.

MADAME DE VOLMARE.

Allons sécher les pleurs de la pauvre Émilie.

SCÈNE VI.

MERVAL, M. DE BESSONCOUR, PERMAVILLE.

M. DE BESSONCOUR.

Je ne prononce plus de sermens de ma vie.
Dans le fond de mon cœur j'avais bien fait le vœu

Que jamais près de moi ne vivrait un neveu :
Le voilà bien rempli !

PERMAVILLE.

D'une façon plus sage :
En lui tout vous convient, le nom, l'état et l'âge.

MERVAL.

Moi, depuis son berceau je l'ai toujours connu
Bon fils, meilleur ami, cité pour sa vertu.
Qui le combat l'estime, et qui le connaît l'aime :
Vous n'auriez pu jamais mieux choisir pour vous-même.

PERMAVILLE.

Pour des maux incertains perdrez-vous de vrais biens ?
Un cœur comme le vôtre a besoin de liens.

M. DE BESSONCOUR.

C'est par eux que de nous on abuse sans cesse.
Vous verrez quelle suite aura cette faiblesse !

PERMAVILLE.

Quoi ?

M. DE BESSONCOUR.

Celle-ci tranquille, Émilie à son tour
Viendra de vœux pareils me tourmenter un jour :
Qu'aurai-je à lui répondre ?

PERMAVILLE.

Oui : pourquoi vous débattre ?
Au lieu de deux heureux vous en aurez fait quatre.

M. DE BESSONCOUR.

Et je paîrai pour eux.

MERVAL.

Non : tout dépend du choix.
Faites-en un pour elle, et croyez...

M. DE BESSONCOUR.

Je la vois.

SCÈNE VII.

MERVAL, ÉMILIE, M. DE BESSONCOUR,
PERMAVILLE.

ÉMILIE, *se précipitant aux pieds de son oncle.*
Mon oncle, se peut-il ?... Vos genoux que j'embrasse...

M. DE BESSONCOUR.

Avez-vous aussi , vous, à me demander grâce?

ÉMILIE.

Non , non : puisqu'elle est faite, et qu'enfin un époux
Peut à jamais....

PERMAVILLE.

Madame ; eh ! mais, ce n'est pas vous.

MERVAL.

C'est unique à quel point l'amitié vous égare.

ÉMILIE.

Serait-ce un vain espoir ? madame de Volmare...

M. DE BESSONCOUR.

Vous avez fait comme elle !... Eh bien , l'avais-je dit ?
Il me pleut des neveux.

MERVAL.

Remettez votre esprit.

ÉMILIE.

N'avez-vous pas promis qu'embellissant ma vie ,
Vous adopteriez l'homme à qui l'hymen me lie ?

M. DE BESSONCOUR.

A vous ? Qu'est-ce ceci ? de qui me parlez-vous ?

ÉMILIE.

Du chevalier.

PERMAVILLE.

Comment ?

MERVAL.

De lui ?

ÉMILIE.

De mon époux.

MERVAL.

Votre époux ! c'est un jeu.

PERMAVILLE.

Parlez-vous vrai, madame ?

M. DE BESSONCOUR.

Mais à chaque minute il change donc de femme?
C'était votre cousine , et c'est vous maintenant?

PERMAVILLE, *à part.*

Vous verrez qu'on m'aura joué comme un enfant.
Desfaucherets.   7

MERVAL.

A quoi bon cette feinte? Allons, c'est assez rire.

ÉMILIE.

Mais non ; je ne ris point.

MERVAL.

Je ne sais plus qu'en dire.

M. DE BESSONCOUR.

Qui de vous est sa femme, à la fin ?

SCÈNE VIII.

MERVAL, ÉMILIE, LE CHEVALIER, MADAME DE VOLMARE, M. DE BESSONCOUR, PERMAVILLE.

LE CHEVALIER.

La voilà.

MERVAL.

Émilie !

PERMAVILLE.

Émilie !

MADAME DE VOLMARE.

Oui : c'est bien celle-là.

LE CHEVALIER.

L'amour depuis un an a formé notre chaîne ;
Condamnés au secret, à l'absence, à la peine,
Nous n'avions du destin connu que le courroux :
Mais vous nous pardonnez, tout est bonheur pour
    nous.

M. DE BESSONCOUR.

En arrivant ici vous étiez mariée ?

MADAME DE VOLMARE.

Quand vous la pardonnez la faute est oubliée ;
Vous l'avez dit.

M. DE BESSONCOUR.

Mais, vous, dites-moi donc aussi
Ce que décidément vous êtes dans ceci ?

LE CHEVALIER.

Oh ! la plus noble amie.

ÉMILIE.

Et la sœur la plus chère.

MADAME DE VOLMARE.

Qui, vous connaissant bien, ai de votre colère
Reçu les premiers traits, épuisé tous les feux,
Pour ne plus leur laisser que vos bontés pour eux.
C'est toujours votre nièce à qui vous faites grâce :
Vos amis permettront qu'elle prenne ma place.

ÉMILIE.

Croyez qu'à vous aimer, vous obéir toujours,
Et mon époux et moi consacrerons nos jours.

LE CHEVALIER.

Ah ! mon cœur...

M. DE BESSONCOUR.

C'est fort bien : si l'on change la femme,
Le mari ne l'est pas ; et toujours dans son ame
Sont les mêmes vertus que vous me vantiez tous.

LE CHEVALIER.

Ces messieurs ?

M. DE BESSONCOUR.

Tous les deux m'ont répondu de vous.

PERMAVILLE.

C'est ce monsieur Merval...

MERVAL, à part.

Ah ! la double friponne !

M. DE BESSONCOUR.

Près d'elle aimez un peu l'oncle qui vous la donne.

LE CHEVALIER.

Mes jours seront à vous.

MADAME DE VOLMARE.

Tout vous le garantit ;
Ces messieurs vous diront...

MERVAL.

Oh ! rien : nous avons dit
Tout ce qu'il en fallait.

PERMAVILLE, à part.

Oui, pour être bien dupe.

M. DE BESSONCOUR.

Allons changer les soins dont pour vous on s'occupe.
Vos voyages, je crois, sont finis.

LE CHEVALIER.

A jamais ,
Puisque près d'elle et vous m'ont fixé vos bienfaits.

M. DE BESSONCOUR.

Venez : dans ce moment c'est jouer de fortune
D'en être, sur les deux, au moins quitte pour une.

FIN DU MARIAGE SECRET.

THÉATRE

DE

CARBON-FLINS.

Edition=Touquet.

PARIS.

Chez l'Éditeur, rue de la Huchette, n°. 18.

1821.

LA JEUNE HOTESSE,

COMÉDIE

EN TROIS ACTES ET EN PROSE,

DE

CARBON-FLINS,

Représentée, pour la première fois, le 24 décembre 1791.

ACTEURS.

CAROLINE, jeune hôtesse.
DURMONT.
FABRICE, premier garçon de l'hôtel.
ÉDOUARD, valet-de-chambre de Durmont.

La scène est à Francfort, et se passe dans une salle de l'hôtel.

LA JEUNE HOTESSE,

COMÉDIE.

ACTE PREMIER.

SCÈNE PREMIÈRE.

CAROLINE, FABRICE.

FABRICE.

Et je n'ai pas raison ?

CAROLINE.

Moi, je n'ai jamais tort.

FABRICE.

Ne puis-je pas du moins me plaindre de mon sort ?

CAROLINE.

A ne vous plaindre pas qui pourrait vous contraindre ?
Les hommes ont toujours du plaisir à se plaindre.

FABRICE.

Est-ce pour son plaisir que l'on est malheureux ?
J'ai servi votre père ; et ses soins généreux
De Fabrice orphelin ont élevé l'enfance :
Il se loua vingt ans de ma reconnaissance ;
Il m'aimait comme un fils, non comme un serviteur ;
Même il m'avait permis de vous nommer ma sœur.
Ne vous souvient-il plus qu'à son heure dernière,
Quand la mort était prête à fermer sa paupière,
Il m'appelle, et me dit : « Tu m'as servi long-temps ;
» Je voudrais bien payer des travaux si constans :
» Je suis pauvre, et ma fille est toute ma famille.
» Reçois donc tout mon bien en acceptant ma fille. »
Le prix était trop doux, et je tâchai du moins
De m'en rendre plus digne. Ah ! j'ai perdu mes soins ;

Carbon-Flins.

2

L'espoir m'échappe enfin : votre cruelle adresse
D'un père tous les jours fait mentir la promesse.

CAROLINE.

Je suis fort difficile, et veux que mon époux
Soit tendre, soit fidèle, et ne soit point jaloux.

FABRICE.

Vous êtes exigeante. Et puis-je être tranquille,
Tandis que votre accueil, toujours doux et facile,
Me désole, et vous fait, dans chaque voyageur
Qui loge en cet hôtel, voir un adorateur?

CAROLINE.

Il faut dans mon état un souris qui caresse :
On se plaît dans l'hôtel, quand on aime l'hôtesse.

FABRICE.

Vous les encouragez dans leurs prétentions.

CAROLINE.

Croyez que pour cela j'ai toujours mes raisons.

FABRICE.

Qnoi! ce jeune français, si fat, si ridicule,
Dont vous vous moquiez même avec peu de scrupule,
Qui sut à vos regards le rendre intéressant?
Le cœur peut-il ainsi changer en un moment?

CAROLINE.

Eh! change-t-on de cœur en changeant de manières?
Mais, Fabrice, après tout, sont-ce là vos affaires?
Je devrais me fâcher de cette question.

FABRICE.

Eh bien ! fâchez-vous.

CAROLINE.

                    Non, mon cher Fabrice, non;
Je veux de mes secrets vous faire confidence,
Car je suis aujourd'hui dans mon jour d'indulgence.

FABRICE.

Il faut en profiter.

CAROLINE.

                    Et vous ferez fort bien,
Car je réponds du jour, et non du lendemain.

FABRICE.

Voyons donc.

ACTE I, SCÈNE I.

CAROLINE.

Vous savez que le jeune Fierville
Avec beaucoup de bruit s'annonça dans la ville ;
Il crut que, dans Francfort, tout le beau sexe épris
Ne pourrait résister aux grâces de Paris :
Il faisait en amour des châteaux en Espagne ;
Moi je voulus venger l'honneur de l'Allemagne.
Mon front à son aspect se couvrit de rougeur ;
Mes yeux semblaient chercher et craindre leur vain-
      queur.
Chaque jour dans mon trouble il voyait son ouvrage :
Ma fuite enfin l'attire, et mon refus l'engage ;
C'est où je l'attendais. Il devient amoureux,
Et quand je le vois pris autant que je le veux,
Je quitte tout-à-coup mon air tendre et timide ;
Je marche à découvert ; ma franchise perfide
Lui dit devant témoins : je me moquais de vous.
Il demeure interdit ; je redouble mes coups.
Je compte l'aventure, et suis inexorable.
Le héros de Francfort en est bientôt la fable.
Je préservai par-là tous ces jeunes objets,
Dont il aurait trompé les innocens attraits.
N'ai-je pas fait, Fabrice, un chef-d'œuvre en morale ?

FABRICE.

Et ne craignez-vous pas le bruit et le scandale ?

CAROLINE.

On ne redoute rien quand on a résisté.
Cet homme si fameux, ce vainqueur redouté,
S'il livre à ses bons mots les beautés trop sensibles,
Garde bien le secret aux femmes invincibles.
Vous ne répondez rien ?

FABRICE.

            Non, non, je suis à bout.

CAROLINE.

Quoi ! de l'humeur encor ? qui peut vous fâcher ?

FABRICE.

                              Tout.

Il n'est point d'étranger qui, trompé par vos charmes,
A mon sensible cœur n'ait coûté quelques larmes ;

Et jusqu'à ce banquier, si brusque et si grondeur,
A qui, dit son valet, les femmes font horreur,
Partout montré du doigt, par sa rudesse extrême :
Vous prétendez aussi qu'à la fin il vous aime ?

CAROLINE.

Ne me défiez pas : vous m'y faites songer :
Celui-là me manquait. Qu'il est doux d'engager
L'homme que jusqu'alors n'a soumis nulle femme,
D'avoir les premiers droits qu'on ait eus sur son ame,
Et de tenir captif en des liens secrets
Celui qui de l'amour rompit tous les filets.
C'en est fait ; et comptez sur la reconnaissance
Qu'on doit à des avis d'une telle importance.
Moi, je n'y songeais pas ; mais j'ai de vrais amis,
Et leurs sages conseils seront bientôt suivis.

FABRICE.

Ainsi vous méprisez les volontés d'un père.

CAROLINE.

Non pas, je vous estime, et votre amour m'est chère
Mais je suis jeune encore, et crains de m'engager.
De mes défauts, un jour, je veux me corriger :
Aujourd'hui, je le sens, je suis un peu coquette ;
Je vous épouserai quand je serai parfaite.

SCÈNE II.

FABRICE, *seul.*

Méchante ! quel est donc ton pouvoir pour charmer ?
Plus elle me désole, et plus il faut l'aimer !
Mais je m'alarme trop de maux que je redoute.
Qui badine avec tous n'en aime aucun sans doute.
J'en serai quitte encor pour de vaines frayeurs ;
Car enfin mes rivaux sont tous des voyageurs ;
Leur amour passager ne peut m'être funeste :
Ils arrivent, je tremble ; ils partent, et je reste.

SCÈNE III.

FABRICE, ÉDOUARD.

ÉDOUARD.

Mon maître est-il rentré ?

FABRICE.

Non, je ne l'ai pas vu.

ÉDOUARD.

Eh quoi ! monsieur Durmont...

FABRICE.

Il n'est pas revenu.

ÉDOUARD.

Vous êtes honnête homme, au moins, monsieur
Fabrice.

FABRICE.

Vous ne me flattez pas en me rendant justice.

ÉDOUARD.

J'ai le cœur très-sensible, et vous sais gré vraiment
D'avoir logé mon maître en cet appartement.

FABRICE.

C'était le seul vacant ; j'ignore en conscience
Comment cela me vaut de la reconnaissance.

ÉDOUARD.

Et moi je le sais bien.

FABRICE.

Daignez prendre le soin

De m'expliquer...

ÉDOUARD.

Il faut remonter d'un peu loin.
Depuis plus de dix ans j'appartiens à mon maître,
Et j'eus, vous le voyez, le temps de le connaître.
De le former, mon cher, j'essayai vainement,
Car il ne put jamais quitter l'air allemand.
Pour faire tous les jours de nouvelles conquêtes,
Il prodiguait alors les festins et les fêtes :
De deux originaux présentant le croquis,
Gauche comme un baron, et fat comme un marquis,
D'Allemagne à Paris il venait, trop crédule,
Échanger son argent contre le ridicule.
Son air brusque et son ton portaient partout l'ennui ;
On goûtait sa dépense en se moquant de lui.
Moi, pendant ce temps-là, je faisais mes affaires,
Et je gagnais autant que quatre secrétaires :
J'ordonnais les soupers, j'achetais les bijoux ;

Je meublais la maison qui sert au rendez-vous :
J'avouerai qu'à cela je trouvais bien mon compte ;
J'avançais mon argent, mais je prenais l'escompte.
C'était là le bon temps, il a trop peu duré.
Mon maître, tout-à-coup dans un piége attiré,
S'aperçoit qu'il est dupe : il éclate avec rage,
Se livre sans retour à son humeur sauvage.
De son erreur première enfin désabusé,
Il prend pour la sagesse un travers opposé ;
Il vit depuis cinq ans pensif et solitaire :
Au nom seul d'une femme il se met en colère.
Je gagne peu d'argent, et j'ai beaucoup d'ennuis :
Avec l'amour, j'ai vu s'envoler mes profits.

FABRICE.

Je ris de ce récit et naïf et facile,
Mais sans trop voir en quoi j'ai pu vous être utile.

ÉDOUARD.

Or, le voici.

FABRICE.

Fort bien.

SCÈNE IV.

FABRICE, ÉDOUARD, CAROLINE, *se tenant derrière.*

ÉDOUARD.

Nous arrivons ici,
Tous les appartemens de cet hôtel garni
Se trouvent occupés ; mais l'hôtesse polie
Nous a cédé le sien. Elle est, ma foi, jolie.

CAROLINE, *à part.*

Je puis tirer parti, je crois, de l'entretien.

FABRICE.

Il n'importe.

ÉDOUARD.

Il importe, et vous le verrez bien.

FABRICE.

Voyons, achevez donc.

ÉDOUARD.

               Souvent la jeune hôtesse
Entre et sort sans façon , passe et revient sans cesse ,
Car sa harpe est encor dans cet appartement.
Elle cherche une robe , et tantôt un ruban :
Or , mon maître la voit , et jamais il ne jure ;
Il la voit tous les jours sans lui dire une injure.
De là je conjecture , et ce sont tous mes vœux ,
Que mon maître en pourrait devenir amoureux.
Alors nous désertons le hameau solitaire ,
Et nous prenons Francfort pour séjour ordinaire.
Je meuble de nouveau la petite maison ;
Mes profits vont renaître : en cette occasion ,
Si Fabrice me rend ici de bons offices ,
Je prétends avec lui partager les épices.

FABRICE.

       (*Caroline éclate de rire.*)
Insolent ! Quoi ! c'est vous ?

CAROLINE, *à Fabrice.*

               Oh ! je ris de bon cœur :
Edouard a de l'esprit , et vous beaucoup d'humeur.

ÉDOUARD.

Vous avez entendu tout ce que j'ai dit ?

CAROLINE.

                Sans doute ,
Car il faut bien entendre alors que l'on écoute.

ÉDOUARD.

Et vous avez trouvé...

CAROLINE.

          Que vous êtes charmant !
Mais que vous avez pris un triste confident !
Une autre fois , Edouard , quand vous voudrez qu'on
      m'aime ,
Il faut tout bonnement s'adresser à moi-même.

ÉDOUARD.

Je n'y manquerai pas ; c'est , je vous le promets ,
Concilier mon goût avec mes intérêts.
Un carosse : écoutons... ce pourrait fort bien être
Monsieur Dumont ; je cours au-devant de mon maître.

SCÈNE V.

CAROLINE, FABRICE.

CAROLINE.

Vous parliez tout-à-l'heure, et vous parliez si bien !
Qui peut vous arrêter ? Renouons l'entretien.
Vous paraissez rêveur ?

FABRICE.

A peine je respire.

CAROLINE.

Vous ne me dites rien.

FABRICE.

J'en aurais trop à dire.

SCÈNE VI.

CAROLINE, *seule.*

Fabrice est en courroux : mais il s'apaisera :
Il s'en va ce matin, ce soir il reviendra.
Moi, de le désoler j'ai bien quelques scrupules ;
Mais les hommes aussi sont par trop ridicules.
D'abord, avant l'hymen, serviteurs exigeans ;
Bientôt, après l'hymen, possesseurs négligens ;
Despotes sans pitié : je crois en conscience
Qu'il est assez prudent de se venger d'avance.
Se venger ? de qui ? non, je n'ai pas ce dessein,
Car j'ai le cœur très-bon, avec l'esprit malin.
Fabrice, oui, je l'aime, et hais sa jalousie ;
Je veux, en l'éprouvant, me montrer son amie,
Corriger mon amant pour en faire un époux,
Et jouer un bourru pour guérir un jaloux.

SCÈNE VII.

DURMONT, CAROLINE, EDOUARD.

DURMONT, *à Edouard.*

Il suffit : va-t'en voir si je n'ai pas de lettres.
        (*à Caroline, qui fait la révérence à Durmont.*)
Que voulez-vous ?

CAROLINE.

Monsieur veut-il bien me permettre
De venir en sa chambre où j'ai souvent besoin.

DURMONT.

De me le demander vous n'avez pas pris soin
Jusqu'alors ; ce scrupule est tardif à paraître.

CAROLINE.

Je crains d'être importune.

DURMONT.

Oh ! cela pourrait être,
Si j'y regardais ; mais soyez ici, là-bas,
Parlez, ou taisez-vous, je n'y regarde pas.

CAROLINE.

Cependant...

DURMONT.

C'est assez.

CAROLINE, *à part.*

Cet homme est laconique.
Mais l'obstacle m'irrite, et son humeur me pique.

SCÈNE VIII.

DURMONT, CAROLINE, EDOUARD.

DURMONT.

Le courrier ?

ÉDOUARD.

Cette lettre est pour monsieur Durmont.

DURMONT.

Donne. C'est de Belfort. Voyons, que m'apprend-on ?
« Monsieur de Foret est mort... »
C'était mon vieil ami ; ma douleur est sincère :
Il avait un cœur droit, un noble caractère.
Un fripon meurt à peine après quatre-vingts ans ;
Mais les honnêtes gens ne vivent pas long-temps.
« Tout le monde le regrette ; sa femme seule ne pa-
» raît pas inconsolable. »
Je le crois aisément. Malheureux ! à son âge,
Se charger d'une femme, était aussi peu sage ;
Il mourut des chagrins qu'elle fit essuyer,
Et voilà ce que c'est que de se marier.

« Il ne laisse qu'une fille. »
Le sort à mon ami jusqu'au bout est contraire :
Un fils eût hérité des qualités du père ;
Un fils de ses vertus eût transmis le trésor ;
Mais il n'a qu'un enfant... c'est une fille encor.
    « Elle a beaucoup de bien. »
A plus d'extravagance il saura l'engager.
    « Je lui cherche un mari. »
A-t-il quelque ennemi dont il veut se venger ?
    « Sa famille et moi, nous avons jeté les yeux sur
» vous. »
J'aurais donné pour lui ma fortune ; et l'infâme,
Pour prix de tant de soins, me propose une femme !
Trop simple, à l'amitié j'ai cru jusqu'à ce jour ;
Mais l'amitié trompeuse est semblable à l'amour.
    « Réponse. » (*Il déchire la lettre.*)
Tiens, la voilà.

CAROLINE.

       Monsieur, elle est facile à faire :
Vous laissez peu d'ouvrage à votre secrétaire.
    (*à part.*)
Je prétends qu'il réponde.

DURMONT.

       On peut vous dispenser
De vos réflexions.

CAROLINE.

Mais...

DURMONT.

       Faites-moi passer
Un livre qui m'amuse, et non pas qui m'applique.
Allez.

CAROLINE.

   (*à part.*)   (*haut.*)
Il répondra. J'obéis sans réplique.

SCÈNE IX.

DURMONT, EDOUARD.

ÉDOUARD.

Vous la traitez fort mal.

DURMONT.

       C'est qu'elle est sans façons :
Elle eût voulu, je crois, me donner des leçons.

ÉDOUARD.

Monsieur, vous désolez votre valet fidelle.

DURMONT.

Comment ! as-tu reçu quelque triste nouvelle ?
Tu me connais : as-tu besoin de mon secours ?
Voici ma bourse ; prends.

ÉDOUARD.

       Je l'accepte toujours :
Refuser vos présens serait une insolence
Que je n'aurai jamais. J'ai de la conscience.
Mais le défaut d'argent ne fait pas mon malheur :
Mes maux sont plus aigus, puisqu'ils partent du cœur ;
Je souffre des erreurs des personnes que j'aime.

DURMONT.

Et qui te fait souffrir par ses erreurs ?

ÉDOUARD.

          Vous-même.
Vous êtes jeune encore, et vous avez du bien ;
Mais vivre seul, c'est vivre en mauvais citoyen.
Soit que vous habitiez la ville ou la campagne ;
Vous n'êtes jamais seul avec une compagne.
Tantôt on vient pour elle, et c'est tantôt pour vous.

DURMONT.

Oui, l'on vient pour madame, et jamais pour l'époux.
C'est acheter trop cher l'honneur d'avoir du monde ;
Si je suis seul, au moins personne ne me fronde,
Et quand on vient me voir, on vient toujours pour moi.

ÉDOUARD.

On peut, malgré madame, être maître chez soi.
Et d'ailleurs, on vieillit, vous l'avez dit vous-même :
Il faut des successeurs ; et quel plaisir extrême
De s'entourer d'enfans qui nous doivent le jour !

DURMONT.

Non, rien ne fléchira ma haine pour l'amour.

ÉDOUARD.

Mais l'amour paternel.

DURMONT.

J'en conviens.

ÉDOUARD, *à part.*

Il vacille.

DURMONT.

Oui, j'envîrais le sort d'un père de famille.
Ah! combien j'aimerais tous ces jeunes amis,
Mes enfans, en un mot (bien entendu des fils):
Que cette idée est douce et me pénètre l'ame!

ÉDOUARD.

Tout cela cependant ne se peut pas sans femme.

DURMONT.

Les bons cœurs, Edouard, ne sont point isolés.
Il est des malheureux par le sort accablés:
En corrigeant pour eux la fortune jalouse,
J'aurai des enfans, oui, mais sans avoir d'épouse.

ÉDOUARD, *à part.*

Il est incorrigible, et restera garçon;
Et moi, par contre-coup. Cependant, que sait-on?
Né sensible, un rien peut réveiller sa tendresse,
Et j'espère beaucoup de notre jeune hôtesse.
Bon! la voici; filons.

SCÈNE X.

DURMONT, CAROLINE.

CAROLINE, *à part.*

Il a l'air courroucé;
Mais je veux que bientôt il soit apprivoisé.

DURMONT.

C'est un parti bien pris. Qui vient là?

CAROLINE.

Caroline.

DURMONT.

Et que me voulez-vous?

CAROLINE.

Moi! rien qui vous chagrine.
Des livres, disiez-vous; je viens les apporter.

DURMONT.

Le prix?

CAROLINE.

Rien.

DURMONT.

Il fallut pourtant les acheter ?

CAROLINE.

Les acheter, monsieur, était fort inutile,
Lorsque j'en ai chez moi , sans envoyer en ville.

DURMONT.

Madame est bel esprit.

CAROLINE.

Je n'ai pas ce travers.
Mes parens m'ont donné quelques talens divers ;
Ils avaient avec soin élevé mon enfance :
Un revers tout-à-coup leur ôta leur aisance.
Je me livre au travail jusqu'alors inconnu ;
J'oubliai tout le reste, et je n'ai retenu
Qu'une seule maxime, en tout temps nécessaire :
Il faut à son état plier son caractère.

DURMONT.

Vous êtes philosophe , à ce que je vois.

CAROLINE.

Non.
On l'est bien rarement lorsqu'on en prend le nom.

DURMONT.

Vos livres ? Un roman bien fou , bien gigantesque ;
Car vous devez avoir la tête romanesque,
Un esprit exalté. Voyons.

CAROLINE.

Et jugez-moi....

DURMONT.

A la rigueur.

CAROLINE.

Tant mieux !

DURMONT , *lit.*

« Satire contre les femmes :
« De l'antipathie contre l'amour. »
Vous vous moquez, je croi :
Contre l'amour ? C'est là...

CAROLINE.

Ma lecture ordinaire.

DURMONT.

Vous voulez me tromper.

CAROLINE.

Caroline est sincère.

DURMONT.

Vous méprisez l'amour?

CAROLINE.

Moi! je ne conçois pas
Que d'aussi peu de chose on puisse faire cas :
Il est si rarement compagnon de l'estime !
Dans celui qu'il enflamme il punit sa victime;
Il nous faut, consumés de remords, de désirs,
Souffrir de ses rigueurs, rougir de ses plaisirs.
Je ne suis pas jolie, et ne suis pas aimable;
Mais lorsque l'on est jeune on est toujours passable.
Quelques amans aussi m'ont adressé leurs vœux ;
J'ai vu, sans m'émouvoir, leurs transports amoureux.
J'aurais pu pour époux prendre un homme esti-
mable :
La liberté toujours me parut préférable.

DURMONT.

C'est le plus grand des biens.

CAROLINE.

Et que l'on perd souvent.
Quand on n'y pense pas.

DURMONT.

Et toujours sottement.

CAROLINE.

Et les hommes surtout.... La fausseté des femmes...
Est-ce à moi cependant de médire des dames ?

DURMONT.

Vous êtes la première, il faut en convenir.

CAROLINE.

C'est que je vois ici tant de monde venir,
Tant de sentimens feints, de faciles conquêtes,
Tant de femmes d'esprit, et tant d'hommes si bêtes !

DURMONT, *à part.*

Elle est originale.

CAROLINE.
A la fin, je pourrais
Vous ennuyer: je pars.

DURMONT.
Non, je vous le dirais;
Vous m'amusez beaucoup.

CAROLINE.
Je parle sans contrainte :
Mon cœur auprès de vous ne ressent point la crainte;
Près des autres au moins je prends plus garde à moi.

DURMONT.
Comment?

CAROLINE.
Vous le voyez, je suis de bonne foi.
Avec les étrangers dont cet hôtel abonde,
J'étais comme avec vous, j'écoutais tout le monde :
Sans conséquence, moi, je riais avec eux :
Eux sérieusement devenaient amoureux.

DURMONT, *la lorgnant.*
Est-il possible? C'est que vous êtes jolie.
Amoureux d'une femme !

CAROLINE.
Ah! voyez la folie !

DURMONT.
Sur-le-champ, Caroline, ils vous faisaient la cour?

CAROLINE.
Arrivés le matin, le soir ivres d'amour.

DURMONT.
S'ils avaient su combien l'amour cause de peines...

CAROLINE.
Fatal aveuglement !

DURMONT.
O faiblesses humaines !

CAROLINE.
Avec vous je n'ai point à redouter cela.

DURMONT.
Oui, je vous promets bien de n'en pas venir là.

CAROLINE.
Rien ne trouble pour vous ma douce confiance :
Vous pouvez m'assurer...

DURMONT.

       De mon indifférence.

CAROLINE.

C'est charmant : le bonheur est dans la liberté ;
Heureux le cœur sensible en sa simplicité !
L'innocente amitié ne coûte pas de larmes :
Un nuage jaloux n'obscurcit point ses charmes.
Vous me verrez toujours, prête de vous servir,
A tout ce qui vous plaît m'empresser d'obéir :
Vous ne pourrez pourtant penser que je vous aime ;
Je n'aurai point l'orgueil de le craindre moi-même.

DURMONT, *à part.*

Elle a je ne sais quoi qui ne ressemble à rien.

CAROLINE, *à part.*

Il est près du filet, et je l'y tiendrai bien.
  (haut.)
Je vous quitte.

DURMONT.

    Déjà?

CAROLINE.

       Je ne puis davantage
Demeurer, et je vais aux soins de mon ménage.

DURMONT.

C'est un soin estimable.

CAROLINE.

       Et je vous enverrai
Un garçon de l'hôtel.

DURMONT.

       Je le congédierai :
Il vaut mieux revenir vous-même.

CAROLINE.

         Je suis aise
De voir que maintenant ma présence vous plaise.

DURMONT.

Vous me déplaisez moins que toute autre.

CAROLINE.

         Et pour moi
C'est tout ce que je veux.

SCÈNE XI.

DURMONT, *seul*.

J'aime sa bonne foi.
Caroline eût vraiment fait un fort galant homme :
Il est vrai qu'elle est femme, et ce nom-là m'assomme ;
Mais je veux l'oublier, et, pendant mon séjour,
Avec elle souvent pester contre l'amour.

FIN DU PREMIER ACTE.

ACTE II.

———

SCÈNE PREMIÈRE.

DURMONT, FABRICE, *faisant apporter sur la
scène une table servie.*

FABRICE.

Le dîner est tout prêt.

DURMONT.

Edouard me l'a dit.
Sais-tu que Caroline a vraiment de l'esprit ?

FABRICE.

Et croyez-vous m'apprendre une chose nouvelle,
A moi qui, dès l'enfance, ai demeuré près d'elle ?

DURMONT.

Sais-tu qu'elle n'a point de ces airs indiscrets
Qui font haïr son sexe à tous les cœurs bien faits,
Qu'elle est douce, polie, et point du tout coquette ?

FABRICE.

C'est un peu fort.

DURMONT.

Non pas : Caroline est parfaite,
Sage...

FABRICE.

Sage, monsieur ; j'ai lieu de le penser ;

Carbon-Flins.   3

Et je le crois si bien, que je vais l'épouser.

DURMONT.

L'épouser ?

FABRICE.

Oui, monsieur.

DURMONT.

L'extravagance est bonne :

Elle n'épousera...

FABRICE.

Quoi ?

DURMONT.

Ni toi, ni personne.

FABRICE.

Caroline m'est chère, et m'a donné sa foi.

DURMONT.

Caroline aime à rire, et se moque de toi.

FABRICE.

Mais, monsieur...

DURMONT.

Mais, Fabrice, es-tu donc assez bête
Pour t'être pu flatter d'une telle conquête ?
Caroline amoureuse ! On ne la connaît pas.
Plus riche de vertus que brillante d'appas,
Elle, prendre un mari !

FABRICE, *à part.*

Monsieur Durmont s'enflamme.

DURMONT.

C'est tout comme si, moi, je prenais une femme.
Cela ne sera pas.

FABRICE.

Ce me semble un peu fort.

DURMONT.

Oui, nous pensons de même, et nous sommes d'accord.

FABRICE.

D'accord ?

DURMONT.

Absolument.

FABRICE.

Quel projet est le vôtre ?

DURMONT.

Laisse-moi : c'est assez.

FABRICE.

En voici bien d'un autre.

SCÈNE II.

DURMONT, *seul*.

Le sot ! J'étais, ma foi, tout près de me fâcher.
Où la fatuité va-t-elle se nicher !
Oui, ma délicatesse en ce point est extrême ;
Je ne l'aime pas, mais je ne veux pas qu'on l'aime.

SCÈNE III.

DURMONT, ÉDOUARD.

ÉDOUARD, *à part*.

Je crois que mon projet pourrait bien réussir.
Le farouche Durmont semble un peu s'adoucir.
Le voilà seul ; fort bien : tâchons avec adresse
D'éveiller son penchant pour notre jeune hôtesse.
  (*haut.*)
Francfort me plaît beaucoup : l'agréable séjour !
La liberté, la paix, et surtout point d'amour.
C'est, après le château qu'habite mon cher maître,
Le pays le plus beau, le plus doux à connaître.

DURMONT.

Tu parles seul, Edouard ?

ÉDOUARD.

Eh ! monsieur, vraiment oui.
Je me félicitais de me trouver ici :
Dans cet hôtel garni, tout me semble à merveille.

DURMONT.

Je le crois, car à tout la jeune hôtesse veille.

ÉDOUARD.

Non pas également ; mais ses soins sont touchans
Pour ce qui vous regarde, et même pour vos gens.
Nous faisons bonne chère, et pour nous rien ne coûte :
Je crois qu'elle a pour vous de l'amitié.

DURMONT.

Sans doute.
Je lui dis brusquement, sans lui déguiser rien,
Un grand mal de son sexe; elle m'en dit du mien :
Peut-on, après cela, n'être pas bien ensemble ?

ÉDOUARD.
Cela n'est pas possible, en vérité.

SCÈNE IV.

DURMONT, ÉDOUARD, CAROLINE.

CAROLINE.

Je tremble
D'approcher.

DURMONT.

Moi, je suis charmé de vous revoir.

CAROLINE.
Je me rassure un peu. Je venais pour savoir
Si vous êtes content des mets de votre table.

DURMONT.
Très-content.

CAROLINE.

Rien ne peut m'être plus agréable.
Aimez-vous ce ragoût ?

DURMONT.

Je ne l'ai point goûté.

CAROLINE.
Comment le trouvez-vous ?

DURMONT, *après l'avoir goûté.*

Très-bon, en vérité.

CAROLINE.
Vous allez me donner de l'orgueil.

ÉDOUARD, *à part.*

Quel dommage !

DURMONT.
De l'orgueil ! comment donc ?

CAROLINE.

En louant mon ouvrage.

DURMONT.
C'est vous ?

CAROLINE.

Fallait-il donc s'en rapporter aux gens ?
Je les connais ; ils sont brouillons ou négligens.
J'ai voulu m'assurer qu'avec un soin extrême
Un mets fût apprêté ; je l'apprêtai moi-même.

DURMONT.

Je veux y faire honneur : mais c'est trop de bonté.

CAROLINE.

Daignez-vous pardonner à ma sincérité ?

SCÈNE V.

DURMONT, ÉDOUARD, CAROLINE, FABRICE.

FABRICE.

Mademoiselle !

CAROLINE.

Eh bien ?

FABRICE.

On vous cherche à l'office,
Dans la salle, partout : enfin, le sort propice
Dans cet appartement a dirigé mes pas ;
Mais je n'aurais pas cru vous y voir.

DURMONT.

Pourquoi pas ?

CAROLINE.

Après, que me veut-on ?

FABRICE.

Depuis une grande heure
Nous vous attendons tous : venez.

DURMONT.

Qu'elle demeure.

(à Caroline.)
Vous n'avez pas, je pense, encore dîné ?

CAROLINE.

Non.

DURMONT.

Eh bien ! vous dînerez avec moi sans façon.
(à Édouard.)
Un couvert.

CAROLINE.
Mais, monsieur...

DURMONT.

        Bon! mettez-vous à table

FABRICE, *en s'en allant.*

Que cela dure encore, et je me donne au diable.

SCÈNE VI.

DURMONT, CAROLINE, ÉDOUARD.

DURMONT.

Il est très-mécontent; et je crois, entre nous...

CAROLINE.

Vous croyez, et quoi donc?

DURMONT.

        Que Fabrice est jaloux.

CAROLINE.

Ah! monsieur, quelle idée!

DURMONT.

        Elle est très-vraisemblable.

Tout-à-l'heure il m'a dit, en me mettant à table...

CAROLINE.

Il a dit?

DURMONT.

        Qu'il était près de vous épouser.

CAROLINE.

Quoi! monsieur, un moment vous avez pu penser
Qu'on peut auprès de vous s'occuper de Fabrice?
Votre amitié devrait avoir plus de justice.

DURMONT, *à l'oreille de Caroline.*

J'aime à n'en croire rien... Il écoute : va-t'en.

ÉDOUARD.

Où voulez-vous que j'aille?

DURMONT.

        Eh mais apparemment

Nous chercher du dessert.

ÉDOUARD.

        J'y cours, et reviens vite.

DURMONT.

Ne te presse pas trop.

ÉDOUARD, *à part.*
                A merveille : il évite.
Les témoins ; il est pris.

SCÈNE VII.

DURMONT, CAROLINE.

DURMONT.
            Si je ne partais pas,
Je pourrais vous trouver trop d'esprit et d'appas.
CAROLINE.
Vous riez.

DURMONT.
        Cela tourne à votre propre gloire.
CAROLINE.
Même en le désirant, j'aurais peine à le croire.
DURMONT.
Mais vous êtes bien loin d'en avoir le désir.
CAROLINE.
Et vous êtes plus loin encor de le sentir.
DURMONT.
Allons, partons demain, ou je perds la partie.
CAROLINE.
Oui, je ressens pour vous certaine sympathie ;
Ce n'est pas celle au moins qu'éprouvent les amans.
DURMONT.
Celle qui réunit les cœurs indifférens.
CAROLINE.
Vous devinez toujours ce que je n'ose dire :
Vous avez trop d'esprit.
DURMONT.
                Vous voulez me séduire :
Je vous en avertis, cela n'est point aisé.
Parbleu ! je suis en garde, et votre esprit rusé
Doit attaquer des cœurs moins fermes que les nôtres :
Je puis vous défier ; j'en ai bravé bien d'autres.
CAROLINE.
Moi, je voudrais soumettre à mes faibles appas
Celui qui hait mon sexe et ne s'en cache pas ;
A qui peut-être même, en secret méprisée,

Je suis prête à servir de fable et de risée.

DURMONT, *commençant à se troubler.*

C'en est trop, je vous prie, et laissons ces discours :
Buvons.

CAROLINE.

Vous ne pouvez pas boire à vos amours.

DURMONT.

Non.

CAROLINE.

Parlons de la paix.

DURMONT.

Dans le siècle où nous sommes,
La paix n'est nulle part où se trouvent les hommes.
Parlons plutôt de guerre.

CAROLINE.

Oh ! cela fait horreur.

DURMONT.

De quoi parlerons-nous ?

CAROLINE.

Vous auriez de l'humeur,
Si j'osais devant vous parler encor des femmes.

DURMONT, *à l'oreille de Caroline.*

Je crains auprès de vous de haïr moins les dames.
  (à part.)
Demain, dans mon château...

CAROLINE.

Vous me faites rougir.

DURMONT.

De déplaisir, sans doute ?

CAROLINE.

On rougit de plaisir.
Avant de vous quitter, car mon devoir m'appelle,
Je veux vous faire entendre une chanson nouvelle.

CHANSON.

Lisis avait de la jeunesse,
De l'esprit, de la politesse ;
Les belles qu'il savait charmer
Lui disaient d'un air agréable :
Lisis, il faut savoir aimer
Tandis qu'on est aimable.

Mais la triste philosophie
Devient la règle de sa vie ;
Il craint de se laisser charmer,
Et fuit tout objet agréable.
Celui qui ne veut pas aimer,
N'est pas long-temps aimable.

Indifférent dans sa jeunesse,
Lisis aima dans sa vieillesse ;
Mais celle qui sut le charmer
Ne put le trouver agréable.
Lisis, il n'est plus temps d'aimer
Quand on n'est plus aimable.

SCÈNE VIII.

DURMONT, *seul.*

Perfide ! je le sens, tu viens m'assassiner ;
Mon lâche cœur t'excuse, et veut te pardonner :
C'est en vain contre toi que ma raison s'irrite ;
Je ne puis triompher, mais je prendrai la fuite.

SCÈNE IX.

DURMONT, ÉDOUARD, *apportant le dessert*

DURMONT.

Édouard !

ÉDOUARD.

Me voilà.

DURMONT.

Mes chevaux.

ÉDOUARD.

Le dessert.

DURMONT.

Des chevaux.

ÉDOUARD.

Voulez-vous que j'ôte le couvert ?

DURMONT.

Que tout pour mon départ soit prêt avant une heure.

ÉDOUARD.

Vous partez ?

Carbon-Flins.   4

DURMONT.

Quoi ! veux-tu qu'en ces lieux je demeure,
Que je m'expose encore à ses trompeurs attraits,
Et que je l'aime enfin autant que je la hais ?
Mon compte à l'instant même.

ÉDOUARD.

Oh ! fâcheuse aventure !
Cela prenait pourtant une bonne tournure.

SCÈNE X.

DURMONT, *seul.*

Je partirai ; j'en sens un mortel déplaisir :
Eh bien ! c'est pour cela qu'il convient de partir.
O sexe, que sans art l'instinct enseigne à feindre,
C'est lorsque vous plaisez qu'il faut surtout vous
craindre !

SCÈNE XI.

DURMONT, FABRICE.

FABRICE.

Est-il bien vrai, monsieur, vous allez nous quitter ?

DURMONT.

Oui.

FABRICE.

(à part.)

C'est un grand malheur... qui devrait me charmer ;
(haut.)
C'est un rival de moins. La douleur est extrême,
Lorsque l'on voit partir la personne qu'on aime.

DURMONT.

Elle m'aime, dis-tu ?

FABRICE.

Je ne dis pas cela,
(à part.)
Et je parlais pour moi. Mon Dieu ! comme il y va !
Il est grand temps qu'il parte.

DURMONT.

Et mon compte est-il prêt ?

FABRICE.

Pas encor

DURMONT.

Hâte-toi.

FABRICE.

Caroline le fait.

DURMONT.

Pourquoi me parles-tu toujours de Caroline ?

FABRICE.

(à part.)

Je n'en parlerai plus. Mon malheur se termine ;
Trêve à ma jalousie ; ah ! ne jurons de rien ;
S'il part, un autre aussi peut revenir demain.

SCÈNE XII.

DURMONT, *seul.*

De son dépit l'amour ne sera pas la cause ;
Mais la vanité souffre, et c'est bien quelque chose.
La coquette punie, en voulant captiver,
Doit partager les maux qu'elle fait éprouver.
Edouard ! Dieu ! la voici. Faut-il que je demeure ?
C'est la dernière épreuve, et je pars dans une heure.

SCÈNE XIII.

DURMONT, CAROLINE, *tenant un papier à la main.*

DURMONT.

Caroline, est-ce moi qu'en ces lieux vous cherchez ?

CAROLINE.

Monsieur...

DURMONT.

Que voulez-vous ?

CAROLINE.

Pardonnez.

DURMONT.

Approchez.

CAROLINE.

Vous avez, m'a-t-on dit, demandé votre compte ?
Le voici.

DURMONT.

Je vous sais très-bon gré d'être prompte
A l'apporter.

CAROLINE.

Je fais mon devoir d'obéir.

DURMONT.

Sans doute on vous a dit que je devais partir ?

CAROLINE.

Il est vrai.

DURMONT.

Vous comptiez m'enchaîner par vos charmes ?
Caroline, vos yeux sont humides de larmes.

CAROLINE.

Est-ce donc que je pleure ?

DURMONT.

Oh ! ce n'est pas pour moi.

CAROLINE.

On pleure quelquefois sans trop savoir pourquoi.

DURMONT.

Si c'était de l'amour.

CAROLINE.

Il faudrait le contraindre :
Ce n'est pas vous, monsieur, qui daigneriez me
    plaindre.

DURMONT.

Non, rien ne saurait plus retarder mon départ.

CAROLINE.

Sitôt ?

DURMONT.

Je crains encor d'être parti trop tard.
Donnez-moi ce papier. Il faut être équitable :
Vingt écus pour mes gens, six chevaux, et ma table,
En trois jours, c'est trop peu.

CAROLINE.

Vous devez vingt écus :
Le mémoire est exact ; il ne faut rien de plus.

DURMONT.

Sur ce mémoire-là ma surprise est extrême ;
Je ne vois point ce mets...

CAROLINE.

Que j'apprêtai moi-même ?
On est heureux des soins qu'on prend pour ses amis,
Et ce n'est pas à l'or d'en acquitter le prix.

DURMONT.

Je veux l'acheter cher.

CAROLINE.

Que monsieur me pardonne ;
Mais je ne vends jamais les plaisirs qu'on me donne.
(Édouard traverse le théâtre en bottes fortes, et
le fouet à la main.)

ÉDOUARD.

Les chevaux sont tout prêts, et je prends le devant.

CAROLINE.

C'en est trop ; je succombe à mon saisissement.
(Elle tombe évanouie sur un fauteuil.)

DURMONT.

Elle se trouve mal ! Amante malheureuse !
J'ai pu vous accuser d'être fausse et trompeuse !
Ma chère Caroline, ouvrez ces yeux charmans,
Et lisez dans les miens ce que pour vous je sens.
Est-ce bien moi qui parle ? Il y va de sa vie ,
C'est pour moi, pour moi seul qu'elle est évanouie.
Non , je ne serai pas cause de son trépas ;
Caroline, vivez ; je ne partirai pas.
Elle ne m'entend plus : des secours au plus vîte !
Édouard, Fabrice , tous ! Je vole à leur poursuite.
Bel ange... je reviens...

SCÈNE XIV.

CAROLINE, *seule.*

Voici le coup de grâce :
Si l'on peut faire mieux , que quelqu'autre le fasse.
J'ai vaincu son humeur et son inimitié :
L'amour prend dans son cœur le nom de la pitié.
Mon sexe , peu puissant pour qui saurait le craindre,
Est vraiment dangereux lorsqu'il paraît à plaindre.
Quand notre charme aux cœurs devient déjà fatal,
Alors , pour être au mieux , il faut se trouver mal.
Une femme est bien forte avec une faiblesse !
Mais c'est trop m'occuper de ruse et de tendresse ;
Partons, car notre amant va , pour me secourir,
Suivi de tous ses gens, dans sa chambre accourir.

Je ne veux plus avoir de faiblesse pareille;
Et puisqu'il est blessé, je me porte à merveille.

SCÈNE XV.

DURMONT, FABRICE.

DURMONT.

Caroline se meurt; accourez sur mes pas.

FABRICE.

Qu'entends-je! où donc est-elle?

DURMONT, *montrant le fauteuil où était Caroline.*

Eh! ne la vois-tu pas !

FABRICE.

Je cherche, et ne vois rien. Vous vous moquez, je pense

DURMONT.

On a, pour l'entraîner, pris mon instant d'absence
Allons, courons, cherchons; et, calmant son effroi,
Dites-lui tous de vivre, et de vivre pour moi.

FIN DU SECOND ACTE.

ACTE III.

SCÈNE PREMIÈRE.

CAROLINE, FABRICE.

FABRICE.

Vous avez abusé de ma persévérance;
Je ne veux pas plus loin porter la patience.
Mademoiselle, enfin il faut prendre un parti.

CAROLINE.

Comment?

FABRICE.

De votre humeur j'ai trop long-temps pâti
Chérissez-vous Durmont?

CAROLINE.

Fabrice me soupçonne :
Je ne m'abaisse point à détromper personne.

FABRICE.

Nou, non, n'espérez pas par un air de fierté
Cacher à mes regards votre infidélité.

CAROLINE.

Fabrice, écoutez-moi : je sens que je vous aime ;
J'ai de vous affliger une douleur extrême :
Mais, quoi que vous voyiez avant la fin du jour,
N'en croyez pas vos yeux ; croyez-en mon amour.
Plus je vous paraîtrai légère, inconséquente,
Mieux je vous servirai, plus je serai contente.

FABRICE.

Monsieur Durmont m'a dit...

CAROLINE.

                        Peut-être a-t-il raison ;
Mais quand j'aurais voulu jouer monsieur Durmont,
Et suivre à votre égard les volontés d'un père,
Votre conduite ici gâterait votre affaire ;
Je vous en avertis.

FABRICE.

                    Déjà tout était prêt
Pour son départ : il reste; il a l'air satisfait :
Mes soupçons sont fondés, et, quoi qu'il en puisse être,
S'il demeure, je pars.

CAROLINE.

                    Vous en êtes le maître.

SCÈNE II.

CAROLINE, *seule.*

Il se plaint quand j'étais prête à le rendre heureux ;
L'ingrat!... pourtant je l'aime et remplirai ses vœux.
Toujours de l'épouser j'eus le projet sincère ;
Mais encore une épreuve ; et s'il se désespère...
Fabrice, pauvre ami ! j'en ai pitié, je crois.
Tous ces messieurs sont faits pour servir sous nos lois ;
A nos pieds c'est leur place : et cet homme intraitable,
Ce Durmont, de mon sexe adversaire implacable,
Je l'ai réduit au point, ah ! long-temps j'en rirai,
Qu'il est prêt d'en passer partout où je voudrai :

Mais c'est par trop facile, et c'est vraiment domma[ge]
Messieurs, pour notre honneur, résistez davantag[e]

SCÈNE III.

DURMONT, CAROLINE.

DURMONT, *parcourant le théâtre d'un air égaré.*
Je la cherche partout : ah ! mes efforts sont vains ;
Je ne la trouve pas. O combien je la plains !
De mille adorateurs la tendresse empressée
Par sa froide raison est long-temps repoussée :
Et quand je parais, moi, qui ne fais pas ma cour,
La voilà qui s'enflamme et qui se meurt d'amour.
Des caprices du cœur effet prompt et terrible !
Mais pourquoi m'aimer, moi qui veux être insensible !

CAROLINE.
Je vous croyais parti...

DURMONT.
       C'est elle ! oui vraiment.

CAROLINE.
J'étais déjà rentrée en mon appartement.

DURMONT, *à part, regardant Caroline.*
(*haut.*)
Elle a fort bon visage. Oui, l'heure était fixée :
Je partais : mais l'état où je vous ai laissée
Tantôt... votre faiblesse... enfin...

CAROLINE.
              Soins superflus :
Ce mal m'avait pris pour ne me reprendre plus.

DURMONT.
De ce mal j'ai bien peur d'avoir été la cause.

CAROLINE.
En effet, il pourrait en être quelque chose.

DURMONT.
Est-il possible ?

CAROLINE.
    Oui.

DURMONT.
      Ma Caroline, quoi !

CAROLINE.

J'en dis trop.

DURMONT.

> Achevez.

CAROLINE.

> C'est mon secret à moi.

DURMONT.

Vous voulez me fâcher.

CAROLINE.

> A quoi bon cette peine?

Peut-on contre mon sexe augmenter votre haine?

DURMONT.

Ah ! si c'était Fabrice...

CAROLINE.

> Après : il est permis

De faire accueil à ceux qui sont de nos amis.

DURMONT.

Non, madame.

CAROLINE.

> Comment?

DURMONT.

> Pour moi, si j'étais femme,

Je ne pourrais souffrir les langueurs et la flamme
De ceux de qui l'amour banal et familier
Rend, sans contrainte, hommage à votre sexe entier.

CAROLINE.

Monsieur, votre rigueur ici me semble extrême :
Est-il donc défendu de chérir qui nous aime?

DURMONT.

Madame, absolument.

CAROLINE.

> En suivant vos avis,

Il ne faut donc aimer...

DURMONT.

> Quoi?

CAROLINE.

> Que nos ennemis.

DURMONT.

Justement : ce sont eux dont l'hommage est sincère,
Un homme né farouche, et dont l'humeur sévère

Ne fléchit que pour vous, vous aime d'autant plus,
Qu'il fait, pour vous haïr, des efforts superflus.
Sa honte le retient, mais son amour l'emporte;
Sa raison vous combat; votre grâce est plus forte.
Vous régnez malgré lui dans son cœur irrité.

CAROLINE.

Je sens qu'un tel amour flatte la vanité;
Mais il doit encor plus blesser la conscience.
Qui voudrait sur un cœur régner par violence?

DURMONT.

Eh, quoi donc! par l'amour règne-t-on autrement?
Est-ce pour son plaisir que l'on devient amant?
Et si je cède enfin au pouvoir de vos charmes,
N'est-ce pas malgré moi que je vous rends les armes?
Ne donnerais-je pas titres, crédit, argent,
Pour vous revoir encor d'un œil indifférent?

CAROLINE.

Mais quel discours!

DURMONT.

                    Pourquoi nous tromper davantage?
Nous nous aimons, vous dis-je. Ah! le maudit voyage!
Malheureux! Qui l'eût dit?

CAROLINE.

                    Oh! j'en gémis tout bas.

DURMONT.

Moi tout haut.

CAROLINE.

                    Le mal vient lorsqu'on n'y songe pas.

DURMONT.

Adieu donc ma sagesse et ma philosophie.

CAROLINE.

Adieu ma résistance et mon antipathie.

DURMONT.

Nous allons des amans répéter les discours.

CAROLINE.

Jurer avec transport de nous aimer toujours.

DURMONT.

Hélas! oui.

CAROLINE.

                    Quel revers! Couple tendre et fidèle,

Les amans vont partout nous citer pour modèle.

DURMONT.

Adieu notre raison, notre cœur l'égara.

CAROLINE.

L'amour nous la ravit, l'hymen nous la rendra.

DURMONT.

Mais qu'entendez-vous donc par l'hymen? quel langage!

CAROLINE.

C'est très-clair : par l'hymen j'entends le mariage.

DURMONT.

Vous avez tort : pourquoi vouloir vous abuser ?
Moi je ne prétends pas du tout vous épouser.

CAROLINE.

Que prétendez-vous donc? me prendre pour maîtresse?
Trop crédule, j'ai pu croire à votre tendresse;
Vous me donnez, monsieur, de bien dures leçons.
Je vous quitte.

DURMONT.

Arrêtez.

CAROLINE.

C'est trop souffrir d'affronts;
Je veux fuir.

DURMONT.

Un moment.

CAROLINE.

Je croyais être aimée.

DURMONT.

Vous l'êtes.

CAROLINE.

Je devais du moins être estimée;
Et vous me proposez...

DURMONT.

Je vous offre mon cœur.
Il peut, sans la raison, se choisir un vainqueur.
Dans l'amour, la beauté de notre choix dispose;
Mais l'hymen, croyez-moi, demande une autre clause.

CAROLINE.

Eh ! oui, dans la fortune il veut l'égalité.
Malheureux le mortel du sort déshérité,

Qui choisit pour objet d'une flamme importune
Celle dont il lui faut recevoir la fortune !
Personne mieux que moi, monsieur, ne sent cela.
Eh bien ! je me résigne à tout ce malheur-là :
Je tiendrai tout de vous.

DURMONT.
                 La tournure est plaisante.
Le malheur d'accepter vingt mille écus de rente !

CAROLINE.
Par ce dernier trait-là mon penchant déclaré...

DURMONT.
Allons, de l'enrichir il faut lui savoir gré !
Je vous aime, ce mot doit lever tous mes doutes.
Après une folie on peut les faire toutes.
Je vous épouserai.

CAROLINE.
               Le motif est galant.

DURMONT.
Je puis faire l'amour, mais pas un compliment ;
C'est assez d'être fou sans être ridicule.
Quand la noce ?

CAROLINE.
              Monsieur, il me vient un scrupule.

DURMONT.
Il est bien temps.

CAROLINE.
              Tantôt vous lûtes un billet,
Dont vous avez alors paru peu satisfait.
Un de vos bons amis vous offrait une femme.

DURMONT.
Oui ; mais je ne puis pas en prendre deux, madame ;
Et puisque j'ai tant fait de vous donner ma foi,
L'autre peut voir ailleurs, et se passer de moi.

CAROLINE.
Encor faut-il répondre.

DURMONT.
              On va vous satisfaire.
(*Il écrit et lit.*)
« La folie étant faite, elle n'est plus à faire.

» J'épouse Caroline, et j'en suis très-épris.
» Que le ciel d'un tel sort préserve mes amis ! »
C'est clair.

CAROLINE.

Assurément. Voulez-vous bien permettre
Que ma main à mon tour déchire cette lettre,
Indigne de celui que je prends pour époux ?

DURMONT.

Comment donc ?

CAROLINE.

Attendez, moi j'écrirai pour vous.
Vous signerez sans voir.

(*Elle se met devant la table pour écrire.*)

DURMONT.

Cependant...

CAROLINE.

Je l'exige.

DURMONT.

Je ne sais où j'en suis ; cela tient du prodige.
Je sens qu'elle m'opprime, et ne puis dire un mot :
Tout en le sachant bien, j'obéis comme un sot.

CAROLINE.

Comme un amant, monsieur. Une personne aimée
Doit surtout d'un ami chérir la renommée.
Voudrais-je que l'époux dont je reçois les lois,
Par sa brutale humeur déshonorât mon choix ?
Je prétends que son style ait de la politesse.

DURMONT.

Vous m'aimez donc beaucoup ?

CAROLINE.

Tyran !

DURMONT.

Que d'allégresse!

CAROLINE.

Hen.

DURMONT.

Je suis enchanté...

CAROLINE.

Vous le devez, je crois.

DURMONT.

De vous savoir au moins aussi folle que moi,
Ça console.

CAROLINE.

Signez ce que je viens d'écrire.

DURMONT.

J'y consens.

CAROLINE.

Vîte : allons.

DURMONT.

Il faut d'abord le lire.

CAROLINE.

Le lire ! ne peut-on s'en rapporter à moi ?

DURMONT.

Vous ?

CAROLINE.

Avoir un soupçon contre ma bonne foi !

DURMONT.

Un seul mot.

CAROLINE.

Non, non, rien.

DURMONT.

Daignez au moins m'entendre

CAROLINE.

Vous ne méritez pas une femme si tendre.

DURMONT.

Allons, signons sans voir. Cependant... j'ai souscrit..
(*Il signe et cachette la lettre.*)

CAROLINE, *lui présentant une autre lettre.*

L'autre.

DURMONT.

Comment donc l'autre ! et pourquoi deux écrits

CAROLINE.

L'un est l'original, et l'autre est la copie :
L'un et l'autre contient une lettre polie,
Pour apprendre à Belfort qu'uni par d'autres nœuds
Vous ne pouvez ailleurs faire entendre vos vœux ;
Et que, quelques attraits qu'ait sa belle cousine,
Votre cœur sans retour a choisi Caroline.

L'un de ces deux papiers va partir à l'instant;
L'autre reste en mes mains, comme un gage constant
D'un triomphe aussi cher, et de la préférence
Que l'amour une fois obtint sur l'opulence.

DURMONT.

Signons encor, parbleu! je ne refuse rien.

CAROLINE.

Vous vous formiez, vous dis-je, et vous conduisez bien.
Avouez cependant qu'avec un peu d'adresse,
Une femme finit par être la maîtresse,
Fléchit le plus farouche, et trompe le plus fin?
Vous plaire et vous aimer, voilà mon seul dessein.
Mais si j'avais voulu jouer la comédie?

DURMONT.

L'entreprise, parbleu! me paraîtrait hardie.

CAROLINE.

Elle est possible. Ainsi, supposons un moment.
Voyez jusqu'à quel point vous fûtes imprudent.
Vous êtes amoureux, et de qui? d'une hôtesse!
Et vous qui, de l'amour méprisant la faiblesse,
Fuyez un riche hymen comme un lien fatal;
Vous subissez le joug d'un hymen inégal.
Bien plus, à deux écrits, sans en faire lecture,
Vous apposez le sceau de votre signature.
Je puis avec cela vous mener assez loin.

DURMONT.

Rendez-moi ces papiers.

CAROLINE.

                Qu'en avez-vous besoin?

DURMONT.

Vous voulez me jouer.

CAROLINE.

                Qui vous l'a dit?

DURMONT.

                                Vous-même.

CAROLINE.

Doit-on se défier des personnes qu'on aime?
Ah! croyez-en mon cœur, et non pas mes discours;
Je n'abuserai pas du pouvoir des amours.

Plus que vous ne croyez, je chéris votre gloire,
Et vous saurez bientôt ce qu'il vous faut en croire.

DURMONT.

Je ne sais pas comment doit finir la journée;
Mais j'ai fait du chemin depuis la matinée.

SCÈNE IV.

DURMONT, EDOUARD, FABRICE.

ÉDOUARD.

Ah! pas autant que moi, qui viens encore ici.
    (à *Fabrice*.)
Que voulez-vous?

FABRICE.

Ton maître.

ÉDOUARD.

Eh, parbleu! le voici.

FABRICE, *à Durmont*.

Répondez-moi, monsieur, avec un cœur sincère.

DURMONT.

Cela doit m'être aisé, car c'est mon caractère.

FABRICE.

Vous allez décider des destins de mon cœur :
Aimez-vous Caroline?

DURMONT.

Oui.

FABRICE, *à part*.

Ciel!

DURMONT.

Avec fureur.

ÉDOUARD, *à part*.

Nous ne partirons pas : cet aveu me console.

FABRICE.

Vous aime-t-elle aussi?

DURMONT.

Sans nul doute, elle est folle

De moi. D'amour tous deux nous avons cru mourir;
Et nous nous épousons.

ÉDOUARD.

Bon moyen pour guérir.

FABRICE.

Je suis au désespoir.

DURMONT.

Bon ! quelle frénésie !

FABRICE.

Vous m'enlevez le bien pour qui j'aimais la vie.

ÉDOUARD.

J'en ai vraiment pitié.

DURMONT.

Fabrice, expliquez-vous.

SCÈNE V.

DURMONT, ÉDOUARD, FABRICE, CAROLINE,
au fond du théâtre.

CAROLINE.

Quoi ! je vois réunis ma dupe et mon jaloux.
Bon !

FABRICE.

Dans cet âge heureux, qui, fait pour la tendresse,
Tient encore à l'enfance, et touche à la jeunesse,
J'entrai dans cet hôtel ; Caroline, au berceau,
Attira mes regards par un charme nouveau.
Déjà se faisait voir sa grâce naturelle ;
Pour partager ses jeux j'étais enfant comme elle :
Je ne la quittais pas ; c'était moi dont la main
De ses pas chancelans fut le premier soutien ;
Et Caroline, à qui ma présence était chère,
Nomma Fabrice, après avoir nommé sa mère.
A sa beauté le temps ajoutait chaque jour ;
L'amitié qui croissait fut bientôt de l'amour :
Et sa main et sa foi me furent destinées.
Je perds en un moment l'espoir de vingt années.
Plaignez le malheureux à qui vous ôtez tout.

CAROLINE, *à part.*

Il m'attendrit.

DURMONT.

Te plaindre ! eh, mon Dieu ! point du tout
Tu perds une maîtresse : ô la grande infortune !
On en retrouve cent, lorsque l'on en perd une.

Carbon-Flins.

 LA JEUNE HOTESSE.

FABRICE.

Non, mes premiers penchans sont mes derniers amours.

DURMONT.

Combien je porte envie à la paix de tes jours !
Tu vas donc retrouver la liberté chérie,
Que j'aurais dû garder le reste de ma vie !
Tandis qu'à Caroline adressant tous mes vœux,
Je vais, en l'adorant, enrager d'être heureux,
Ton repos est certain, le mien a tout à craindre;
Et les amans aimés sont les seuls qu'il faut plaindre.

FABRICE.

C'en est fait, je la perds. Quand un nouveau retour
Rapporterait vers moi ses vœux et son amour,
Puis-je accepter encor la main d'une personne
Dont le cœur tour-à-tour se retire et se donne?
Qu'un seul espoir du moins me reste en vous quittant:
Chérissez-la toujours; que cet objet charmant
Retrouve en vous ces soins et ce bonheur suprême
Qu'il m'eût été si doux de lui donner moi-même!
Adieu donc pour jamais !

CAROLINE.

Cher Fabrice, arrêtez.

FABRICE.

Monsieur reste, et je pars.

CAROLINE.

Il part, et vous restez.

ÉDOUARD.

Vous vous êtes conduite avec beaucoup d'adresse.
J'aborde avec respect ma future maîtresse.

CAROLINE.

Sa maîtresse! qui, moi?

FABRICE.

Monsieur Durmont m'apprit...

DURMONT.

Oui, j'ai tout dit, ma chère.

CAROLINE.

Eh bien ! qu'avez-vous dit?

DURMONT.

Que nous nous épousons.

CAROLINE.
                    J'entends la raillerie ;
On sait qu'il n'en est rien.

DURMONT.
                    Plus de plaisanterie.

FABRICE.
Monsieur vous aime.

CAROLINE.
                    Hélas! je suis de bonne foi ;
Si vous saviez...

FABRICE.
          Après.

CAROLINE.
                    Il s'est moqué de moi.
Vous ne connaissez pas cet ennemi des dames.
Comme il sait se jouer de l'adresse des femmes !
On parle, il est distrait; on pleure, il rit tout bas :
Si l'on — trouve mal, il n'y regarde pas.

DURMONT.
Eh! quoi donc : vous feigniez quand vous versiez des
     larmes ?
Et lorsqu'un froid mortel faisait pâlir vos charmes,
Ce n'était là qu'un jeu fait pour me tourmenter?

CAROLINE.
Il le sait mieux que moi, lui qui feint d'en douter.

DURMONT.
Ma lettre pour Belfort.

CAROLINE.
                    Elle n'est point partie.
Je n'ai point jusque-là poussé la raillerie.
(à Fabrice.)   (à Durmont.)
Lisez...... Vous entendrez quelques sages avis
Qui d'un esprit sensé doivent être accueillis.
Vous y verrez qu'au fond je ne suis pas méchante:
Je conseille fort bien les gens que je tourmente.

FABRICE.
« A monsieur de Belfort.
     » J'accepte avec reconnaissance la main de made-
» moiselle de Foret; il faut se marier tôt ou tard, et

» en refusant de faire aujourd'hui un bon mariage, je
» pourrais faire un jour un mariage ridicule. Je suis
» corrigé de ma misanthropie par les soins de Caroline,
» maîtresse de l'hôtel où je suis logé. Quelques per-
» sonnes la trouvent jolie, je ne crois pas m'en être
» aperçu ; mais si elle ne m'a point donné d'amour,
» elle m'a donné de fort bonnes leçons. Adieu, mon
» cher Belfort ; je vous embrasse. »
L'écrit est bien signé *Durmont*, daté Francfort.

ÉDOUARD,

Le style est suprenant.

FABRICE.
Le style me plaît fort.

ÉDOUARD.
Vous ne répondez rien, mon cher maître ?

DURMONT.
Traîtresse !

CAROLINE.
Je dis plus ; si monsieur m'aimait avec tendresse,
Il ne pourrait souffrir qu'un autre obtînt ma foi
En sa présence.

FABRICE, *à part.*
Il peut être question de moi.

CAROLINE.
Fabrice était l'époux qu'avait choisi mon père :
J'ai tardé d'acquitter une dette si chère.
Rien ne m'arrête plus, et monsieur, de sa main,
Signa, comme témoin, un écrit qui demain
Lie à jamais mon sort au destin de Fabrice.
(Elle donne l'écrit à Fabrice.)
Fabrice est-il content ?

FABRICE.
Un acte de justice !

CAROLINE.
Moi, je la rends toujours.

FABRICE, *à part.*
Mais peut-être trop tard.

CAROLINE, *à Durmont.*
Rien ne peut retarder, je crois, votre départ.

DURMONT.

Non , je te sais bon gré de tant de perfidie ;
Elle assure à jamais le repos de ma vie.
J'ai cru haïr ton sexe ; hélas ! je me trompais :
Aujourd'hui seulement je sens que je le hais,
Du moment que ton ame , entièrement connue,
Dans toute sa noirceur s'est offerte à ma vue.
Oui, je suis sûr de moi : je brave désormais
Tout ce qui peut séduire , esprit, grâces, attraits ;
Je me dirai toujours : ces grâces sont contraintes,
Ce sourire est amer , et ces larmes sont feintes.
Toi , Fabrice, pour qui je me vois outragé ,
Tu l'épouses : adieu , je suis assez vengé !

ÉDOUARD.

Je n'ai plus qu'à songer au salut de mon ame ,
Puisqu'il me faut , hélas ! vivre et mourir sans femme !

SCÈNE VI.

CAROLINE, FABRICE.

CAROLINE.

Auriez-vous cru si tôt devenir mon époux ?

FABRICE.

Mais cela n'est pas fait.

CAROLINE.

     Comment ! j'ai signé.

FABRICE.

                  Vous,
Fort bien ; moi, non.

CAROLINE.

     Après ?

FABRICE.

       C'est que je deviens sage.
Vous avez plus d'esprit qu'il n'en faut en ménage.
Ce matin, pour répondre aux vœux de mon amour,
Vous demandiez du temps, j'en demande à mon tour.
Vous me disiez tantôt que vous étiez coquette ;
Je vous épouserai quand vous serez parfaite.

SCÈNE VII.

CAROLINE, *seule.*

J'ai tendu des filets ; j'y suis prise moi-même.
En me moquant d'un fou, je perds l'amant que j'aime :
L'amour me punit trop ; et je sens aujourd'hui
Que le cœur perd toujours en jouant avec lui.

FIN DE LA JEUNE HÔTESSE.